Theory and Practice of
Public Offering REITs
for Infrastructure

REITs

基础设施公募REITs
理论与实务

马世昌　黄卫根　◎著

中国财经出版传媒集团
经济科学出版社
Economic Science Press

序　一

北京建筑大学青年学者马世昌副教授邀我为其《基础设施公募 REITs 理论与实务》一书作序，作为中国建设会计学会投融资专业委员会创设人，我们一直致力于投融资的研究与实践。值此国家 2020 年 4 月 30 日启动基础设施公募 REITs 两周年，以及 9 家公募 REIT 试点上市一周年之际，读到一本探索基础设施公募 REITs 的专著，并即将出版，倍感亲切。

这部专著是理论研究与实务操作的精品杰作，能够为您点亮方向，让您打开思路、求知若渴。这更是一部一以贯之地穿透您、理解您、跟随您，让您可随手翻阅的必备工具书。细细品读，本书突显以下三个特征。

一是前瞻性。本书紧跟时代步伐，把握国家进一步盘活存量资产政策要求，顺应时代主题。2022 年 5 月 19 日，国务院发布《关于进一步盘活存量资产扩大有效投资的意见》，公募 REITs 作为盘活存量资产最有效的工具，将对百万亿级的存量资产进行价值发现。截至 2020 年 8 月，全国基础设施存量规模达到了 116 万亿元，其中可用于证券化发行 REITs 的潜在资产规模至少有 2 万亿元。在当前我国亟须实现经济高质量发展与基础设施资金供给乏力的双重背景下，用好基础设施公募 REITs 这一再融资工具，有助于缓解财政压力、防范债务风险、降低融资成本、改善资本市场结构，为基础设施行业的发展提供更好的社会环境。尤其是在基础设施公募 REITs 行业发展的初级探索阶段，国内各界人士对相关的理论与实务知识了解还相对匮乏，本书的问世可谓恰如其时。

二是指导性。本书就基础设施公募 REITs 政策的系统解读，参与公募 REITs 各方主体的视角，从公募 REITs 基本概念、类 REITs 实践、全球经验，到公募 REITs 政策演进、底层逻辑、规则体系，再到公募 REITs 资产评估、投资交易、案例分析，分九个章节给出了深入浅出的阐述，具有较强的专业性和理论深度。并提出推进中国 REITs 市场高质量发展，仍然任重道远。政策界、学术界、实务界都要继续坚持发展 REITs 市场的初心，把握 REITs 的特点和发展规律，坚持市场化、法治化的基本原则，继续扎实推进研究与实践工作，推动REITs行业发展行稳致远。

三是操作性。本书是一本普及性工具书，无论对于REITs领域的从业人员还是普通的投资者，都具有较强的指导性和可操作性。对于基础设施资产持有人、基金管理人等行业从业人员来说，本书可以指导完成基础设施的资产遴选、项目申报、上市交易、运营管理的全部操作流程；而对于普通投资者来说，本书又可以成为指导投资者投资基础设施公募REITs的操作手册。

马世昌副教授是北京大学博士后、北京建筑大学建筑供应链金融研究中心秘书长，长期从事基础设施投融资的教学科研工作。相信本书的问世，将进一步推动基础设施公募REITs的深化研究与实践，有助于我们站在新的起点，推进公募REITs市场健康发展，充分发挥其盘活存量资产作用，共同探索投融资变革创新之路。

中国建设会计学会投融资专业委员会主任委员

中国航天建设集团有限公司原总会计师

马燕明

2022年6月于北京

序　二

诞生于1960年的不动产投资信托基金（REITs），是实现不动产资产证券化的重要方式，经过六十多年的发展，REITs已成为全球金融市场中的重要资产大类。历经十余年的研究、酝酿和筹备，2021年6月21日，我国首批试点的9只基础设施公募REITs在上海证券交易所和深圳证券交易所上市交易，在中国投融资体制改革历程中具有里程碑意义。截至2022年7月，已上市公募REITs已达15只，累计募资577亿元，另有红土创新深圳人才安居REIT等多支产品正在审批或已获批复、发行在即。

纵观全球REITs的发展历程，各个经济体推出REITs的契机往往与自身的经济周期和时代背景有着密不可分的关联。改革开放以来的四十多年里，中国经济的辉煌成就举世瞩目，不动产资产规模快速积聚，地方政府也因基础设施的建设而承受着巨大的财政压力。在基础设施由增量建设进入存量运营的历史阶段，采用何种工具才能实现有效的、高效的基础设施投融资是一个全球性问题。基础设施公募REITs的桥梁意义在于：一方面，从上百万亿元体量的基础设施资产中择优予以证券化，基础设施公募REITs将缺乏流动性的基础设施资产链接至资本市场，盘活了存量资产，实现了基础设施资产的所有权和经营权分离，优化了公司资本结构，缓解了财政压力，提升了直接融资比重，落实了金融供给侧改革，强化了资本市场服务实体经济的质效；另一方面，基础设施公募REITs解决了基础设施资产投资金额大、投资门槛高、资产流动性差、管理专业性强的问题，为普通投资者提供了投资基础设施资产的工具路径，丰富了投资者的资产配置选择，让普通投资者可以兼获基础设施投资的股性和债性双重投资回报，有助于拓宽社会资本投资渠道，完善储蓄转化投资机制。

本书是由我与中国电力建设集团的黄卫根博士共同完成的，与黄卫根博士的多年合作，是理论与实践不断结合的过程，也是我个人不断学习成长的过程。我的研究生李尚怡、李婷婷、冯志雪、吴与双、王杰等为本书做了大量的基础性工作，在此一并表示感谢。同时，本书在撰写过程中参考了大量学者的研究成果，我尽可能地在正文和参考文献中进行了列示，如有遗漏，并非本意，还请作者与我联系以便致谢。当然，还要感谢经济科学出版社为本书的出版面世所付出的不懈努力！

感谢我的工作单位北京建筑大学城市经济与管理学院、我的挂职单位北京市大兴区商务局及单位领导对我研究工作的鼎力支持，感谢北京建筑大学建筑供应链金融研究中心所提供的研究平台。

本书的出版得到了国家自然科学基金（编号：72103018）、北京市社科基金（编号：20GLC043）、北京建筑大学金字塔人才项目（编号：JDYC20200319）的资助，本书也是上述科研项目的阶段性成果。

当前，国内基础设施公募 REITs 事业尚处于试点发展的初级阶段，上市数量尚少，资产规模尚小，制度建设更亟须完善。希望本书能够成为连接基础设施资产持有人融资和普通投资者投资的学习桥梁，能够为推动基础设施公募 REITs 事业行稳致远发展做出绵薄的贡献。

马世昌

2022 年 7 月于北京大兴

目录 CONTENTS

第1章

基础设施公募 REITs 的基本概念

不动产投资信托基金（real estate investment trusts，REITs），是以发行权益投资证券的方式募集资金，并将资金专门投资于不动产领域，将投资综合收益按比例分配给投资者的一种产业投资模式。REITs 起源于 20 世纪 60 年代的美国，经过 60 余年的不断发展，全球已有 43 个国家和地区发行了 REITs 产品，总市值超过了 2 万亿美元。2021 年 6 月 21 日，首批 9 只基础设施公募 REITs 在我国上海证券交易所和深圳证券交易所正式上市交易，实现了 REITs 公募和以基础设施为底层资产的两大历史性突破，具有划时代的历史意义。

1.1 基础设施

1.1.1 基础设施概述

1. 基础设施的概念

基础设施是指为社会生产和居民生活提供公共服务的物质工程设施，是用于保证国家或地区社会经济活动正常进行的公共服务系统，是社会赖以生存发展的一般物质条件。基础设施包括交通、邮电、供水供电、商业服务、科研与技术服务、园林绿化、环境保护、文化教育、卫生事业等市政公用工程设施和公共生活服务设施等。

在现代社会中，经济发展程度越高，对基础设施的要求越高。完善的基础设施对加速社会经济活动、促进空间分布形态演变起着巨大的推动作用。建立完善的基础设施往往需要较长时间和巨额投资，对新建、扩建项目，特别是远离城市的重大项目和基地建设，更需要优先发展基础设施，以便项目建成后尽快发挥效益。

2. 基础设施的特点

与一般的建筑设施相比，基础设施有其自身的特点。

（1）基础性。基础设施为国民经济其他生产部门的生产提供基础性条件，因此也奠定了其先行地位，需要超前建设。

（2）公共性。任何基础设施都不是专门为某一个单位、企业或个人服务的，而是为整个社会提供公共服务。

（3）系统性。每一个基础设施都从属于一个大系统，而不是完全独立的个体，所以其建设要考虑与其他基础设施和周边环境的协调一致，要服从于城市的整体规划。

（4）效益的间接性。基础设施建设并不着眼于项目本身的经济效益，而在于它对整个城市以及区域经济发展的贡献。所以短期内可能不存在显著的效益，但从长远来看基础设施的社会效益是巨大的。

3. 基础设施的分类

基础设施可以按其所在地域或使用性质不同分为城市基础设施和农村基础设施。

（1）城市基础设施。城市基础设施是指城市直接生产部门和居民生活提供共同条件和公共服务的工程设施，是城市生存和发展，顺利进行各种经济活动和其他社会活动所必须具备的工程性基础和社会性基础设施的总称。它对生产单位尤为重要，是其达到经济效益、环境效益和社会效益的必要条件之一。

总体来讲，城市基础设施主要包括以下项目：住宅区、别墅、公寓等居住建筑项目；高档酒店、商场、写字楼、办公楼等办公商用建筑项目；石油、煤炭、天然气、电力等能源动力项目；铁路、公路、航空、水运、道桥、隧道、港口等交通运输项目；水库、大坝、污水处理、空气净化等环保水利项目；电信、通信、信息网络等邮电通信项目。

（2）农村基础设施。加强农村基础设施建设对增加农民收入、缩小城乡差距、实现农村现代化具有重要意义。参照中国新农村建设的相关法规文件，农村基础设施包括：农业生产性基础设施、农村生活基础设施、生态环境建设、农村社会发展基础设施四个大类。一是农业生产性基础设施，主要指现代化农业基地及农田水利建设；二是农村生活基础设施，主要指饮水安全、农村沼气、农村道路、农村电力等基础设施建设；三是生态环境建设，主要指天然林资源保护、防护林体系、种苗工程建设，自然保护区生态保护和建设、湿地保护和建设、退耕还林等农民吃饭、烧柴、增收等当前生计和长远发展问题；四是农村社会发展基础设施，主要指有益于农村社会事业发展的基础建设，包括农村义务教育、农村卫生、农村文化基础设施等。

1.1.2 我国基础设施资产现状

1. 基础设施特点

（1）基础设施存量规模大。基础设施是国家或地区社会经济活动正常进行的公共服务系统，是城市主体设施正常运行的保证。我国基础设施的存量规模大，REITs 发展空间充足，优质的基础设施具有收益稳定的特性，适合发行公募 REITs 产品。据测算，中国基础设施存量规模超过 100 万亿元，考虑一定折旧率后，按 1% 的证券化比例计算，可以撑起万亿规模的基础设施 REITs 市场。而在百万级的市场当中不乏许多成熟基础设施，如垃圾处理、水利、高速公路、仓储物流项目，在促进区域经济发展的同时可产生较为稳定的收益，适合作为 REITs 的底层资产。

（2）基础设施具有较大增长空间。基础设施投资是指建造或购置为社会生产和生活提供基础性、大众性服务的工程和设施的支出，包括交通运输、邮政业，电信、广播电视和卫星传输服务业，互联网和相关服务业，水利、环境和公共设施管理业以及电力基础设施投资等。基础设施投资大都具有较强的正外部性，是中国经济增长的主要动力之一，尤其受地方政府的重视。

我国每年新增基建投资规模超过 15 万亿元，中国发展仍然处于重要战略机遇期，经济长期向好，发展物性强劲，居民收入水平不断提高，中等收入群体规模将持续扩大。据国家统计局测算，我国基础设施整体存量水平相当于发达国家的 30%，还有较大增长空间。随着产业政策逐步向新基建方向倾斜，底层资产越来越丰富，包括国家在 5G 通信设施、城市轨道交通、数据中心、特高压、新能源车充电设施等领域的投资，也有望为 REITs 提供新的可选资产。

（3）基础设施需求稳定。基础设施需求与国家人口数量、经济发展水平和国土面积等密切相关。我国幅员辽阔，人口数量位居世界第一，生产总值位居世界第二，对基础设施需求强度较大。随着经济持续发展和人均收入不断提高，我国对基础设施需求将会稳步增长，有利于基础设施项目保持较高收益。同时，数字化时代的到来，将大力推动新型基础设施建设；人们生产生活方式的转变，使得仓储物流成为投资热点；碳达峰、碳中和“3060”目标的提出，促进清洁能源的发展。这些新领域发展迅速，需求强烈，REITs 投资人不仅将从项目本身直接获取收益，还有望分享行业增长红利。

（4）基础设施收益稳定。国家社会经济发展与基础设施建设密切相关，政府机关部门会对基础设施加强调控引导，不会出现因恶性竞争、大规模重复建设等因素，导致收益率大幅下降的现象。此外，基础设施项目如电力、水利、通信、高速公路、铁路、供水等，投资规模较大，准许进入门槛高，具有很强的自然垄断性，留给消费者选择余地较小。

基础设施为社会生产和居民生活提供基础性、公共性服务，满足人民衣食住行等刚性需求和基本要求，需求弹性较低，受市场变化、经济波动及价格变化影响较小，收益稳定性更强。以境外 REITs 项目为参考，基础设施类项目具有很强的市场稳定性。受新冠肺炎疫情影响，美国 REITs 权益性指数下降 16.7%，但基础设施 REITs 指数上涨 8.8%，基础设施市场稳定性表现突出。

大部分成熟的基础设施，如电力、水利、高速公路等项目，均具有稳定的收入和现金流，与容易受经济波动、市场变化影响的商业地产项目不同，基础设施项目受市场波动影响较小，收益相对稳定，具备独特优势，符合公募 REITS 需要具有成熟的底层资产和稳定的现金流的要求，非常适合作为 REITs 的底层资产。

2. 基础设施市场规模

根据海外实践经验，REITs 市场的蓬勃发展需要基础设施资产具有长期稳定的收益、产权清晰、专业化管理并形成一定的市场规模。市场达到一定规模后，具有足够流动性，才有可能更好进行定价，从而为基础设施投融资体制改革发挥作用。

中国基础设施市场规模巨大，资产类型丰富。根据国家统计局对基础设施投资的定义和数据测算，仅 2010～2020 年基础设施累计投资就达到 108 万亿元，中国基础设施投资的成果显著。[①] 以交通运输行业为例，2021 年 4 月国家发展改革委公布的数据显示，截至 2020 年底，中国铁路营业里程突破 15 万公里，其中高速铁路超过 4 万公里，位居世界第一。收费公路适合 REITs 基础资产，具备很大的潜在市场规模。《2020 年全国收费公路统计公报》显示，截至 2020 年底，我国高速公路通车里程 16.1 万公里，收费公路里程 17.92 万公里，里程规模位居世界第一。其中政府还贷性高速公路 8.36 万公里，占收费高速公路里程的 43.2%，经营性高速公路 9.57 万公里，占收费高速公路里程的 56.8%，交通运输是典型的资本密集型行业，具备开展基础设施公募REITs的天然优势。

从占经济总量比例角度来看，基础设施 REITs 也极可能是万亿级。2021 年中国国内生产总值为 114 万亿元，折合美元为 17.73 万亿美元，同年美国国内生产总值突破 23 万亿美元大关。目前美国基础设施 REITs 与 MLPs 的资产总市值将近 5000 亿美元，占美国国内生产总值比例为 2.58%。以此比例计算，未来中国基础设施 REITs 市场规模将达 2.6 万亿元。[②] 然而，中国基础设施占经济的比重比西方国家要高，中国基础设施 REITs 占国内生产总值的比重可能更高，有很大的潜力成为一个至少万亿元级的市场。

未来一段时期，中国在基础设施领域的投资力度将会不断加大，尤其在补短板相关领域，进一步统筹推进基础设施建设，包括加快补齐基础设施领域短板、推动绿色低碳发展、推动能源革命、布局新型基础设施等。中国 REITs 市场的潜在规模有望达到 10 万亿元，甚至远超这一规模，未来有可能发展成为全球最大的 REITs 之一，可以预见未来中国将有大量的潜在 REITs 基础资产形成。

1.1.3 REITs 在基础设施领域的适用性

我国基础设施 REITs 试点要求优先支持基础设施补短板项目，鼓励园区基础设施和新型基础设施项目开展试点，对基础设施的定义主要包括：仓储物流；收费公路、铁路、机场、港口；城镇污水垃圾处理及资源化利用、固废危废医

---

① 北京大学光华管理学院. 中国基础设施 REITs 创新发展研究 [R]. 2020.

② 徐超. 基建 REITs 新纪元 [J]. 证券市场周刊，2020 (19)：32－39.

废处理、大宗固体废弃物综合利用；城镇供水、供电、供气、供热；数据中心、人工智能、智能计算中心；5G、通信铁塔、物联网、工业物联网、宽带网络、有线电视网络；智能交通、智慧能源；园区等基础设施，不含住宿和商业地产。

基础设施 REITs 试点涵盖交通运输、仓储物流、生态环保、园区基础设施、新型基础设施等重点领域。根据上交所、深交所披露的申报项目信息，首批申报 REITs 试点的 48 个项目中，包含收费公路项目 11 个，产业园区基础设施 12 个，仓储物流 8 个，生态环保 5 个，铁路 3 个，轨道交通 3 个，数据中心 2 个，电力能源 2 个，港口码头 1 个，城镇供水 1 个，行业范围分布十分广泛；其后陆续申报的几批 REITs 产品将项目资产范围进一步扩大，涵盖了保障性住房、旅游景区等多元资产。REITs 依托于基础设施成熟稳定的底层不动产，使投资者获得长期持续稳定回报。

整体来看，基础设施投资是当今和未来拉动经济增长的重要引擎，在基础设施领域实现“稳投资”乃至“增投资”，是国内经济尽快摆脱疫情影响和迈向高质量发展的必然途径，以基础设施作为 REITs 的破冰模式，已被同为新兴经济体的印度所采用，可以作为有效借鉴。

1.2 资产证券化

1.2.1 资产证券化的概念

资产证券化是指把缺乏流动性但未来具备稳定现金流的非标准资产组合形成资产池，并以该资产池产生的现金流为资产标准化证券，是国际上一种常见的资金融通方式。通过这个过程使原本难以流通的资产可以便捷地在市场流通，对原有资产的风险收益特征进行了重组。具体而言，资产证券化是以项目所拥有的资产为基础，以基础资产未来所产生的现金流为偿付支持，通过结构化设计进行信用增级，在此基础上发行资产支持证券（asset-backed securities，ABS）的过程。它是以特定资产组合或特定现金流为支持，发行可交易证券的一种融资形式，资产证券化仅指狭义的资产证券化。

广义的资产证券化是指某一资产或资产组合采取证券资产这一价值形态的资产运营方式，它包括以下四类。

（1）实体资产证券化。即实体资产向证券资产的转换，是以实物资产和无形资产为基础发行证券并上市的过程。

（2）信贷资产证券化。是将一组流动性较差的信贷资产，如银行的贷款、企业的应收账款，经过重组形成资产池，使这组资产所产生的现金流收益比较稳定，并且预计今后仍将稳定，再配以相应的信用担保，在此基础上把资产所产生的未来现金流的收益权转变为可以在金融市场上流动、信用等级较高的债券型证券进行发行的过程。

（3）证券资产证券化。即证券资产的再证券化过程，就是将证券或证券组合作为基础资产，再以其产生的现金流或与现金流相关的变量为基础发行证券。

（4）现金资产证券化。是指现金的持有者通过投资将现金转化成证券的过程。

1.2.2 参与主体及交易结构

1. 参与主体

资产证券化项目的三个重要参与主体是发起人（原始权益人）、特殊目的实体（special purpose entity，SPV）和投资者，除此涉及的其他主体包括：信用评级机构、信用增级机构、律师事务所、会计师事务所、服务机构受托人等。各参与主体在资产证券化的过程中发挥不同的作用，有时在实际操作中一个参与主体会承担多重作用，兼任几个角色。

（1）发起人。资产证券化的原始权益人是资产证券化的起点，是基础资产的发起人，也是基础资产的卖方。主要职能为选择拟证券化资产，并进行打包，然后将其转移给 SPV，从 SPV 处获得对价。

（2）特殊目的实体。SPV 是介于发起人和投资者之间的中介机构，是资产支持证券的真正发行人。SPV 是以资产证券化为目的而特别组建的独立法律主体，可以采取信托、公司或者有限合伙的形式。SPV 拥有一个特殊而严格的资产负债结构，其资产方只有从发起人处购买的基础资产，其负债方也只有发行证券化产品带来的债务。

SPV 的设立是资产证券化过程中的重要环节，为了保护投资者的利益，确保真正的风险隔离，一般对 SPV 都有以下限制：第一，经营范围严格限制在资产证券化业务；第二，不承担除发行资产证券所带来债务以外的其他债务，不对其他机构提供担保；第三，运作过程中要做到财务独立，不与其他机构产生关联关系；第四，对投资者还本付息之前不进行任何形式的利益分配。

（3）投资者。投资者是指负责证券设计和发行承销的投资银行，为证券的发行进行促销，以帮助证券成功发行。在证券设计阶段，作为投资者的投资银行还扮演着融资顾问的角色，运用其经验和技能形成一个既能在最大程度上保护发起人的利益又能为投资者接受的融资方案。如果证券化交易涉及金额较大，可能会组成承销团。

（4）信用评级机构。如果发行的证券化产品属于债券，发行前必须经过评级机构进行信用评级。主要通过收集资料、尽职调查、信用分析、信息披露及后续跟踪，对 SPV 发行的证券进行信用评级。

除了初始评级外，信用评级机构在证券的整个存续期内往往还需要对其业绩情况进行“追踪”监督，及时发现新的风险因素，并做出升级、维持或降级的决定，从而为投资者提供重要的参考依据，以维护投资者的利益，起到信用揭示功能。

（5）信用增级机构。信用增级机构负责对 SPV 发行的证券提供额外信用支持，从而提升证券化产品的信用等级，为此要向特定目的机构收取相应费用，并在证券违约时承担赔偿责任。信用增级机构由发起人或独立的第三方来担任。

（6）律师事务所。律师事务所对发起人及其基础资产的状况进行尽职调查，明确业务参与人的权利义务，拟定相关法律文件，揭示法律风险确保资产证券化过程符合法律法规规定。

（7）会计师事务所。会计师事务所需对基础资产财务状况进行尽职调查和现金流分析，提供会计和税务咨询，为特殊目的机构提供审计服务。在产品发行阶段，会计师需要确保入池资产的现金流完整性和信息的准确性，并对现金流模型进行严格的验证，确保产品得以按照设计方案顺利偿付。

（8）服务机构。服务机构通常由发起人担任，为上述服务收费，以及通过在定期汇出款项前用所收款项进行短期投资而获益。主要职能包括：①对资产项目及其所产生的现金流进行监理和保管；②负责收取这些资产到期的本金和利息，将其交付予委托人；③对过期欠账服务机构进行催收，确保资金及时、足额到位；④定期向委托管理人和投资者提供有关特定资产组合的财务报告；⑤服务机构通常由发起人担任，为上述服务收费，以及通过在定期汇出款项前用所收款项进行短期投资而获益。

（9）受托人。受托人托管资产组合以及相关的一切权利，代表投资者行使职能。包括：把服务机构存入 SPV 账户中的现金流转付给投资者；对没有立即转付的款项进行再投资；监督证券化中交易各方的行为，定期审查有关资料组合情况的信息，确定服务机构提供的各种情报的真实性，并向投资者披露；公布违约事宜，并采取保护投资者利益的法律行为；当服务机构不能履行其职责时，替代服务机构担当其职责。

2. 交易结构

资产证券化是一个复杂的系统，要使该系统顺利运作需要一系列严谨有效的运作程序，资产证券化的交易结构如图 1－1 所示。

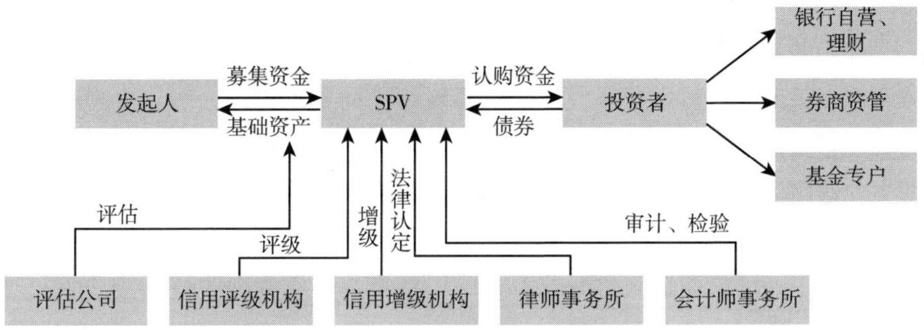

图 1－1　资产证券化交易结构

（1）发起人选定基础资产，构建资产池。资产证券化的发起人根据自身融资需求，首先确定融资规模，然后对现有的未来可以产生现金流的资产进行清理和估算，选定用于证券化的基础资产。从发起人的资产负债表中剥离这些资产，汇集起来构建资产池。发起人必须对资产池的每项资产有完整所有权，一般来说资产池的未来预期现金流要略大于证券化产品的还本付息额。

（2）组建特殊目的实体（SPV），实现真实出售。SPV 是为资产证券化交易专门设立的，是证券化产品的发行人。SPV 作为一个有信托性质的实体，向投资者发行受益凭证（资产支持证券）募集资金，用这些资金从发起人手中购买基础资产，未来基础资产产生的现金流用于向投资者偿还利息和本金，从而实现与发起人之间的破产隔离。

（3）完善交易结构，进行内部评级。设立 SPV 之后，SPV 需要与服务机构签订服务协议。服务机构的职能是对基础资产的现金流进行收集并按时转付给投资者，在实际操作中发起人会承担服务方的角色。SPV 还要与投资者达成承销协议，与托管银行签订托管合同，与银行达成资金周转协议，在必要时给 SPV 提供流动性支持。在完善交易结构之后，需要请信用评级机构先进行一次内部评级。评级机构对基础资产的信用状况进行评估，对交易结构的安排进行分析，给出评级结果。如果得出的评级结果未达到预期，评级机构会提供信用增级的相关建议。

（4）信用增级。为了获得理想的信用级别，吸引更多的投资者，发行人要通过一定的措施实现信用增级。信用增级措施包括自我保险和外部担保两类，每类又分为几种，在实践中要具体情况具体分析，根据每个项目的结构和交易特点决定采用相应的增级方式。通过信用增级来改善证券的发行条件，提高市场认可度，降低融资成本。

（5）进行发行评级，发行证券。信用增级之后，发行人请评级机构正式对资产支持证券进行发行评级，并将评级结果向资本市场公告。金融市场产品种类繁多，由于信息不对称，投资者无法完全准确了解产品的真实状况，债券的信用等级是投资者非常关注的因素。客观、公正的信用评级可以帮投资者做出正确的抉择。

获得正式的信用评级之后就由投资银行负责向有意向投资的用户发行证券。证券的发行方式包括公募和私募两种。在公募方式下，证券面向不特定的投资群体公开发行，资本市场的所有投资者均可申购。公募发行对证券的资质要求较高，如果达不到要求，可选择私募发行的方式。采用私募方式时，证券并不公开向所有投资者发行，而是由投资银行联系特定的、符合相关条件的投资者。私募发行的证券流动性较差，所以一般要提供较高的收益率作为补偿。

证券发行结束后，发行人从投资银行处获得发行收入，按约定的购买价格向发起人支付基础资产的购买款项，从而实现融资的目的。

（6）资产池管理，到期还本付息。服务方负责资产池的日常管理，主要是对基础资产产生的现金收入进行收取和记录。当债务人没有按时偿还时，进行通告催收。收取的现金全部存在托管银行的专用账户中。每到约定的时间，托管银行将资金划拨到投资者账户，偿付本息。证券本息全部偿还完毕后，若还有资金剩余，则按协议规定在发起人和发行人之间分配。

以上就是资产证券化的一般运作流程，整个过程涉及很多参与主体，需要各参与方的协同合作。

1.2.3 资产证券化的作用

宏观来说，资产证券化作为一种新型金融工具，其可发挥传统金融工具的作用，不仅可以完善市场结构、改善资源配置、提高运作效率，而且能够优化经济结构，完善融资渠道、增加基础资产的信用，达到了为实体经济服务的目的。

微观来说，资产证券化作用主要表现在三个方面。

1. 对发起人的意义

（1）增强资产的流动性。通过资产证券化，发起人能够补充资金，用来进行另外的投资。一方面，对于流动性较差的资产，通过证券化处理，将其转化为可以在市场上交易的证券，在不增加负债的前提下，获得更多的资金来源，加快银行资金周转，提高资产流动性。另一方面，资产证券化可使银行在流动性短缺时获得除中央银行再贷款、再贴现之外的救助手段，为整个金融体系增加一种新的流动性机制，提高了流动性水平。

（2）获得低成本融资。资产证券化还为发起者提供了更加有效的、低成本的筹资渠道。通过资产证券化市场筹资比通过银行或其他资本市场筹资的成本要低许多，主要因为通过资产证券化发行证券具有比其他长期信用工具更高的信用等级，等级越高，发起人付给投资者的利息就越低，从而降低筹资成本。此外，资产证券化为发起人增加筹资渠道，使其不局限于股权和债券两种筹资方式。

（3）减少风险资产。资产证券化有利于发起者将风险资产从资产负债表中剔除出去，减少分母资产数额，提高资本充足率，改善各种财务比率，提高资本的运用效率，满足风险资本指标的要求。

（4）便于进行资产负债管理。资产证券化可为发起人提供更为灵活的财务管理模式，可以更好地进行资产负债管理，取得精确、有效的资产与负债的匹配。通过资产证券化市场，商业银行既可以出售部分期限较长、流动性较差的资产，将所得投资于高流动性的金融资产，也可以将长期贷款的短期资金来源置换为通过发行债券获得的长期资金来源，从而实现了风险合理配置，改善了银行的资产负债管理。同时，由于资产证券化允许将发起、资金服务等功能分开，分别由各个机构承担，这有利于体现各金融机构的竞争优势，便于确立金融机构各自的竞争策略。

总之，资产证券化可以为发起人带来传统筹资方法所没有的益处，盘活存量资产，降低融资成本，增加了新的融资渠道，而且更为便捷、高效、灵活。同时，可以实现表外融资，特别是在企业信用不高融资条件较高的情况下，开辟一条新型的融资途径。

2. 对投资者的意义

由于资产证券化低风险、高收益、流动性强，可以丰富投资者可投资范围，给投资者更多的工具，满足投资者对"基于利差的投资工具"的需求，从而达到投资多样化及分散、降低风险的目的，帮助投资者扩大投资规模。同时，资产证券化可以丰富投资品种的风险/收益结构，为投资者提供更多的投资品种选择。

3. 对融资信用的意义

资产证券化实现了从主体信用到资产信用；一个主体评级 BBB 级的企业可以通过资产证券化形式发行 AAA 级债券，弱化了发行人的主体信用，更多地关注基础资产的资产信用。

1.2.4 基础设施资产证券化及其可行性分析

1. 基础设施资产证券化概况

近年来我国在基础设施建设领域的投入较大，但随着中国经济增长速度放缓，我国基础设施建设面临资金来源不足、融资艰难的问题。为了继续加大对基础设施建设的力度，推动经济增长速度，保证我国经济顺利转型，探索基础设施建设的新型融资模式至关重要。目前，基础设施资产证券化是解决基础设施建设中资金不足的重要措施之一。

选择基础设施资产证券化这种新型融资模式有以下优势。

第一，有利于解决传统融资模式融资难的问题，对于建设周期长、投资规模大、投资回报期长的基础设施，通过资产证券化增强流动性，将证券化项目引入国内外资本市场，解决我国基建融资渠道单一的弊病，更有利于吸取国外资本，缓解我国政府基建的财政压力。

第二，资产证券化有资产重组、信用增级、风险隔离的优点，可以有效规避投资风险，吸引国内外投资者兴趣，从而提高融资效率，减少融资费用，有利于加快我国基础设施的建设进程。

第三，资产证券化能够加快我国的基础设施建设，突破发展瓶颈，推动国内经济的增长。

2. 基础设施领域资产证券化的可行性分析

目前，我国已经拥有适合资产证券化市场发展的环境，具体表现为以下几点。

（1）基础设施具有适合证券化的特点。资产证券化就是将缺乏流动性、未来可以产生稳定现金流的资产通过资产重组、风险隔离、信用增级等步骤进行证券化的金融工具，最关键是要求未来有稳定可预测的现金流。而基础设施为生产和生活提供基本条件和服务，其消费量比较稳定。同时基础设施的经营往往具有自然垄断性，消费者属于价格接受者，其需求价格弹性较小，运营时期较长。因此，基础设施项目可在较长时间产生持续稳定的现金流，符合该要求。此外，基础设施项目一般规模较大，以其为基础资产可以形成足够规模的资产池，从而使资产证券化产品具有较高的二级市场流动性。

从风险角度看，基础设施项目的经营风险较低，不容易受经济周期影响。不同于其他产品，基础设施提供的产品或服务有准公共物品的特点，是社会与经济正常运行的基本保障。由于基础设施的这种特殊地位，政府对其证券化产品在获得外部担保方面会提供诸多便利，降低了其信用风险。

目前我国存在大量适于证券化的基础设施项目，它们具有较高的经营性，有良好的社会经济效益，可以产生稳定现金流。例如，在交通、通信及电力等基础设施领域存在很多盈利稳定的项目，但由于项目资金周转期限较长，需要大量长期资金，使用证券化的方式融资可以较好地解决这一问题。

（2）国内资本市场逐步完善。资产证券化融资是在资本市场上的一种直接融资，它的产生和发展与资本市场的整体建设密切相关。我国不断完善的法律法规和监督管理机制可以保证市场公平有序，有效控制金融体系的风险，为市场营造一个公平、有序的竞争环境，保护投资者的合法权益。

在行业自律方面，现有的自律组织包括中国证券业协会、中国保险业协会、中国银行业协会、中国基金业协会以及中国银行间市场交易商协会等。

这些组织通过自我管理约束会员的行为，组织准入考试和各种专业培训以提高从业人员专业素养，促进行业的健康发展。

（3）市场参与主体日渐成熟。资本市场的参与主体主要包括发起人（融资者）、投资者及各类提供服务的中介机构。经过政府的培育和市场的历练，各主体已日趋成熟。融资者主要是企业和政府机构，随着市场化的深入，各融资主体的行为也逐渐规范。

从投资者角度看，我国存在大量的可投资资金。随着个人投资者开始倾向于使用专业理财机构理财，目前我国市场已存在一大批专业规范的机构投资者。专业的机构投资者带来了成熟的投资理念，投资组合与风险管理的观念深入人心。对普通居民来说，通过稳健的投资获取合理的收益率为他们所追求，多样化的固定收益类产品逐渐获得投资者欢迎。同时，市场上各类中介机构在数量和质量上都有很大提升，这都有利于资产支持证券的发展。

1.3 基础设施公募 REITs

1.3.1 REITs 的概念

1. 定义

REITs 是不动产投资信托基金的统称，是一种以发行收益凭证的方式汇集特定多数投资者的资金，由专门投资机构进行房地产投资经营管理，并将投资综合收益按比例分配给投资者的一种信托基金。从本质上看，REITs 属于资产证券化的一种方式，需要底层资产未来有持续稳定的现金流。REITs 既可以封闭运行，也可以上市交易流通，与直接拥有底层资产不动产相比，具有较好的变现性。

REITs 是一种重大的金融创新，代表了全新的城市建设投融资模式。REITs产品发行认购门槛低，可引导更多社会资本配置于优质、现金流稳定的不动产资产，较好地满足保险资金、养老金、社保基金、银行理财等机构投资者的投资需求。作为一种收益稳定、流动性强、风险适中的投资品种，REITs 可满足风险偏好中等的投资者需求，有效填补当前金融产品空白，丰富社会资本投资方式，拓宽居民财产性收入渠道，对重塑企业再投资能力，化解地方债务负担，推动金融市场稳定健康发展，深化混合所有制改革及政府与社会资本合作，引导社会资本投资方向具有重要意义。

2. 分类

REITs 可以根据法律载体、投资方式以及募集方式不同等进行分类。一是根据法律载体的不同可分为公司型、契约型；二是根据投资方式不同，REITs 可分为权益型、抵押型和混合型；三是根据募集方式不同，REITs 可分为公募型和私募型；四是根据底层资产类别的不同，REITs 可分为基础设施、住宅、工业等类别（见图 1－2）。

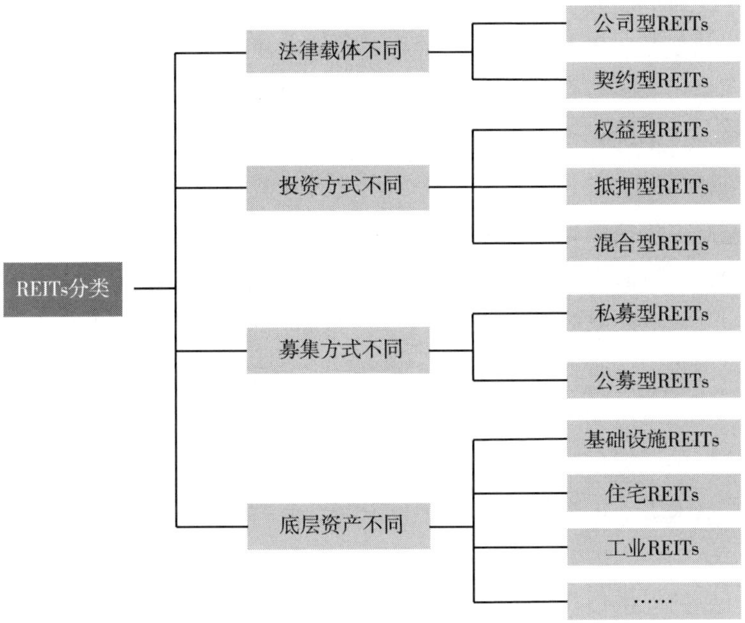

图 1－2　REITs 的分类

（1）按法律载体分类。

① 公司型 REITs：公司型 REITs 利用发行 REITs 股份所筹集起来的资金，成立以房地产投资为目的的股份有限公司。REITs 具有独立的法人人格，其组织架构与普通公司类似，以《中华人民共和国公司法》为依据，通过发行股份的方式筹集资金并用于投资房地产，能够自主进行基金运行，持有 REITs 股份的投资者最终成为公司的股东，投资收益以股份的形式分配给投资者。

② 契约型 REITs：契约型 REITs 以信托契约成立为依据，通过发行受益

凭证（基金份额、信托份额等）的方式筹集资金而投资于房地产资产。契约型 REITs 本身并非独立法人，仅仅属于一种资产，由基金管理公司发起设立，其中基金管理人作为受托人接受委托对房地产进行投资。

（2）按投资方式分类。

① 权益型 REITs：权益性 REITs 投资于房地产并拥有所有权，投资者的收益来源于租金收入和不动产的增值收益。REITs 与传统房地产公司的主要区别在于，REITs 是对房地产进行运营管理，而不是开发后进行转售。权益型 REITs 可以持有各种类型的不动产，包括住宅、酒店、办公楼、仓库、医院等。

② 抵押型 REITs：抵押型 REITs 不拥有不动产的所有权，而是通过各种方式（发放贷款、购买债权等）持有对房地产所有者的债权，并主要以房地产贷款利息作为收益来源。抵押型 REITs 无法分享不动产的升值收益，也与不动产实际产生的租金收益无关，其风险收益特征类似固定收益产品。

③ 混合型 REITs：混合型 REITs 介于权益型与抵押型之间，投资领域既包括房地产也包括房地产贷款。其不仅拥有部分物业产权，而且将物业进行抵押贷款，既持有不动产，也持有债券。

其中，权益型基础设施 REITs 投资并拥有底层不动产的所有权，通过经营资产取得收入，收益来自租金和不动产的增值，是 REITs 的主导类型，占全球 REITs 总市值的 90% 以上；抵押型基础设施 REITs 向不动产所有者或开发商直接提供抵押贷款，或者通过购买抵押贷款支持证券（MBS）间接提供融资，收益来源于抵押贷款或 MBS 的利息，受利率影响比较大；混合型基础设施 REITs 则是上述两种类型的混合，既购买并经营不动产，又向不动产所有者和开发商提供信贷资金。

（3）按募集方式分类。

① 私募型 REITs：私募型 REITs 以非公开方式向特定投资者募集资金，募集对象是特定的，且不允许公开宣传，一般不上市交易，投资者门槛也相对较高，因此流动性较差。其发行量在发行之初就被限制，不得任意追加发行新增的股份。私募型基金一般面向资产规模较大的特定客户，投资者对于投资决策的影响力较大。由于投资者较少且风险承受能力更强，私募型基金受到法律以及规范的限制相对较少。

② 公募型 REITs：公募型 REITs 以公开发行的方式向社会公众投资者募集信托资金，发行时需要经过监管机构严格的审批，可以进行宣传。公募型

REITs 一般可以为了增加资金投资于新的不动产而追加发行新的股份。公募型 REITs 对投资人数没有限制，门槛也比较低，是 REITs 产品的主流形式。在法律监管方面，公募型基金受到的法律限制和监管通常较多。

（4）按底层资产分类。根据底层不动产的不同，REITs 可以分为基础设施、住宅、工业、零售、办公、物流、医疗等多个类别，只要是能够产生稳定现金流的不动产，其所有权或抵押债权都可以成为 REITs 的底层资产。

1.3.2 基础设施公募 REITs 的概念

1. 定义

基础设施公募 REITs 是以基础设施项目为底层资产的 REITs，通过公开发行基金份额汇集投资者资金，投资于基础设施项目，并将底层资产产生的租金或收费分配给投资者。其本质是基础设施项目的上市，以基础设施为底层资产进行资产证券化，从而通过不动产证券化，实现基础设施项目的上市。这一过程把流动性低、非证券化的基础设施项目，转化为资本市场的金融产品。

作为我国新兴的金融工具，2020 年以前，受到国内监管因素限制，我国发行的 REITs 产品以商业地产类 REITs 为主，尚未出现真正的公募 REITs。事实上，类 REITs 的本质是债，而 REITs 则是一种股权融资工具，两者存在本质差别。2020 年以来，REITs 发行进入以基础设施为主的突破期，2020 年 4 月，国家发展改革委与中国证监会联合发布了《关于推进基础设施领域不动产投资信托基金（REITs）试点相关工作的通知》。2021 年 6 月 21 日，国内首批基础设施公募 REITs 登陆交易所上市交易，基础设施公募 REITs 迈出了实质性的一步。截至 2021 年底，交易所市场已发行的私募 REITs 产品数量为 88 单，总发行规模为 1681.63 亿元，我国境内基础设施领域公募 REITs 正式起航。

我国拥有庞大的基础设施存量市场，可为 REITs 发展提供丰富的底层投资资产。从增量市场分析，虽然经过多年快速建设，我国基础设施条件得到了明显改善，但是区域差距较大，中部和西部地区相对比较落后，教育、医疗等公共服务供给也不足；同时，5G 建设、数据中心等新基建领域正在发力，未来我国新老基建都具备较大的发展空间。

相比于传统模式，作为权益型金融工具，基础设施公募 REITs 以不动产资产持续、稳定的运营收益为派息来源，具有流动性较高、收益相对稳定、安全性较强等特点，可将企业融资由债务融资转变为权益融资，减少企业债务融资所带来的财务成本。基础设施公募 REITs 可以有效盘活存量资产，充分利用基础设施库存资产，提高基础设施运营效率。同时可以拓宽社会资本投资渠道，给众多金融机构带来业务机会，提升直接融资比重，填补当前金融产品空白，进一步化解地方隐性负债，增强资本市场服务实体经济的效果。

2. 交易结构

由于《中华人民共和国证券投资基金法》规定公募基金不得直接投资于非上市公司股权，无法直接拥有基础设施项目的所有权，同时底层项目公司股权也不属于严格意义上的"其他证券及衍生品种"。因此，我国 REITs 在交易结构上普遍采用"公募基金 + 单一基础设施资产支持证券（ABS）"的形式。这是一种风险回报比中等的权益类投资品种，具有流动性较高、收益相对稳定、安全性较强等特点。个人投资者可以用较少的资金参与到大型基建项目中，分享国家经济高质量发展的红利。

基础设施公募 REITs 的结构中，涉及多方当事人，包括公募基金管理人、ABS 管理人（与基金管理人属于同一实际控制人）、托管人等多个主体，还有发行和持续运作中的券商、律师和会计师事务所、资产评估机构等中介机构。这种"公募基金 + ABS"的模式与我国当前监管政策相适应，主要交易结构如图 1－3 所示。

（1）由 ABS 管理人设立发行资产支持证券，收购底层基础设施项目的股权。即基础设施资产支持证券（ABS）等特殊目的载体持有基础设施项目。

（2）公募 REITs 管理人公开发售公募基金募集资金，用于购买基础设施资产支持证券，也就是公募基金通过持有资产支持证券全部份额而持有基础设施项目公司全部股权，实现对标的基础设施项目的投资，从而取得基础设施项目完全所有权或经营权利。

我国基础设施公募 REITs 交易结构具有以下四个特点。

（1）基金在交易所公开募集发行上市，公募基金的主要资产投资于基础设施，其中 80% 以上基金资产投资于基础设施资产支持证券，并持有资产支持专项计划全部份额；基金通过基础设施资产支持证券持有基础设施项目公司全部股权。

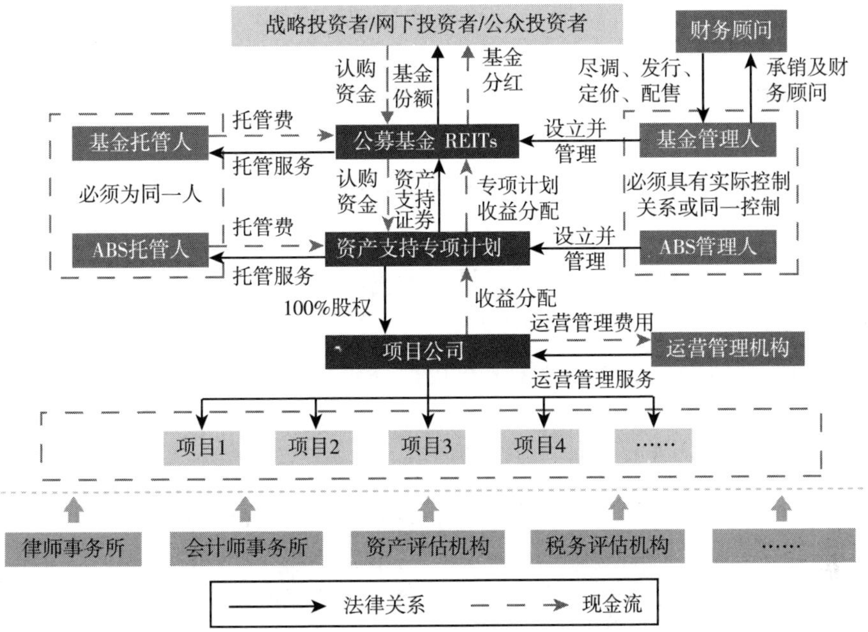

图1－3 基础设施公募 REITs 交易结构

（2）基金通过资产支持证券和项目公司等特殊目的载体取得基础设施项目100%所有权或经营权利。

（3）基金管理人主动运营管理基础设施项目，以获取基础设施项目租金、收费等稳定现金流为主要目的。

（4）采取封闭式运作，收益分配比例不低于合并后基金年度可供分配金额的90%。

3. 收益属性

基础设施 REITs 的收益率来源于持有期间取得的基金分红与资产价格波动产生的资本利得两部分，兼具债权和股权的双重属性，是优秀的抗通胀资产。

一方面，我国 REITs 实施强制分红政策，规定将90%以上可供分配金额分配给投资者、未来3年项目派息率不低于4%。以首批上市的中航首钢生物质 REIT 为例，该基金以现金形式发放红利，2021年第一次分红共计分配人民币51541064.40元，保障了投资者收益的稳定性，具有债的特性。

另一方面，REITs 产品在二级市场中交易活跃，基础资产的物业增值受宏观经济和行业趋势影响较大。以富国首创水务 REIT 为例，截至 2022 年 3 月 25 日，该基金相比上市交易首日已上涨 59.87%，投资者可以通过二级市场交易 REITs 获取价差，具有股的特性。

总体来看，REITs 的收益与风险介于股票与债券之间，可以帮助投资者改善投资组合边界，是股票、债券、现金之外的第四大类资产配置类别。

1.3.3 基础设施公募 REITs 推出的背景与意义

REITs 是成熟资本市场的重要组成部分，是一种国际化的金融产品，全球共有 43 个国家和地区推出了 REITs 产品。我国推出的基础设施公募 REITs 是以基础设施项目为底层资产的公募 REITs 产品，是国际通行的配置资产，也是我国构建金融国际化的重要一步，具有流动性较高、收益相对稳定、安全性较强等特点，能有效盘活存量资产，填补当前金融产品空白，拓宽社会资本投资渠道，提升直接融资比重，增强资本市场服务实体经济质效。与类 REITs 相比，基础设施公募 REITs 真正实现收益完全与基础资产挂钩，剥离主体信用，是权益性质的资产管理产品。

“十四五”规划提出，要推动基础设施公募 REITs 健康发展，有效盘活存量资产，形成存量资产和新增投资的良性循环。开展基础设施 REITs 试点，对推动形成市场主导的投资内生增长机制，提升资本市场服务实体经济的质效，构建投资领域新发展格局，具有重要意义。当下地方政府以及主要从事基础设施投资的国有企业可用于投资的财力进一步受到制约且来源单一。短期来看，发行基础设施公募 REITs 有利于广泛筹集项目资本金，降低债务风险，是稳投资、补短板的有效政策工具；长期来看，基础设施公募 REITs 可以改善基础设施行业长周期、高负债、重资产运营模式，打造“资金 + 资产”“建设 + 运营”可复制模式的良性循环，有利于完善储蓄转化投资机制，降低实体经济杠杆，推动基础设施投融资市场化、规范化健康发展。基础设施公募 REITs 的发行对于我国的资本市场具有重大的意义，是资本市场服务实体经济的重要一环，其发展具有五大层面的意义。

1. 投资者层面

基础设施公募 REITs 以公募基金的形式公开发行，将呈现出中等风险、流动性较好、收益较稳定的特征，是介于股票和债券之间的新大类投资品种。

发行基础设施公募 REITs 可以提升投资的风险收益比，降低公众投资者进入基础设施领域的门槛，有效拓展投资边界。同时，由于底层资产为不动产，公募 REITs 天然具有优秀的抗通胀属性，往往能够对冲预期与非预期通货膨胀的影响，是中等收益、中等风险的优质投资产品。美国 REITs 指数过去 40 年年化收益率达到 12.1%，收益与风险位于股票与债券之间。同时公募 REITs 可像股票一样，在二级市场进行买卖，流动性较强。

2. 基础设施层面

基础设施公募 REITs 通过转让部分项目权益，可盘活长周期、大规模的存量资产，募集资金用于新项目的投资建设，实现资源的高效配置，为行业发展引入活水，形成基础设施投资资金的良性循环。经过多年来的快速发展，我国基础设施项目已经进入存量时代，盘活存量资产、唤醒底层资产价值成为行业面临的难题。

发行基础设施公募 REITs 可以：（1）吸引更广泛的社会资本进入，拓宽融资渠道，解决基础设施补短板领域的融资需求；（2）上市后将基础设施项目交给专业的运营管理机构运营，提升运营管理效率，保障公共服务水平；（3）发挥二级市场“价格发现”功能，对基础设施进行合理估值，提供定价之“锚”。

3. 宏观经济层面

基础设施公募 REITs 通过将流动性较低的基础设施项目转换为流动性较好的作为金融产品的等额的 REITs 份额，能够盘活基础设施存量资产，助力降低企业杠杆率，保持基础设施补短板力度，有助于化解城投债务风险，推进国家重大战略、新型基础设施项目，促进基础设施建设高质量发展。过去我国经济增长对债务融资的依赖性较强，宏观杠杆率上升过快、系统性风险提升，非金融企业部门和地方政府债务风险突出，杠杆率在 2008 年以后快速攀升。

发行基础设施公募 REITs 有助于：（1）提高直接融资比重，化解城投债务风险；（2）扩大新增投资，原始权益人发行 REITs 获得的等价现金资产，可以投资到新的项目，为基建投资提供新的增长点；（3）有利于推动国家重大战略实施，推进新型基础设施项目建设。

4. 原始权益人层面

基础设施 REITs 公募的发行，有助于原始权益人盘活存量资产，缩短资金回收周期，解决融资需求。长期以来，基础设施项目存在投资大、周期长、资金回收慢、项目退出难等问题，REITs 的推行能够有效解决这些痛点。同时，回收资金用于新建的基础设施项目，提升了原始权益项目建设能力，并探索向轻资产模式转变。

5. 金融市场层面

基础设施公募 REITs 增加了金融市场产品的多样性，提升了资本市场服务实体经济的能力。作为股票、债券、现金之外的第四类资产，REITs 具有分红稳定、价格波动较小、投资期限长的特性，比较适合保险、养老金等追求稳健增值的投资者；同时 REITs 与其他资产的相关性较弱，纳入 REITs 有利于投资者改善风险收益前沿，优化投资组合。

发展基础设施公募 REITs 市场也给金融行业带来了更多的业务机会。券商可以担任投资者、公募基金管理人、资产支持证券管理人、流动性服务商、代销机构等服务角色。商业银行在公募 REITs 市场可以担任投资机构、托管机构、代销机构、担保机构等角色，拓展非息收入来源。

总而言之，基础设施公募 REITs 是助力金融供给侧改革的重要工具，中国 REITs 产品先以基础设施 REITs 的形式进行试点，是防风险、去杠杆、稳投资、补短板的有效政策工具，是投融资机制的重大创新，有助于盘活存量资产，广泛调动各类社会资本积极性，既符合我国当前的国情，也有益于在实践中不断探索中国特色的 REITs 制度，促进基础设施的高质量发展。

展望未来，基于我国庞大的基础设施规模以及海外成熟市场的发展态势，基础设施公募 REITs 未来将成为财政政策的重要补充，进而扩大基础设施建设，稳定经济发展。同时，普通投资者可以通过 REITs 分享基础设施建设的红利，有利于满足居民财富管理的需求，起到进一步拉动内需的效果。基于我国庞大的基础设施规模以及海外成熟市场的发展态势，我国基础设施公募 REITs 未来发展潜力巨大。

1.3.4 我国基础设施 REITs 试点概况

2020 年 4 月，国家发展改革委和中国证监会联合发布《关于推进基础设施领域不动产投资信托基金（REITs）试点相关工作的通知》，我国正式开展基础设施公募 REITs 试点工作。2021 年 6 月 21 日，首批基础设施公募 REITs 正式上市交易，项目总发行规模约 314 亿元，其基本信息如表 1－1 所示。

表 1－1　　我国基础设施公募 REITs 基本信息

<table>
<tr><th colspan="2">分类</th><th>交易所</th><th>REITs 项目名称</th><th>基金代码</th><th>场内简称</th><th>收入来源</th></tr>
<tr><td rowspan="6">产权类</td><td rowspan="4">产业园</td><td>深圳</td><td>博时招商蛇口产业园</td><td>180101</td><td>博时蛇口产园 REIT</td><td rowspan="6">租金收入、物业费收入</td></tr>
<tr><td>上海</td><td>华安张江光大园</td><td>508000</td><td>华安张江光大 REIT</td></tr>
<tr><td>上海</td><td>东吴—苏州工业园区产业园</td><td>508027</td><td>东吴苏园产业 REIT</td></tr>
<tr><td>上海</td><td>建信中关村产业园</td><td>508099</td><td>建信中关村 REIT</td></tr>
<tr><td rowspan="2">仓储</td><td>深圳</td><td>红土创新盐田港仓储物流</td><td>180301</td><td>红土盐田港 REIT</td></tr>
<tr><td>上海</td><td>中金普洛斯仓储物流</td><td>508056</td><td>中金普洛斯 REIT</td></tr>
<tr><td rowspan="5">特许经营权</td><td rowspan="2">环保类</td><td>深圳</td><td>中航首钢生物质</td><td>180801</td><td>中航首钢绿能 REIT</td><td>垃圾处理服务费、发电收入和餐厨垃圾收运、处置费</td></tr>
<tr><td>上海</td><td>富国首创水务</td><td>508006</td><td>富国首创水务 REIT</td><td>污水、污泥处理服务费</td></tr>
<tr><td rowspan="3">高速类</td><td>上海</td><td>浙商证券沪杭甬高速</td><td>508001</td><td>浙商沪杭甬 REIT</td><td rowspan="3">道路通行费、广告租金等</td></tr>
<tr><td>深圳</td><td>平安广州交投广河高速公路</td><td>180201</td><td>平安广州广河 REIT</td></tr>
<tr><td>深圳</td><td>华夏越秀高速公路</td><td>180202</td><td>华夏越秀高速 REIT</td></tr>
</table>

第 2 章

基础设施公募 REITs 的政策演进

基础设施公募 REITs 是在各项保障政策、交易制度的不断完善下推出的。本章分别介绍国家层面不同部门和各地方政府在推动建立和完善基础设施公募 REITs 市场过程中推出的各项政策及其演进完善进程。

2.1 国家层面 REITs 的政策演进

在 2021 年 6 月 21 日首批基础设施公募 REITs 上市之前，国内的 REITs 都是以“ABS + 私募”为主要形式的产品，被称为类 REITs。2020 年 7 月 31 日，国家发展改革委发布《关于做好基础设施领域不动产投资信托基金（REITs）试点项目申报工作的通知》，正式拉开了基础设施公募 REITs 试点申报和上市工作的帷幕，据此本节将国家层面 REITs 的政策演进分成两个阶段介绍。

2.1.1 类 REITs 阶段的政策演进

2004 年 1 月，国务院发布《关于推进资本市场改革开放和稳定发展的若干意见》，指出“要积极探索并开发资产证券化品种”。

REITs 作为资产证券化的一个种类，开始受到各界关注。

2005 年 6 月，企业资产证券化启动试点。同年 9 月，由商务部牵头的全国商业地产情况调查组向国务院递交的调查报告中，提出“打通国内 REITs 融资渠道”建议，这是国内首次明确提出开放 REITs 融资渠道。同年 12 月，越秀 REITs 在港交所成功上市。

2006 年 12 月，凯德商用中国信托在新交所成功上市，中国内地资产首次在新加坡市场发行 REITs。

2007 年，中国人民银行、中国证监会和中国银监会分别成立 REITs 专题研究小组，正式启动中国 REITs 市场建设推进工作。

2008 年 3 月，中国银监会及五家信托公司发布《信托公司房地产投资信托业务管理办法（草案）（征求意见稿）》，这是 REITs 第一次被提上决策层面推进。

2009 年 4 ~ 11 月，经国务院批复，中国人民银行、中国证监会、住建部牵头成立“REITs 试点协调小组”，分别研究推动银行间市场和交易所市场 REITs 试点工作，北京、上海、天津和苏州等城市纳入试点。同年 12 月 31 日，国务院发布了《关于推进海南国际旅游岛建设发展的若干意见》，指出要“探索房地产投资信托基金拓展公共租赁住房融资渠道”，这是首次明确提出利用 REITs 为租赁住房提供融资渠道的声明。

2009 年 12 月，中国资产评估协会发布《投资性房地产评估指导意见（试行）》，其中详细规定投资性房产按照新会计准则进行公允价值评估。

2010 年 6 月，住建部等七部门发布《关于加快发展公共租赁住房的指导意见》，指出要“探索房地产投资信托基金拓展公共租赁住房融资渠道”，这是首次明确提出利用 REITs 为租赁住房提供融资渠道的声明。

2012 年 8 月，天津天房集团以保障性住房为基础资产、以 ABN 为载体，成功发行银行间市场首单 REITs 产品。

2014 年 5 月，国务院发布《关于进一步促进资本市场健康发展的若干意见》，提出“统筹推进符合条件的资产证券化发展”。同月，中信启航 REITs 成功发行并在深交所综合协议交易平台挂牌转让，这是中国交易所市场首单类 REITs 产品。该产品首次实现了完全以资产运营收入和资产价值为支撑的不动产证券化，在基础资产交易结构和现金流层面为权益型公募 REITs 奠定了基础。同年 11 月 19 日，《证券公司及基金管理公司子公司资产证券化业务管理规定》颁布，允许商业地产、基础设施作为基础资产。

2015 年 1 月，住建部发布《关于加快培育和发展住房租赁市场的指导意见》，提出“各城市要积极开展 REITs 试点，并逐步推开”。同年 6 月，鹏华前海万科 REITs 成功发行并在深交所集合竞价交易平台转让，这是中国首单以公募基金为载体的 REITs 产品，为 REITs 在金融产品层面的公募化发行交易进行了有益尝试。同年 12 月，北京华联商业信托在新交所成功发行，这是中国内地企业首次在新交所发行 REITs。

2016 年 6 月，国务院发布《关于加快培育和发展住房租赁市场的若干意见》，提出支持符合条件住房租赁企业发行不动产证券化产品，稳步推进 REITs 试点。

2017 年 7 月，住建部等九部门发布《关于在人口净流入的大中城市加快发展住房租赁市场的通知》，鼓励地方政府出台优惠政策，推动发展 REITs，加快发展住房租赁市场。同年 8 月，境内首单不依赖于主体的勒泰 REITs 成功发行并在深交所挂牌转让，为探索权益型 REITs 产品进行了重要尝试。同年 10 月，保利租赁住房 REITs 成功发行并在上交所挂牌转让，是境内首单储架发行的类 REITs 产品。

2018 年 2 月，深交所发布《深圳证券交易所发展战略规划纲要（2018—2020 年）》，提出全力开展 REITs 产品创新。同年 4 月，中国证监会与住建部联合发布《关于推进住房租赁资产证券化相关工作的通知》，提出重点支持住房租赁企业发行以不动产物业为底层资产的权益类 ABS 产品，试点发行 REITs 产品。

2019 年 1 月，上海证券交易所在新年致辞中，首次提出要推动公募 REITs试点。同年 3 月，菜鸟仓储物流基础设施类 REITs 产品成功发行并在上交所挂牌转让，是境内首单可扩募的 REITs 产品，为公募 REITs 重要的扩募功能进行了突破性的尝试。2019 年上半年，国家发展改革委、中国证监会在地方调研基础设施资产证券化的难点和障碍，探索基础设施公募 REITs 的可行路径。同年 9 月，沪杭甬徽杭高速 REITs 成功发行并在上交所挂牌转让，这是国内首单基础设施类 REITs 产品。

为便于读者索引查询政策通知的具体条文，本书汇总了我国类 REITs 相关的政策文件，如表 2 - 1 所示。

表 2-1 我国类 REITs 相关的政策文件汇总

发文部门	发文时间	文件名
国务院	2004 年 1 月 31 日	关于推进资本市场改革开放和稳定发展的若干意见
中国银监会及五家信托公司	2008 年 3 月	信托公司房地产投资信托业务管理办法（草案）征求意见稿
国务院	2009 年 12 月 31 日	关于推进海南国际旅游岛建设发展的若干意见
中国资产评估协会	2009 年 12 月 18 日	投资性房地产评估指导意见（试行）
住建部等七部门	2010 年 6 月 8 日	关于加快发展公共租赁住房的指导意见
国务院	2014 年 5 月 8 日	关于进一步促进资本市场健康发展的若干意见
中国人民银行、中国银监会	2014 年 9 月 29 日	关于进一步做好住房金融服务工作的通知
中国证监会	2014 年 11 月 19 日	证券公司及基金管理公司子公司资产证券化业务管理规定
住建部	2015 年 1 月 6 日	关于加快培育和发展住房租赁市场的指导意见
国务院	2016 年 6 月 3 日	关于加快培育和发展住房租赁市场的若干意见
住建部等九部门	2017 年 7 月 18 日	关于在人口净流入的大中城市加快发展住房租赁市场的通知
深交所	2018 年 2 月 12 日	深圳证券交易所发展战略规划纲要（2018—2020 年）
中国证监会、住建部	2018 年 4 月 24 日	关于推进住房租赁资产证券化相关工作的通知

2.1.2 基础设施公募 REITs 阶段的政策演进

基础设施公募 REITs 的发行交易涉及多个业务部门、主管部门和自律监管机构。

1. 国家发展和改革委员会

2020 年 7 月 31 日，国家发展改革委发布《关于做好基础设施领域不动产投资信托基金（REITs）试点项目申报工作的通知》（以下简称《申报通知》）。《申报通知》明确了基础设施公募 REITs 项目选择与申报原则，正式拉开了基础设施公募 REITs 试点申报和上市工作的帷幕，具有划时代的历史意义。为深入落实《申报通知》要求、稳妥推进试点工作，国家发展改革委于 2020 年 8 月 18 日专门发布了《关于做好基础设施领域不动产投资信托基金（REITs）试点项目申报工作的通知》政策解读。

2020 年 9 月 29 日，国家发展改革委发布《关于印发基础设施领域不动产投资信托基金（REITs）试点项目申报材料格式文本的通知》和《关于抓紧报送 REITs 试点项目申报材料的通知》，明确了首批试点项目申报的文件材料。

2021 年 1 月 13 日，国家发展改革委发布《国家发展改革委办公厅关于建立全国基础设施领域不动产投资信托基金（REITs）试点项目库的通知》，从六个方面明确了拟发行公募 REITs 项的定期入库要求及后续申报公募REITs项目均须为入库项目的要求：一是要求地方充分认识稳妥推进基础设施REITs试点的重要意义；二是要求地方抓紧将符合条件的项目纳入基础设施 REITs 项目库，切实加强基础设施 REITs 试点项目储备管理；三是将入库项目分为意向项目、储备项目、存续项目 3 类，并严格把握入库项目条件；四是从加强协调服务等 4 个方面提出了对入库项目的支持措施；五是从项目信息、入库编码、时间安排等方面，对做好入库项目梳理和报送工作提出具体要求；六是要求各地方统一规则、加强协作，确保稳妥推进基础设施 REITs 试点。

2021 年 6 月 29 日，国家发展改革委发布《关于进一步做好基础设施领域不动产投资信托基金（REITs）试点工作的通知》（以下简称《试点通知》），并附有《基础设施领域不动产投资信托基金（REITs）试点项目申报要求》(以下简称《申报要求》)。《试点通知》从五个方面提出了具体工作要求：一是不断深化认识，加强支持引导；二是加强项目管理和协调服务；三是严把项目质量关；四是促进基础设施 REITs 长期健康发展；五是加强部门协作和政策落实。《申报要求》包括试点区域和行业范围、项目基本条件、申报材料要求、项目申报程序、项目审查内容、中介机构要求、其他工作要求等内容。《试点通知》和《申报要求》对贯彻落实《中华人民共和国国民经济和社会发展第十四个五年规划和2035 年远景目标纲要》精神，进一步做好基础设施 REITs 试点项目申报等工作，促进盘活存量资产、形成投资良性循环具有重要意义。

《试点通知》在《申报通知》的基础上，作出了重大修订且新增了部分内容，包括试点区域放宽至全国、新增基础资产行业范围、明确规模要求、优化申报路径、修订募集资金用途、新增扩募监管。此外，在运营时间及现金流分散、土地合规、资产转让、中介机构等方面做了进一步强化和细化。

2021 年 12 月 15 日，国家发展改革委发布《关于进一步推进投资项目审批制度改革的若干意见》，提出做好基础设施领域不动产投资信托基金

（REITs）项目协调服务，对拟申报基础设施REITs试点的项目加强跟踪服务，协调加快前期工作和开工建设进度，推动尽快形成实物工作量。

2021年12月29日，国家发展改革委印发《关于加快推进基础设施领域不动产投资信托基金（REITs）有关工作的通知》（以下简称《加快推进通知》），强调加强宣传解读，调动参与积极性、摸清项目底数，分类辅导服务、安排专人对接，做好服务工作、加强部门协调，落实申报条件、及时沟通反映，加快申报进度、用好回收资金，形成良性循环、鼓励先进典型，形成示范引领。

与《试点通知》相比，《加快推进通知》在以下三方面做出改善：入库范围有所放松，要求项目"愿入尽入、应入尽入"；切实加快项目进度，尽可能压缩项目准备周期，加快无异议函等相关手续办理，加快申报进度；监督回收资金再投入，形成良性循环。

2022年1月12日，国家发展改革委、生态环境部、住房城乡建设部、国家卫生健康委四部门联合印发《关于加快推进城镇环境基础设施建设的指导意见》提出在不新增地方政府隐性债务的前提下，支持符合条件的企业通过发行企业债券、资产支持证券募集资金用于项目建设，鼓励具备条件的项目稳妥开展基础设施领域不动产投资信托基金（REITs）试点。

2022年1月30日，国家发展改革委、国家能源局印发《关于完善能源绿色低碳转型体制机制和政策措施的意见》，提出完善支持能源绿色低碳转型的多元化投融资机制。推动清洁低碳能源相关基础设施项目开展市场化投融资，研究将清洁低碳能源项目纳入基础设施领域不动产投资信托基金（REITs）试点范围。

2. 中国证监会

在国家发展改革委发布《关于做好基础设施领域不动产投资信托基金（REITs）试点项目申报工作的通知》之前，中国证监会做了一系列基础性准备工作。

2020年1月16～17日，中国证监会召开系统工作会议，指出稳妥推动基础设施REITs试点。

2020年4月24日，中国证监会与国家发展改革委联合发布的《关于推进基础设施领域不动产投资信托基金（REITs）试点相关工作的通知》，旨在推进公募REITs业务试点工作。

2020 年 4 月 30 日，中国证监会就《公开募集基础设施证券投资基金指引（试行）》（征求意见稿）公开征求意见，并于 8 月 6 日发布《公开募集基础设施证券投资基金指引（试行）》，同时附有《公开募集基础设施证券投资基金指引（试行）》和《关于制定〈公开募集基础设施证券投资基金指引（试行）〉的立法说明》，明确了业务的法律架构、产品形式、参与主体、职责分工、交易材料、申报流程、发行安排、信息披露、运营管理及贷后监督等。

2022 年 3 月 18 日，中国证监会发布《深入推进公募 REITs 试点进一步促进投融资良性循环》，提到基础设施公募 REITs 下一阶段的重点工作主要是两个方面：一是正在研究制定基础设施 REITs 扩募规则；二是抓紧推动保障性租赁住房公募 REITs 试点项目落地。

3. 中国银保监会

2021 年 11 月 10 日，中国银保监会印发《关于保险资金投资公开募集基础设施证券投资基金有关事项的通知》，明确了保险资金投资基础设施公募 REITs 的机构资质要求，除应具备健全有效的内部控制体系和投资管理制度外，还对资产负债管理能力评估结果和综合偿付能力充足率提出了量化要求。该通知指出保险资金投资的基础设施基金及投资于基础设施基金比例不低于 80% 的资产管理产品，应当纳入不动产类资产投资比例管理，同时还要求对投资基础设施 REITs 基金可能出现的重大风险事件进行防范。

4. 上海证券交易所

2020 年 9 月，上海证券交易所发布《上海证券交易所公开募集 REITs 业务办法（试行）（征求意见稿）》和《上海证券交易所公开募集 REITs 发售业务指引（试行）（征求意见稿）》，旨在规范上交所基础设施基金份额发售、上市、交易、收购、信息披露、退市等行为。

2021 年 1 月 29 日，上海证券交易所发布了三项主要业务规则的通知，这三项规则的正式发布，标志着上交所推进基础设施公募 REITs 试点工作取得阶段性进展。《上海证券交易所公开募集基础设施证券投资基金（REITs）业务办法（试行）》明确了业务申请条件、申请文件与审核程序，明确发售、上市及交易安排，强化管理人工作协同，明确产品存续期管理要求及权益变动要求等。《上海证券交易所公开募集基础设施证券投资基金（REITs）规则适用指引第 1 号——审核关注事项（试行）》明确了业务审核对象，包括参与机构、项目及现金流、交易结构及运作安排等。《上海证券交易所公开募集基础设施证券投资基金（REITs）规则适用指引第 2 号——发售业务（试行）》明确了公募 REITs 询价、定价、战略配售、网下及公众认购、份额确认、扩募发售等操作规则。

2021 年 2 月 5 日，上海证券交易所印发了《关于公开募集基础设施证券投资基金上市及交易相关收费事宜的通知》。

2021 年 3 月 23 日，上海证券交易所印发《关于发布〈上海证券交易所基金业务指南第 2 号——上市基金做市业务〉的通知》，新增了有关基金做市商对于公募 REITs 产品报价等相关内容。

2021 年 3 月 29 日，上海证券交易所发布了《关于发布公募 REITs 业务等相关市场接口的通知》，为市场参与者提前做好技术就绪准备工作提供指引。

2021 年 4 月 21 日，上海证券交易所正式接收首批 2 单基础设施公募 REITs项目申报。5 月 17 日，首批 5 单基础设施公募 REITs 项目获得中国证监会准予注册的批复，并于6 月 21 日平稳上市。

2021 年 4 月 30 日，上海证券交易所发布《关于发布〈上海证券交易所公开募集基础设施证券投资基金（REITs）业务指南第 1 号——发售上市业务办理〉的通知》和《关于发布〈上海证券交易所投资者风险揭示书必备条款指南第 4 号——公开募集基础设施证券投资基金（REITs）〉的通知》，明确了公募 REITs 基金发售、上市、投资者适当性管理及风险揭示必备条款等内容与要求。

2021 年 6 月 17 日，上海证券交易所发布《关于发布〈上海证券交易所公开募集基础设施证券投资基金（REITs）业务指南第 2 号——存续业务〉的通知》，规范公开募集基础设施证券投资基金存续业务，便利基金管理人等市场参与人开展相关业务操作。

基础设施公募 REITs 产品均采用封闭式运作且封闭期较长，在封闭期内场外投资者只有开立证券账户将 REITs 托管至场内才能实现退出，由此也给场外 REITs 投资者的退出带来极大的不便。为便利公募 REITs 等基金份额转让，2022 年 1 月 28 日，上交所、深交所、中国结算联合推出了基金通平台。其中，上交所发布了《上海证券交易所基金自律监管规则适用指引第 3 号——基金通平台份额转让》，平台自公告发布之日起施行，为有需求的场外公募 REITs 投资者提供补充退出渠道。

2022 年 5 月 31 日，上交所、深交所分别发布了《公开募集基础设施证券投资基金（REITs）规则适用指引（试行）》，标志着基础设施公募 REITs 扩募扩容的指引细则正式出炉。

5. 深圳证券交易所

2020 年 9 月 4 日，深圳证券交易所发布《关于就公开募集基础设施证券投资基金配套业务规则公开征求意见的通知》，旨在规范深交所公开募集基础设施证券投资基金上市审核、持续监管及交易等行为，附有 6 封附件，分别为《深圳证券交易所公开募集基础设施证券投资基金业务办法（试行）（征求意见稿）》《深圳证券交易所公开募集基础设施证券投资基金业务审核指引（试行）（征求意见稿）》《深圳证券交易所公开募集基础设施证券投资基金发售业务指引（试行）（征求意见稿）》及其起草说明。

2021 年 1 月 29 日，深圳证券交易所印发《关于发布公开募集基础设施证券投资基金配套业务规则的通知》，含附件 3 个。附件 1《深圳证券交易所公开募集基础设施证券投资基金业务办法（试行）》明确了业务申请条件、申请文件与审核程序，明确发售、上市及交易安排，强化管理人工作协同，明确产品存续期管理要求及权益变动要求等；附件 2《深圳证券交易所公开募集基础设施证券投资基金业务指引第 1 号——审核关注事项（试行）》明确了业务审核对象，包括参与机构、项目及现金流、交易结构及运作安排等；附件 3《深圳证券交易所公开募集基础设施证券投资基金业务指引第 2 号——发售业务（试行）》明确了公募 REITs 询价、定价、战略配售、网下及公众认购、份额确认、扩募发售等操作规则。

2021 年 4 月 21 日，深圳证券交易所正式接收并受理首批基础设施公募 REITs 项目申报。5 月 17 日，首批基础设施公募 REITs 在中国证监会注册，并于 6 月 21 日成功上市。

2021 年 4 月 30 日，深圳证券交易所发布关于发布两则通知，其中一则为《关于发布〈深圳证券交易所公开募集基础设施证券投资基金业务指南第 1 号——发售上市业务办理〉的通知》，明确了公募 REITs 基金发售、上市、投资者适当性管理及风险揭示必备条款等内容与要求；另一则为《关于发布〈深圳证券交易所公开募集基础设施证券投资基金业务指南第 2 号——网下发行电子平台用户手册〉的通知》，便于基金管理人、财务顾问、网下投资者等市场参与人在深交所网下发行电子平台参与公开募集基础设施证券投资基金的询价和发售。

2021 年 6 月 18 日，深圳证券交易所发布《关于发布〈深圳证券交易所公开募集基础设施证券投资基金业务指南第 3 号——交易业务〉的通知》，明确了用于深交所公开募集基础设施证券投资基金现券交易、回购交易等业务要求。

基础设施公募 REITs 产品均采用封闭式运作且封闭期较长，在封闭期内场外投资者只有开立证券账户将 REITs 托管至场内才能实现退出，由此也给场外 REITs 投资者的退出带来极大的不便。为便利公募 REITs 等基金份额转让，2022 年 1 月 28 日，上交所、深交所、中国结算联合推出了基金通平台。其中，深交所发布了《深圳证券交易所证券投资基金业务指引第 3 号——基金通平台份额转让》，平台自公告发布之日起施行，为有需求的场外公募 REITs 投资者提供补充退出渠道。

6. 财政部、国家税务总局

为解决基础设施公募 REITs 试点中的财税阻碍，大力推动基础设施公募 REITs 扩容发展，2022 年 1 月 26 日，财政部、国家税务总局联合印发了《关于基础设施领域不动产投资信托基金（REITs）试点税收政策的公告》。

公告提出了两项围绕原始权益人的税收优惠政策：（1）设立基础设施 REITs 前，原始权益人向项目公司划转基础设施资产相应取得项目公司股权，适用特殊性税务处理，即项目公司取得基础设施资产的计税基础，以基础设施资产的原计税基础确定；原始权益人取得项目公司股权的计税基础，以基础设施资产的原计税基础确定。原始权益人和项目公司不确认所得，不征收企业所得税。（2）基础设施 REITs 设立阶段，原始权益人向基础设施 REITs 转让项目公司股权实现的资产转让评估增值，当期可暂不缴纳企业所得税，允许递延至基础设施 REITs 完成募资并支付股权转让价款后缴纳。其中，对原始权益人按照战略配售要求自持的基础设施 REITs 份额对应的资产转让评估增值，允许递延至实际转让时缴纳企业所得税。原始权益人通过二级市场认购（增持）该基础设施 REITs 份额，按照先进先出原则认定优先处置战略配售份额。

尽管税收问题并非设立基础设施公募 REITs 的先决条件，但税收成本是原始权益人发行 REITs 的重要考虑因素，对各方参与 REITs 的积极性影响重大。该公告所针对的设立基础设施 REITs 前的税收优惠政策，可以避免原始权益人层面重复缴税等情况，而且将企业所得税纳税义务递延至市场运营环节，大幅度增加了原始权益人层面操作/配置基础资产的灵活性，可以有效提升原始权益人发行 REITs 积极性。

7. 自律监管机构

2020 年 9 月 22 日，中国证券业协会印发《关于就〈公开募集基础设施证券投资基金网下投资者管理细则（征求意见稿）〉征求意见的通知》，旨在做好网下投资者自律管理，维护市场秩序，保障基础设施基金试点顺利实施。2021 年 1 月 29 日，中国证券业协会印发《关于发布〈公开募集基础设施证券投资基金网下投资者管理细则〉的通知》，明确了网下投资者注册、行为规范、相关方核查责任及自律管理等。

2020 年 9 月，中国证券投资基金业协会发布了《公开募集 REITs 尽职调查工作指引（试行）》和《公开募集 REITs 运营操作指引（试行）(征求意见稿)》。2021 年 2 月 8 日，中国证券投资基金业协会发布《关于发布公开募集基础设施证券投资基金相关配套自律规则的通知》，并附 4 个附件，分别为《公开募集基础设施证券投资基金尽职调查工作指引（试行)》和《公开募集基础设施证券投资基金运营操作指引（试行)》及其起草说明。附件《公开募集基础设施证券投资基金尽职调查工作指引（试行)》明确了业务尽调原则、对象、内容、职责分工及要求，《公开募集基础设施证券投资基金运营操作指引（试行)》则规范了产品会计核算原则，秉承“应分尽分”的收益分配原则，明确了相关信息披露原则。

2021 年 2 月 5 日，中国证券登记结算有限责任公司发布三则通知，分别为《关于发布〈中国证券登记结算有限责任公司公开募集基础设施证券投资基金登记结算业务实施细则（试行)〉的通知》《关于发布〈中国证券登记结算有限责任公司上海证券交易所公开募集基础设施证券投资基金登记结算业务指引（试行)〉的通知》《关于发布〈中国证券登记结算有限责任公司深圳证券交易所公开募集基础设施证券投资基金登记结算业务指引（试行)〉的通知》，这三则通知明确了在沪深交易所上市交易的公募 REITs 基金在登记结算业务运作原则、账户管理、基金认购、交易收购、权益分派、登记托管及结算风险管理等。

为便于索引查询政策通知的具体条文，本书汇总了基础设施公募 REITs 从酝酿到推出再到成熟的国家层面政策文件，如表 2－2 所示。

表 2-2　基础设施公募 REITs 国家层面政策文件汇总

发文部门	发文时间	文件名
国家发展改革委	2020年7月31日	关于做好基础设施领域不动产投资信托基金（REITs）试点项目申报工作的通知
	2020年9月29日	关于印发基础设施领域不动产投资信托基金（REITs）试点项目申报材料格式文本的通知
		关于抓紧报送REITs试点项目申报材料的通知
	2021年1月13日	关于建立全国基础设施领域不动产投资信托基金（REITs）试点项目库的通知
	2021年6月29日	关于进一步做好基础设施领域不动产投资信托基金（REITs）试点工作的通知
	2021年12月15日	关于进一步推进投资项目审批制度改革的若干意见
	2021年12月29日	加快推进基础设施领域不动产投资信托基金（REITs）有关工作的通知
	2022年1月12日	关于加快推进城镇环境基础设施建设的指导意见
	2022年1月30日	关于完善能源绿色低碳转型体制机制和政策措施的意见
中国证监会	2020年4月24日	关于推进基础设施领域不动产投资信托基金（REITs）试点相关工作的通知
	2020年8月6日	公开募集基础设施证券投资基金指引（试行）
中国银保监会	2021年11月10日	关于保险资金投资公开募集基础设施证券投资基金有关事项的通知
中国证券业协会	2020年9月22日	关于就《公开募集基础设施证券投资基金网下投资者管理细则（征求意见稿）》征求意见的通知
	2021年1月29日	关于发布《公开募集基础设施证券投资基金网下投资者管理细则》的通知
中国证券投资基金业协会	2020年9月	公开募集REITs尽职调查工作指引（试行）（征求意见稿）
		公开募集REITs运营操作指引（试行）（征求意见稿）
	2021年2月8日	关于发布公开募集基础设施证券投资基金相关配套自律规则的通知
中国证券登记结算有限责任公司	2021年2月5日	关于发布《中国证券登记结算有限责任公司公开募集基础设施证券投资基金登记结算业务实施细则（试行）》的通知
		关于发布《中国证券登记结算有限责任公司上海证券交易所公开募集基础设施证券投资基金登记结算业务指引（试行）》的通知
		关于发布《中国证券登记结算有限责任公司深圳证券交易所公开募集基础设施证券投资基金登记结算业务指引（试行）》的通知

续表

发文部门	发文时间	文件名
上海证券交易所	2020 年 9 月	上海证券交易所公开募集 REITs 业务办法（试行）（征求意见稿）
		上海证券交易所公开募集 REITs 发售业务指引（试行）（征求意见稿）
	2021 年 1 月 29 日	上海证券交易所发布基础设施证券投资基金（REITs）三项主要业务规则
		上海证券交易所公开募集基础设施证券投资基金（REITs）业务办法（试行）
		上海证券交易所公开募集基础设施证券投资基金（REITs）规则适用指引第 1 号——审核关注事项（试行）
		上海证券交易所公开募集基础设施证券投资基金（REITs）规则适用指引第 2 号——发售业务（试行）
	2021 年 2 月 5 日	关于公开募集基础设施证券投资基金上市及交易相关收费事宜的通知
	2021 年 3 月 23 日	关于发布《上海证券交易所基金业务指南第 2 号——上市基金做市业务》的通知
	2021 年 3 月 29 日	关于发布公募 REITs 业务等相关市场接口的通知
	2021 年 4 月 30 日	关于发布《上海证券交易所公开募集基础设施证券投资基金（REITs）业务指南第 1 号——发售上市业务办理》的通知
		关于发布《上海证券交易所投资者风险揭示书必备条款指南第 4 号——公开募集基础设施证券投资基金（REITs)》的通知
	2021 年 6 月 17 日	关于发布《上海证券交易所公开募集基础设施证券投资基金（REITs）业务指南第 2 号——存续业务》的通知
	2022 年 1 月 28 日	关于发布《上海证券交易所基金自律监管规则适用指引第 3 号——基金通平台份额转让》的通知
	2022 年 5 月 31 日	上海证券交易所公开募集基础设施证券投资基金（REITs）规则适用指引第 3 号——新购入基础设施项目（试行）
深圳证券交易所	2020 年 9 月 4 日	关于就发布公开募集基础设施证券投资基金配套业务规则公开征求意见的通知
	2021 年 1 月 29 日	关于发布公开募集基础设施证券投资基金配套业务规则的通知
	2021 年 4 月 30 日	关于发布《深圳证券交易所公开募集基础设施证券投资基金业务指南第 1 号——发售上市业务办理》的通知
		关于发布《深圳证券交易所公开募集基础设施证券投资基金业务指南第 2 号——网下发行电子平台用户手册》的通知
	2021 年 6 月 18 日	关于发布《深圳证券交易所公开募集基础设施证券投资基金业务指南第 3 号——交易业务》的通知
	2022 年 1 月 28 日	关于发布《深圳证券交易所证券投资基金业务指引第 3 号——基金通平台份额转让》的通知
	2022 年 5 月 31 日	深圳证券交易所公开募集基础设施证券投资基金业务指引第 3 号——新购入基础设施项目（试行）
财政部、国家税务总局	2022 年 1 月 26 日	关于基础设施领域不动产投资信托基金（REITs）试点税收政策的公告

2.2 地方层面 REITs 的政策演进

2.2.1 省级政府推动的政策

2020 年 9 月 28 日，北京市财政局等六部门发布《关于支持北京市基础设施领域不动产投资信托基金（REITs）产业发展的若干措施》，围绕产业要素、产业生态、政策保障三个方面提出 12 条政策措施。2021 年 7 月 22 日，北京市经济和信息化局发布《北京市经济和信息化局关于印发〈关于加快新型基础设施建设支持试点示范推广项目的若干措施〉的通知》，旨在深入贯彻实施《北京市加快新型基础设施建设行动方案（2020—2022 年）》《北京市关于加快建设全球数字经济标杆城市的实施方案》，加快推动一批试点、示范和推广项目建设，促进形成可复制推广的新模式和新业态，形成对全球数字经济标杆城市和智慧城市建设的有力支撑。2021 年 8 月 19 日，北京市发展改革委发布《关于进一步做好本市基础设施领域不动产投资信托基金（REITs）试点项目申报有关工作的通知》，通知要求：各区发展改革委进一步加强项目储备，主动与相关原始权益人对接沟通，做好有关政策解读和指导工作，鼓励原始权益人拿出优质资产，积极参与基础设施 REITs 试点。今后项目申报要严格按照国家发展改革委有关文件精神，成熟一个、申报一个。2022 年 2 月 7 日，在组织召开基础设施 REITs 试点培训对接会、重点领域龙头企业座谈等服务工作基础上，北京市发改委编制了《基础设施 REITs 试点政策及申报辅导手册》。该手册共三章，分别对基础设施 REITs 基本概念、相关政策及试点项目申报事项进行详细解读，具有很强的指导作用。

2020 年 9 月 1 日，河南省发展改革委办公室发布《关于做好河南省基础设施领域不动产投资信托基金（REITs）试点项目申报工作的通知》，并同步发布《关于做好河南省第一批基础设施 REITs 试点项目申报工作的通知》，要求在全省范围内尽快审核、筛选、上报符合条件的基础设施 REITs 试点项目。

2020 年 11 月 27 日，上海市发展改革委印发《上海市发展和改革委员会关于协助建立本市基础设施 REITs 项目储备库的通知》，为了有效盘活存量资产，拓宽权益资本来源，对推动上海市基础设施高质量发展、提升基础设施运营管理水平、形成良性投资循环具有重要意义。2021 年 6 月 21 日，上海市发展改革委发布《关于上海加快打造具有国际竞争力的不动产投资信托基金（REITs）发展新高地的实施意见》，提出设立上海 REITs 发展专项资金，用于支持当地发展基础设施 REITs 业务，将上海市相关领域现有优惠政策的覆盖面扩大到基础设施 REITs，积极争取国家层面支持政策在上海市率先落地。

2021 年 3 月 24 日，广西壮族自治区人民政府发布《广西扩大有效投资三年攻坚行动方案（2021—2023 年）》，强调探索通过基础设施领域不动产投资信托基金（REITs）等资产证券化方式盘活基础设施存量资产，建立 REITs 试点项目库，实施滚动管理，积极争取广西项目纳入国家试点范围。

2021 年 6 月 22 日，浙江省税务局发表《省政协十二届四次会议第 618 号提案的答复》，关于是否允许基础设施公募 REITs 设立环节股权、资产转让交易的所得税递延纳税的问题，国家税务总局正在会同财政部积极研究。

2021 年 7 月 16 日，广东省人民政府发表《广东省金融改革发展“十四五”规划》，强调稳步推进基础设施领域不动产投资信托基金（REITs）试点，并持续探索在水利、交通、能源等行业设立基础设施领域不动产投资信托基金（REITs）。

2021 年 8 月 8 日，安徽省人民政府发布《发展多层次资本市场服务“三地一区”建设行动方案的通知》，提出加大不动产投资信托基金（REITs）等创新融资工具推广运用，引导污水水务、环保清洁、绿色生态等领域的投资项目发行基础设施领域不动产投资信托基金（REITs）。

2021 年 9 月 1 日，中国人民银行海口中心支行、海南省地方金融监管局等五部门发表《关于贯彻落实金融支持海南全面深化改革开放意见的实施方案》，强调推动基础设施领域不动产投资信托基金（REITs）试点落地，建立健全基础设施领域 REITs 项目库，推动符合条件的企业发行基础设施领域 REITs，支持在住房租赁领域发展不动产投资信托基金（REITs）。

2021 年 12 月 20 日，江西省人民政府发表《江西省人民政府办公厅关于加快发展保障性租赁住房的实施意见》，鼓励保障性租赁住房项目申报 REITs 试点。

2022 年 1 月 21 日，天津市发展改革委等五部门联合发布了《关于天津市推进基础设施领域不动产投资信托基金（REITs）试点工作的支持措施》的通知，提出积极稳妥做好天津市基础设施领域不动产投资信托基金试点工作，加强项目储备、申报、发行、运营全流程规范管理，提出五项措施：一是加强项目储备，挖掘存量资源；二是完善审核机制，提高申报质量；三是优化存续管理，推动健康发展；四是加大政策支持，吸引各方参与；五是强化措施保障，凝聚工作合力。

2022 年 1 月 27 日，福建省发展改革委、福建证监局、福建省金融局联合发布《福建省促进基础设施领域不动产投资信托基金（REITs）发展的若干措施》。该措施围绕基础设施 REITs 发行全流程，从基础设施 REITs 项目谋划储备、保障协调、中介机构发展等多个方面，提出十三条具体措施，鼓励企业拿出优质资产参与试点，促进企业实现轻资产运营。

为便于索引查询政策通知的具体条文，本书汇总了上述各省级政府推动基础设施公募 REITs 的相关政策文件，见表 2－3。除此之外，还有越来越多的省份为推动本地基础设施事业发展也正在研究或已经推出了相关政策，读者可通过网络自行查询学习。

表 2－3　　基础设施公募 REITs 省级层面政策文件汇总

发文部门	发文时间	文件名
北京市财政局等六部门	2020 年 9 月 28 日	关于支持北京市基础设施领域不动产投资信托基金（REITs）产业发展的若干措施
北京市经济和信息化局	2021 年 7 月 22 日	北京市经济和信息化局关于印发《关于加快新型基础设施建设支持试点示范推广项目的若干措施》的通知
北京市发展改革委	2021 年 8 月 19 日	关于进一步做好本市基础设施领域不动产投资信托基金（REITs）试点项目申报有关工作的通知
	2022 年 2 月 7 日	基础设施 REITs 试点政策及申报辅导手册
河南省发展改革委	2020 年 9 月 1 日	关于做好河南省基础设施领域不动产投资信托基金（REITs）试点项目申报工作的通知
		关于做好河南省第一批基础设施 REITs 试点项目申报工作的通知
上海市发展改革委	2020 年 11 月 27 日	关于协助建立本市基础设施 REITs 项目储备库的通知
	2021 年 6 月 21 日	关于上海加快打造具有国际竞争力的不动产投资信托基金（REITs）发展新高地的实施意见
广西壮族自治区人民政府	2021 年 3 月 24 日	广西扩大有效投资三年攻坚行动方案（2021—2023 年）
浙江省税务局	2021 年 6 月 22 日	省政协十二届四次会议第 618 号提案的答复

续表

发文部门	发文时间	文件名
广东省人民政府	2021 年 7 月 16 日	广东省金融改革发展“十四五”规划
安徽省人民政府	2021 年 8 月 8 日	发展多层次资本市场服务“三地一区”建设行动方案的通知
中国人民银行海口中心支行、海南省地方金融监管局等五部门	2021 年 9 月 1 日	关于贯彻落实金融支持海南全面深化改革开放意见的实施方案
江西省人民政府	2021 年 12 月 20 日	关于加快发展保障性租赁住房的实施意见
天津市发展改革委等五部门	2022 年 1 月 21 日	关于天津市推进基础设施领域不动产投资信托基金(REITs)试点工作的支持措施
福建省发展改革委等三部门	2022 年 1 月 27 日	福建省促进基础设施领域不动产投资信托基金（REITs）发展若干措施

2.2.2 地市级政府推动的政策

2021 年 2 月 26 日，成都市发展和改革委员会等五部门印发《关于促进成都市基础设施领域不动产投资信托基金（REITs）发展的十条措施》的通知，明确将加大优质基础设施 REITs 产品推介力度，对 REITs 关联人才制定了多项优惠政策。

2021 年 3 月 31 日，无锡市发展改革委发布了《关于开展全国基础设施领域不动产投资信托基金（REITs）试点项目库申报工作的通知》。2021 年 5 月 31 日，无锡市发展改革委等三部门发布《无锡市推动基础设施领域不动产投资信托基金（REITs）发展若干措施》的通知，提出建立项目储备库、加大财税政策支持力度、加快培育专业基础设施运营机构、鼓励申办基础设施 REITs 公募基金管理人资质、加大优质基础设施 REITs 项目推介力度、实施基础设施 REITs 产业人才计划、鼓励国有企业转型发展、积极探索“PPP[①] + REITs”发展模式、支持基础设施 REITs 产业集群发展、建立推进基础设施 REITs 产业发展工作机制。

2021 年 7 月 21 日，苏州市发展改革委发布《关于苏州市推进基础设施

① 政府和社会资本合作（public-private partnership，PPP）。

不动产投资信托基金（REITs）产业发展的工作意见》的通知，围绕 REITs 机制要素和关键环节，提出了 10 条具体措施。

2021 年 9 月 26 日，广州市发展改革委发布《广州市支持基础设施领域不动产投资信托基金（REITs）发展措施》，以项目储备、政府服务、市场服务、风险防控和发展目标五个方面的支持为主线，提出广州支持基础设施 REITs 产业发展的 15 条政策措施。

2021 年 10 月 11 日，南京市发展改革委发布《关于加快推进南京市基础设施领域不动产投资信托基金（REITs）试点工作的若干措施》，共包括五个方面 11 条政策措施：一是充分发挥各板块的主体作用；二是对基础设施运营投入更大关注；三是加大对相关主体的政策激励；四是强化区域联动；五是其他配套服务措施。

2021 年 11 月 27 日，西安市人民政府办公厅发布《关于印发推进基础设施领域不动产投资信托基金（REITs）健康发展十条措施的通知》，从机制建立、人才培养、产业集聚、奖补激励及考核倾斜等多方面对西安市基础设施 REITs 试点工作予以政策支持。同日发布的还有《西安市基础设施公募 REITs 操作手册》，它是目前国内由政府牵头发布的首部基础设施 REITs 工具书，从产品创新、财税政策、金融政策、国资政策、产品路线策略等方面进行了详细阐述。

2021 年 12 月 7 日，合肥市人民政府发表《关于加快发展保障性租赁住房的实施意见》，提出支持保障性租赁住房项目申报基础设施领域不动产投资信托基金和房地产投资信托基金（REITs）试点。

2022 年 2 月 9 日，《通州区支持私募股权二级市场基金集聚发展措施（试行）》（又称《S 基金十条》）、《通州区支持基础设施领域不动产投资信托基金（REITs）发展措施（试行）》（又称《REITs 十条》）在 2022 年通州区第五次政府常务会获通过。两项措施的出台，使北京城市副中心成为全国首个同时出台支持 S 基金、REITs 发展专项措施的地区，在全国率先构建起“全市场、特色化”的私募股权投资基金政策体系。

2022 年 2 月 16 日，为推动京津冀协同发展，服务首都高质量发展，创新基础设施领域投融资机制，有效盘活存量资产，带动增量投资，激发市场活力，在北京市东城区加快推动基础设施领域不动产投资信托基金（REITs）集聚区建设，进一步贯彻落实《关于支持北京市基础设施领域不动产投资信托基金（REITs）产业发展的若干措施》，北京市东城区人民政府、东城区地方金融监督管理局印发了《关于支持建设基础设施领域不动产投资信托基金（REITs）集聚区的若干措施》。

为便于索引查询政策通知的具体条文，本书汇总了部分地市级政府推动基础设施公募 REITs 的政策文件，如表 2－4 所示。除此之外，还有越来越多的地市为推动本地基础设施事业发展也正在研究或已经推出了相关政策，读者可通过网络自行查询学习。

表 2－4　　基础设施公募 REITs 地市级层面政策文件汇总

发文部门	发文时间	文件名
成都市发展改革委等五部门	2021 年 2 月 26 日	关于促进成都市基础设施领域不动产投资信托基金（REITs）发展的十条措施
无锡市发展改革委	2021 年 3 月 31 日	关于开展全国基础设施领域不动产投资信托基金（REITs）试点项目库申报工作的通知
无锡市发展改革委等三部门	2021 年 5 月 31 日	无锡市推动基础设施领域不动产投资信托基金（REITs）发展若干措施
苏州市发展改革委	2021 年 7 月 21 日	关于苏州市推进基础设施不动产投资信托基金（REITs）产业发展的工作意见
广州市发展改革委	2021 年 9 月 26 日	广州市支持基础设施领域不动产投资信托基金（REITs）发展措施
南京市发展改革委	2021 年 10 月 11 日	关于加快推进南京市基础设施领域不动产投资信托基金（REITs）试点工作的若干措施
西安市人民政府办公厅	2021 年 11 月 27 日	西安市推进基础设施领域不动产投资信托基金（REITs）健康发展十条措施
西安市人民政府办公厅	2021 年 10 月 30 日	西安市基础设施公募 REITs 操作手册
合肥市人民政府	2021 年 12 月 7 日	关于加快发展保障性租赁住房的实施意见
北京市通州区人民政府	2022 年 2 月 9 日	通州区支持私募股权二级市场基金集聚发展措施（试行）（又称 S 基金十条）、通州区支持基础设施领域不动产投资信托基金（REITs）发展措施（试行）（又称 REITs 十条）
北京市东城区人民政府、东城区地方金融监督管理局	2022 年 2 月 16 日	关于支持建设基础设施领域不动产投资信托基金（REITs）集聚区的若干措施

第3章

类 REITs 的理论与实务

在基础设施公募 REITs 推出之前，我国也发行了一部分不动产投资信托基金产品，但由于诸多法律限制等原因，这类产品在许多方面还不等同于严格意义上的 REITs，通常被称为“类 REITs”。为便于更加深刻地理解基础设施公募 REITs，本章将从概念、特点、交易结构、发展历程、产品案例等方面详细介绍类 REITs 产品的理论与实务。

3.1 类 REITs 的基本理论

3.1.1 类 REITs 的概念

囿于市场环境、制度因素等限制，在首批基础设施公募 REITs 上市之前，我国尚未推出严格意义上的标准化 REITs 产品。市场上发行的 REITs 产品，是把流动性较低的、非证券形态的不动产，采用“专项计划 + 私募基金”或“专项计划 + 信托”的结构转化为资本市场上的证券资产的金融交易过程，以私募方式发行，只有合格投资者才能参与，投资门槛较高，这与 REITs 的概念和内涵是相近的，但又与标准的公募 REITs 存在一定差异，因此通常将此类不动产投资信托基金称为“类 REITs”。

类 REITs 通过嫁接私募基金或信托去投资项目公司的股权，从而间接投资不动产资产，实现物业所有权的转移，是资产证券化与 REITs 有机结合的一种金融产品，其底层资产主要为商业地产、住宅公寓和物流仓储等。

3.1.2 类 REITs 的特点及优势

1. 类 REITs 的产品特点

大部分原始权益人发行类 REITs 都并非想真实出售资产，只是将其作为暂时融资的一种手段，往往以自身回购作为项目退出的方式，在发行融资的同时，避免错过商业物业的增值。为满足原始权益人这种需求，通常设置原始权益人的权利维持费，为原始权利人提供项目到期行使回购的权利。如此一来，既达到了原始权益人的融资目的，也不影响原始权益人对优质资产的控制。

2. 发行类 REITs 的优势

类 REITs 发行之前，国内房地产企业做不动产开发，主要是“拿地—开发—销售”模式，该模式下资金占用周期长，资本沉淀大，是典型的重资产运营。而类 REITs 的出现，一方面，为房地产企业提供了一种新的融资渠道，盘活了存量资产，提高了资金周转速度；另一方面，对投资者来说，资产证券化也有效降低了不动产投资的门槛和交易成本，提高了流动性和透明度。

与传统的股权融资相比，类 REITs 产品单独设置了投资平台，企业所有者不会因发行类 REITs 产品而导致自身股权比例被稀释，且通常融资成本将低于股东权益所要求的资本回报率；与传统的债权融资相比，发行类 REITs 产品将不会占用贷款和发债额度，产品发行受市场行情波动影响较小。通过发行类 REITs 产品，企业将明显改善并提升公司的资产周转速度，进而增加整体的净资产利润率，提升公司盈利能力，同时达到提高使用效率、优化资源配置的目的。

3.1.3 类 REITs 的交易结构

我国的类 REITs 基本为“契约型 REITs”，采用了基于资产管理计划的模式，这种模式实现了各参与方的风险隔离，具体的产品结构主要为“私募基金＋专项计划”，也有部分采用“信托＋专项计划”的结构。

1. 私募基金＋专项计划

“私募基金＋专项计划”结构以专项资产管理计划为载体，通过私募基金实现对 SPV 公司/项目公司股权的收购，这是我国当前 REITs 产品交易结构的主要模式。在这个结构下，基金管理人可以代表私募基金的利益出售处置物业资产本身或转让持有物业资产的项目公司股权等权益。“私募基金＋专项计划”结构的运作流程如图 3－1 所示。

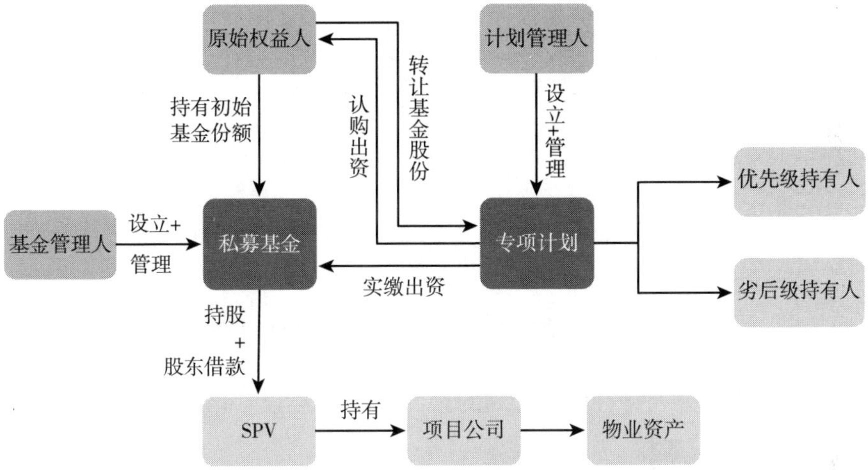

图 3－1 “私募基金＋专项计划”的类 REITs 结构

（1）原始权益人基于其与基金管理人、基金托管人签署的《基金合同》和《基金份额认购书》持有私募基金的全部份额，而该基金拥有底层物业资产的所有权。

（2）专项计划认购人通过与计划管理人签订《认购协议》，将认购资金以专项资产管理方式委托管理人管理，管理人设立并管理专项计划，认购人取得资产支持证券，成为资产支持证券持有人。通常设有优先级持有人、劣后级持有人。

（3）计划管理人购买基金份额，使专项计划成为私募基金的唯一份额持有人。

（4）私募基金将以增资、发放借款等方式向 SPV 公司/项目公司进行投资。最终私募基金持有 SPV 的 100% 股权及股东借款债权。

2. 信托 + 专项计划

另一个交易结构为“信托 + 专项计划”，该结构通过信托计划将资金最终投向物业资产，这个交易结构的运作流程如图 3 - 2 所示。

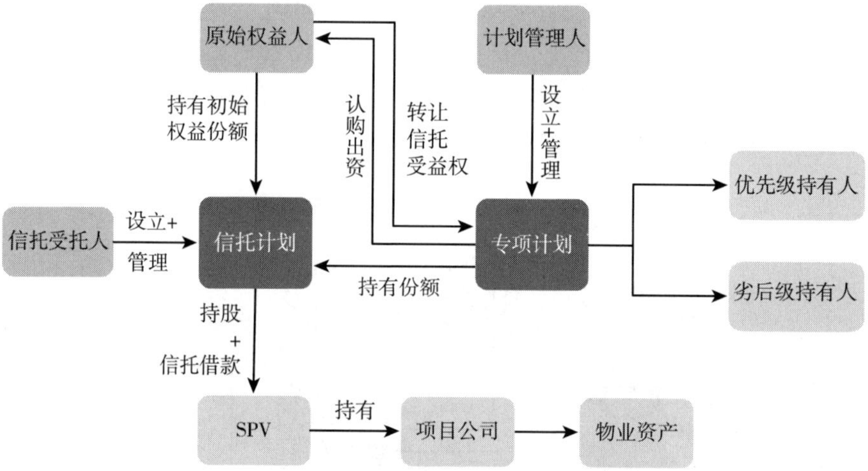

图 3 - 2 “信托 + 专项计划”的类 REITs 结构

（1）原始权益人持有信托计划的全部信托受益权，该信托计划持有 SPV 及项目公司 100% 股权。

（2）专项计划认购人通过与管理人签订《认购协议》，管理人设立并管理专项计划，认购人取得资产支持证券，成为资产支持证券持有人，通常设有优先级持有人、劣后级持有人。

（3）计划管理人应根据约定，指示托管人将信托受益权购买价款划拨至原始权益人指定的账户，用于购买信托受益权。管理人购买信托受益权后，专项计划成为信托项下的信托受益人。

（4）信托计划将以增资、发放信托借款等权益性或非权益性的方式向 SPV 公司/项目公司进行投资。最终信托计划持有 SPV 的 100% 股权及股东借款债权。

3. 1. 4 类 REITs 与公募 REITs 的区别

首批基础设施公募 REITs 的正式上市开启了中国的公募 REITs 时代。在此之前国内发行的“类REITs”多为私募发行、存在到期日，与一般国际标准的REITs公募发行、永久存续的特点有显著的差异。

公募REITs和类REITs的核心区别在于，前者是权益型的永续运作产品，可通过物业的真实出售来达到资本变现，后者是有期限的“明股实债”的债权融资产品，并不涉及资产所有权变更。公募REITs和类REITs的核心区别见表3-1。

表3-1 类REITs和公募REITs的核心区别

指标	类REITs	基础设施公募REITs
产品载体	ABS+私募/信托收益权	封闭性公募基金+ABS
产品实质	有期限的“明股实债”产品	权益型永续运作产品
交易平台	大宗交易平台	集合竞价交易平台
投资者构成	机构	机构+个人
投资门槛	100万元以上	10万元以下（或更低）
结构化分层	优先（占发行量80%~90%）/劣后（原始权益人增信）	不分层
投资者退出方式	资产处置为主	场内交易退出
募集资金用途	符合国家政策，无具体明确要求	鼓励再投入补短板基础设施项目建设
治理机制及分配安排	原始权益人实际参与角色较重	基金管理人决定
增信方式	一般设置增信或优先回购安排	无须主体增信
收益属性	固定票息	分红+资产增值收益

1. 在产品层面

类REITs作为一种ABS产品，属于债权性质；而基础设施公募REITs属于权益性质，其在产品性质、产品结构、产品期限等产品设计方面与类REITs有较大差异，产品层面的主要差异情况如表3-2所示。

表3-2 类REITs和公募REITs在产品层面的区别

指标	类REITs	基础设施公募REITs
产品性质	本质上为一种债务融资工具：（1）固定期限、固定利率；（2）存在原始权益人的优先回购权；（3）存在债性评级的安排	本质上为一种权益融资工具：（1）收益不稳定；（2）高比例分红

续表

指标	类 REITs	基础设施公募 REITs
产品结构	私募基金 + ABS + 项目公司	公募基金 + ABS + 项目公司
产品期限	有固定期限	不设置固定年限
管理方式	被动管理，管理方一般即为原始权益人	基金管理人主动运营管理基础设施项目
募集方式	私募发行	公募发行，网下询价 + 网上申购
投资者范围及要求	优先级证券：门槛较高，仅面向合格投资者； 次级证券：一般为原始权益人自行认购	发起人（原始权益人）自持20%以上份额； 剩余部分面向机构投资者与公众投资者发售，投资门槛低
投资者数量	200 人以下	1000 人以上
收益分配	优先级投资者按照固定本息偿付，剩余收益分配至次级投资者	按照份额分配，无优先/次级偿付安排；收益分配比例不低于合并后基金年度可供分配金额的 90%
募集资金用途	无明确要求	主要用于新的基础设施建设
退出路径	定期的展期或回购	场内交易退出：投资者可通过在二级市场交易（原始权益人和战略配售的投资者须遵从锁定期），公募 REITs 依规履行信息披露程序后，出售项目公司股权或资产
信用评级	对优先级进行评级	不进行评级
对外借款	无	基础设施基金可以对外借款，基金总资产不超过净资产 140%
增信措施	产品分层；原始权益人或其关联方为优先级投资本金及预期收益提供增信担保，例如回购等	无

2. 在项目层面

在项目层面，由于公募 REITs 属于公募发行的产品，且目前处于试点阶段，项目的准入及核查要求较高，各监管部门出具了相关制度文件予以规定，对项目区域、底层资产类型、项目运营能力和合规性核查等方面提出了具体要求。具体来说，类 REITs 和公募 REITs 在项目层面的主要区别如表 3－3 所示。

表 3-3 类 REITs 和公募 REITs 在项目层面的区别

指标	类 REITs	基础设施公募 REITs
区域	无明确限制	优先支持重点区域：京津冀、雄安新区、长江经济带、粤港澳大湾区、长江三角洲、海南省及国家级新区和国家级经济技术开发区
底层资产类型	可以产生独立、可预测的现金流且可特定化的基础设施、商业物产等不动产：写字楼、购物中心、租赁住房、基础设施等	目前试点仅限于基础设施领域：仓储物流、产业园、收费公路、市政工程等； 明确酒店、商场、写字楼、公寓、住宅等房地产项目不属于试点范围
项目运营时间及运营能力要求	主要关注底层不动产是否可产生独立、可预测的现金流，并未对其经营模式、市场化运营能力、持续经营能力及增长潜力等提出明确要求	聚焦优质项目，强调试点项目须具有成熟的经营模式及市场化运营能力，已产生持续、稳定的收益及现金流，投资回报良好，并具有持续经营能力、较好的增长潜力，包括但不限于： （1）经营3年以上，已产生持续、稳定的现金流； （2）现金流来源具备较高分散度，且主要由市场化运营产生，不依赖第三方补贴等非经常性收入
项目合规性尽调要求	对于房地产项目，主要核查基本的产权证等权属证明； 对于基础设施项目，主要核查特许经营权等权属证明； 对于其余合规性瑕疵问题，通常对投资者进行风险揭示	根据国家发展改革委、中国证监会及交易所的制度指引，项目合规性核查要求严格，需核查论证以下事项： （1）基础设施项目权属清晰、资产范围明确； （2）发起人（原始权益人）依法合规拥有项目所有权、特许经营权或运营收费权； （3）项目依法依规取得固定资产投资管理相关手续情况，主要包含以下内容： ① 项目审批、核准或备案手续； ② 项目规划、用地、环评手续； ③ 施工许可、竣工验收手续等

3. 在政策层面

国内类 REITs 交易受到基金管理“双十”规定的严格限制，即：一只基金持有一家公司发行的证券，其市值不得超过基金资产净值的 10%；同一基金管理人管理的全部基金持有一家公司发行的证券，不得超过该证券的 10%。

“双十”规定的本意是为了让公募基金通过分散投资来分散风险，防止单一证券出现非系统性风险而对基金组合造成重大影响，但却往往使得 REITs 无法成功公募。基础设施公募 REITs 则突破了类 REITs 的“双十”限制：（1）80%以上基金资产应持有单一基础设施资产支持证券全部份额；（2）除此以外的部分只能投资于利率债、AAA 信用债、货币市场工具。由此可以实现基础设施基金的公募，这是类 REITs 与公募 REITs 在政策方面最大的区别。

3.1.5 国内类 REITs 与海外标准 REITs 比较

国内的类 REITs 不仅与基础设施公募 REITs 存在较多区别，与海外的标准 REITs 也存在一定的差异，具体体现在以下方面。

1. 投资范围

REITs 在美国已经发展相当成熟，REITs 投资标的分布相对均衡，根据 NAREIT 2017 年 11 月最新统计，上市 REITs 投资标的包括了零售类、住宅类、公寓类、住宿度假类、医疗保健类、仓库类、基础设施类（如铁路、电站、新能源、通信信号塔）等。从标的分布和规模来看，美国 REITs 投资范围广泛而均衡，既包含了商业地产，也包含了基础设施、林场等。

而目前国内类 REITs 产品大部分以私募产品加专项资管计划来操作，类 REITs产品的基础标的目前还仅限于商业地产（如商业广场、酒店、租赁公寓、商场等)，同时类 REITs 的投资形式一般通过股 + 债的方式投资于项目公司。

2. 交易结构

美国 REITs 的交易结构随着其 REITs 相关法律的约束而不断更新，目前权益型 REITs 占比超过 90% ，而在权益型 REITs 中占据主要席位的交易结构是一种称为伞形结构的 REITs，此种结构下 REITs 不直接持有物业，而是由与其组成经营性合伙企业的有限合伙人直接持有物业，有限合伙人以其持有的合伙权益凭证直接变现或者换取 REITs 的股份。伞形结构的 REITs 能够快速复制迅速壮大并达到公开上市融资的规模，同时能够规避法律对 REITs 不能直接持有资产的约束。

目前国内的类 REITs 主要以私募基金或者资管计划为载体开展，类型包括过户型类 REITs、抵押型 CMBS 和其他地产证券化类 REITs 产品。其中，过户型 REITs 与美国的权益型 REITs 较为接近。目前国内实际案例操作中，一般通过专项支持计划嫁接信托计划或私募基金来发行类 REITs 产品，通过对产品存续期内原始权益人优先认购权的设置实现资产持有人保留或不保留实际控制权。

对比美国权益型 REITs 的伞形结构和国内过户型类 REITs 的一般结构来看：

（1）在 REITs 融资方式方面。美国的 REITs 一般通过公开上市进行融资，而国内类 REITs 产品大部分还是以私募募集的形式，只能通过非公开渠道面向合格投资者发放基金份额融资，通常原始权益人还会通过产品设计内部增信或外部担保等方式进行增信降低融资成本。

（2）在 REITs 资产规模方面。美国的 REITs 一般以公司制存在，通常间接持有不同类型资产，达到其分散经营分散风险的目的，通常 REITs 所持资产规模较大；而国内类 REITs 产品发行通常是以单一项目为载体发行专项资产管理产品，规模有限。

（3）在 REITs 产品分级方面。美国 REITs 产品一般通过公开上市发行，产品不分级。而国内类 REITs 产品设置优先、次级收益率来吸引合格投资者。

（4）在 REITs 退出方式方面。美国 REITs 通过对其持有物业的动态管理实现产品永续发行，对具体所持物业资产升值出售而实现退出；国内类REITs 一般以单一资产项目为载体，在产品存续期内，物业资产为静态管理形式。故在资产融资期限为类 REITs 产品的存续期，REITs 项目公司回收所有投资和资本利得后实现 REITs 退出。

3. 避税设计

REITs 在美国税法上被认定为一个独立的经济实体，同时并不属于纳税财产，免除公司税。但对 REITs 的认定需要符合一系列的测试指标，如至少有 100 位投资者、至少将总资产的 75% 投资于房地产、至少 90% 以上的应税收入必须作为股利分配给股东等其他条件。在满足对 REITs 一系列指标测试后，REITs 在购置和处置标的物业阶段，除了处置标的收入进行一次性企业所得税征收外，并无其他税负；REITs 在运营阶段，只要满足 90% 以上应收收入股东分红后，企业分红部分免征所得税，避免了投资者和 REITs 双重征税的问题。

目前我国类 REITs 的税负相比美国税负较重，在购置和处置标的物业阶段，REITs 处置标的物业需要交纳 30% ~ 60% 超额累进土地增值税，物业出售增值税和企业所得税，同时 REITs 购置标的物业需要交纳印花税；在运营阶段，REITs 的物业租金收入既要交纳增值税，也要在企业层面交纳所得税，利润在分配给投资者时还需要征收个人所得税或企业所得税（但企业投资公募基金所得免征企业所得税）。

从中美 REITs 税负比较可以发现，类 REITs 目前在我国因为还没有针对性立法和专门的税收优惠政策，故根据现有税制征收很大程度上压缩了类 REITs 的盈利空间，进而影响其收益率。但是业内人士也提出税负只影响了 REITs 市场的大小问题，并不影响 REITs 市场的存在问题。在实际操作中，往往会通过各种结构化的设计来进行避税操作。

4. 主要对比项总结

根据以上从投资范围、交易结构、税负水平三个方面的中美 REITs 对比，本书将主要差异指标进行了分类总结（见表 3－4）。

表 3－4　　中国类 REITs 与海外标准 REITs 比较

指标	成熟市场 REITs	中国类 REITs
产品属性	权益型为主（90%），抵押型和混合型为辅（10%）	固定收益类为主
入池物业	动态变化，入池物业可持续新增或出售	存续期内物业组成为静态，构成不发生变动
资产管理	主动管理	被动管理
投资范围	物业产权、地产相关股票、债券、待检验、其他 REITs 或 CMBS 等	项目公司股＋债，监管部门规定的合规投资
融资方式	上市融资、银行贷款、发债	产品本身不融资、可分级
产品期限	永续为主	有存续期限，且有效周期相对较短
投资者交易方式	以二级市场证券交易为主	持有到期或开放期为主
增信	极少增信	多具有收益支持增信，部分对本金也进行一定程度增信
流动性	强	弱
税收优惠	一般交易环节、运营期间有税收优惠	无专门税收优惠政策

3.2　类 REITs 的发展历程

3.2.1　类 REITs 的产生

不动产的重要特点就是变现能力差，具体表现为：一方面，不动产的流动性低，难以为“急需用钱”的所有者提供现金流；另一方面，不动产投资的准入门槛高，超出大部分中小投资者承受能力。为解决不动产投资的供需矛盾，类 REITs 应运而生，其本质就是把缺乏流动性的不动产，变成具有一定流动性的受益凭证，收益来源就是未来的营业收入和资产增值。通过购买受益凭证，中小投资者也可以参与体量较大的不动产项目投资中，并分享项目的租金、运营收入及资产增值收益，而原始权益人也拓宽了融资渠道，并可通过管理项目获得收入。

3.2.2 类 REITs 的发展情况

1. 发行规模

自从 2014 年我国第一只类 REITs 产品诞生以来，每年新增的类 REITs 发行规模都在不断上升。在发行规模上，2020 年全年发行总规模达 1785.47 亿元，较 2019 年增长了 27.28%；在发行数量上，2020 年境内类 REITs 产品发行总数量为 90 只，较 2019 年增长了 32.35%（见图 3－3）。

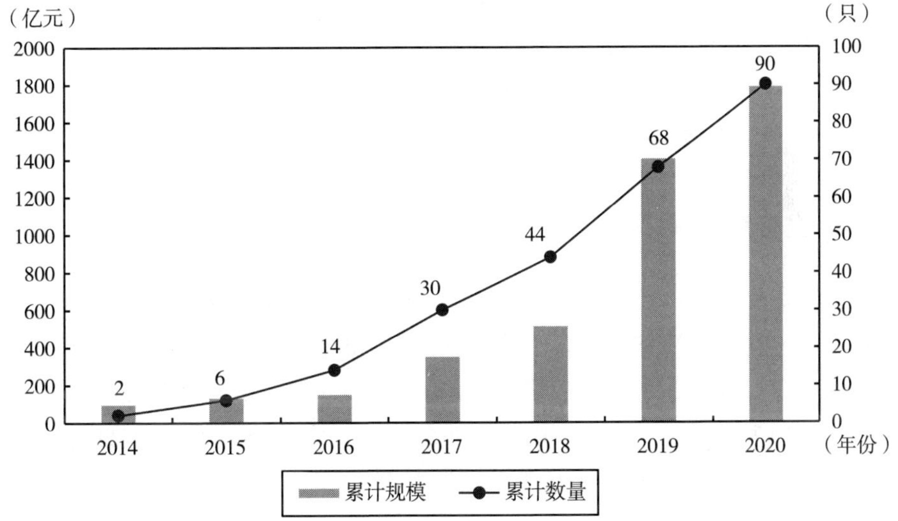

图 3－3　2014～2020 年国内类 REITs 的累计发行规模和发行数量

资料来源：根据上交所、深交所公开数据绘制。

2. 发行利率

2015～2019 年国内类 REITs 的发行利率如图 3－4 所示。截至 2021 年底，国内类 REITs 优先级的发行利率平均为 5.1%，波动区间为 3.5%～7.5%。与一年期国债收益对比可以发现，类 REITs 的收益普遍高于国债收益率，收益相对可观；另外，类 REITs 的发行利率波动趋势与国债收益率较为吻合，一定程度上体现出国内 REITs 的债权属性。

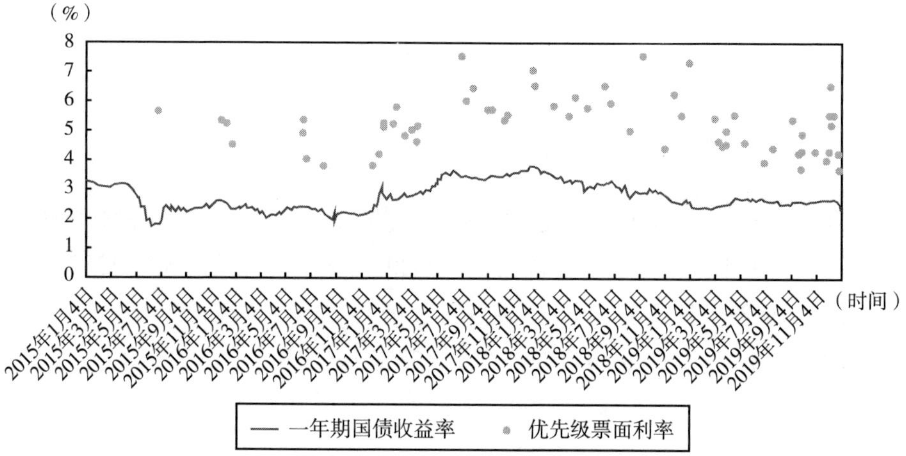

图 3－4　2015～2019 年国内类 REITs 的发行利率

资料来源：Wind，RCREIT，兴业证券经济与金融研究所整理。

3. 发行期限

如图 3－5 所示，通过梳理已发行的 90 只类 REITs 产品的发行期限可知，5 年以内（含 5 年）的 REITs 产品为 43 只，占比 48%；15～25 年的 REITs 产品为 37 只，占比 41%，说明国内发行 REITs 的期限集中于短期与中长期。从基础资产类型来看，物流、门店、租赁住房与写字楼相关的 REITs 产品发行期限较长，平均都在 15 年以上；而社区商业、产业园区、基础设施相关的 REITs 产品的发行期限则相对较短，均不超过 10 年期。

4. 底层资产

截至 2019 年底，已发行的类 REITs 的基础资产类型主要包括购物中心（32%）、写字楼（21%）、租赁住房（12%）和零售门店（11%）等，这

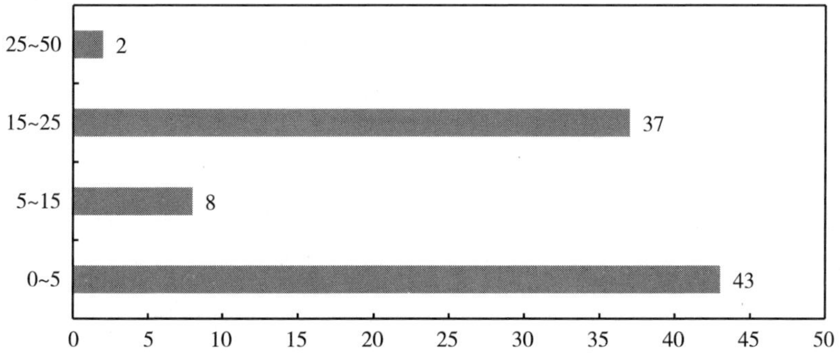

图 3-5　类 REITs 的发行期限

资料来源：Wind，RCREIT，兴业证券经纪与金融研究所整理。

些占比较大的 REITs 产品的平均发行期限也较长，更能为持有者提供稳定、持续的现金流和回报。从时间维度上，可以发现国内 REITs 存在明显的阶段性发展特征：首先，商业类 REITs 的起步较早，发展非常迅速；其次，办公类 REITs 在 2017 年突飞猛进，新增发行规模 126.94 亿元；再次，租赁住房类 REITs 也在 2018 年迅速崛起，例如保利住房租赁 REITs、越秀租赁住房类 REITs 等；最后，如今基础设施、物流仓储 REITs 产品也开始推动（见图 3-6）。

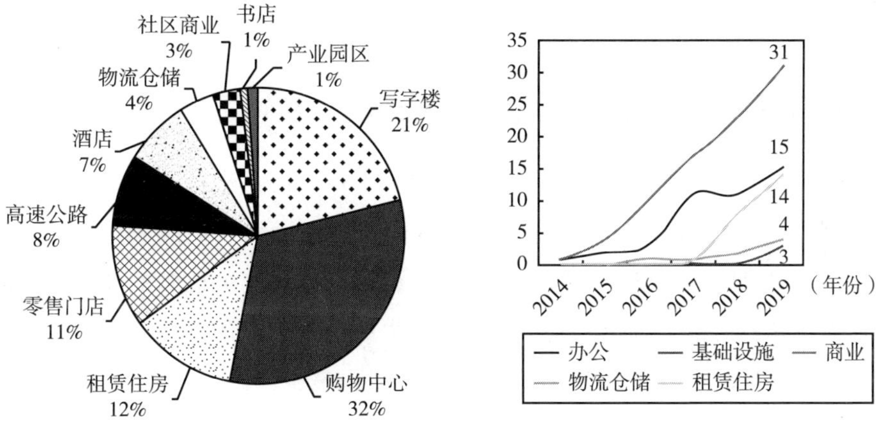

图 3-6　类 REITs 的基础资产数量占比及类型产品存量个数

资料来源：Wind，RCREIT，兴业证券经济与金融研究所整理。

3.2.3 类 REITs 对 REITs 产品发展的启示

1. 及时完善相关配套政策

REITs 产品在国外成熟市场上的定位是一种社会资源配置工具，推行 REITs 的目的主要是为了盘活存量房产，降低房地产行业融资成本。2020 年 4 月，中国证监会、国家发展改革委联合发布《关于推进基础设施领域不动产投资信托基金指引（试行）》，标志着我国境内基础设施公募 REITs 试点正式起步，也透露出我国在 REITs 产品发展上的不断探索与信心。公募基金和私募基金面对不同的投资者与不同的监管环境，为了更好地在各自监管框架下顺利开展 REITs 产品试点，需要国家各部委就 REITs 的设立、运行和退出各阶段（REITs 的国际经验）出台相应法律法规，明确 REITs 法律地位，定义各阶段参与方的权利义务及资格限制条件。不光是 REITs 产品内部涉及的各类法律法规，外部政策环境如税收政策、允许开展 REITs 项目的房地产类型、工商登记相关事宜、REITs 项目上市退出安排等，都需要同步地推进和落地，从而确保未来 REITs 的基础资产从目前常见的办公、住宅、商用地产，渗透至高端度假类、医养健康等各类物业资产，盘活存量资产，推动城市的发展。

2. 统一监管标准及各参与主体权利义务

目前我国 REITs 产品采取“私募基金 + ABS”模式进行构建，其特有的“股 + 债”模式导致其面临着多个监管机构和多部法律法规的监管约束。目前我国类 REITs 产品既有证监会监管产品，又有银保监会监管的产品，不同的监管主体就意味着可能在监管过程中产生冲突或监管的空白。借鉴国际成熟 REITs 市场的经验，未来 REITs 产品需要建立统一的交易市场，统一的监管主体，以及统一的独属于 REITs 产品的监管规定。

3. 交易结构应避免过分复杂化和不透明性

对于中国金融市场而言，REITs 依然是一个新鲜的金融概念，需要不断地探索符合中国房地产市场的交易结构。中信启航 REITs 产品的推出的确是探索道路上浓墨重彩的一笔，但值得注意的是，该REITs结构层次复杂，涉及各个参与主体权责不清。包括之后陆续推出的保利地产REITs、新派公寓REITs与招商局商业房托（海外发行公募REITs）都涉及3~4层架构，涵盖了第三方增信机构、SPV公司和托管银行等多个具有关联关系的参与主体。这样的架构安排及参与者类型可能会产生道德风险，提高REITs的营运成本，损害了投资者的投资收益率。一般而言，企业的股权结构越复杂就意味着企业面临着越多各利益相关者之间的利益冲突，企业进行投资决策时各类成本也会越高。REITs产品在成熟市场上可以看作是独立企业，因此和普通企业类似，未来房地产投资信托公司应意识到，保持REITs结构的简单透明性是十分可行的长期战略。

3.3 类REITs案例

3.3.1 中信启航专项资产管理计划

“中信启航专项资产管理计划”作为中国交易所市场首单类REITs产品，迈出了中国大陆REITs产品的第一步，因此该类REITs产品在中国市场上十分具有代表性。

1. 产品概况

2014年5月，中信证券发起的“中信启航专项资产管理计划”（以下简称“中信启航”）在深交所综合交易平台挂牌交易，这是中国交易所市场首单类REITs产品。该产品首次实现了完全以资产运营收入和资产价值为支撑的不动产证券化，在基础资产交易结构和现金流层面为权益型公募REITs奠定了基础。

私募类REITs产品中信启航的基础资产是北京中信证券大厦和深圳中信证券大厦，募资总规模为52.1亿元。采用结构性设计，针对不同风险偏好的投资人，将产品分为优先级和次级两类，其中优先级规模为36.5亿元，占比70.1%，评级为AAA，预期收益率7%，预期期限不超过5年；次级规模为15.6亿元，占比29.9%，预期期限不超过5年（见表3-5）。

表 3－5　　“中信启航专项资产管理计划”类 REITs 的内容

产品名称	中信启航专项资产管理计划	
规模	52.1 亿元	
分级	优先级份额存续期间获得基础收益，退出时获得资本增值的 10%（浮动收益部分） 次级份额存续期间获得满足优先级基础收益后的剩余收益，退出时获得资本增值的 90%（浮动收益部分）	
	优先级	次级
规模（比例）	36.5 亿元（70.1%）	15.6 亿元（29.9%）
产品期限	预期 3 年，不超过 5 年（产品有权提前结束）	预期 4 年，不超过 5 年（产品有权提前结束）
投资者预期收益率（基础收益）	7%	日常满足优先级基础收益后的剩余收益
投资者预期收益率（整体收益增值预期）	约 7%～9%	约 12%～42%
基础收益分配时点	每年最后一个工作日分配，分配金额为完整年度的基础收益	
评级	优先级 AAA	无评级
增信措施	中信证券认购次级受益凭证和内部分层两种增信方式，中信证券作为专项计划的计划管理人，认购 10% 的次级受益凭证的方式进行增信，并承诺在专项计划存续期间不出售或以其他方式转让前述次级受益凭证	
退出安排	（1）该产品以 REITs 方式退出，退出时非公募基金将所持物业 100% 的权益出售给由中信金石发起的交易所上市 REITs，其对价的 75% 将以现金方式全部退出，相应次级投资者获得部分现金分配及 REITs 份额； （2）除 REITs 方式退出外，基金还可以市场份额出售给第三方实现退出，投资物业所在北京、深圳商圈的租金及售价在未来五年预计有较好的升值空间，出售给第三方是 REITs 退出方式的重要补充	

2. 交易结构

认购人通过与计划管理人中信证券签订《认购协议》，将认购资金以专项资产管理方式委托中信证券管理，中信证券设立并管理专项计划，认购人取得受益凭证，成为受益凭证的持有人；基金管理人中信金石基金管理公司非公开募集资金设立非公募基金，计划管理人根据专项计划文件的约定，认购非公募基金的全部基金份额；非公募基金在设立后，按照专项计划文件的约定，向中信证券收购其持有的项目公司的全部股权，以实现持有目标资产的目的（见图 3－7）。

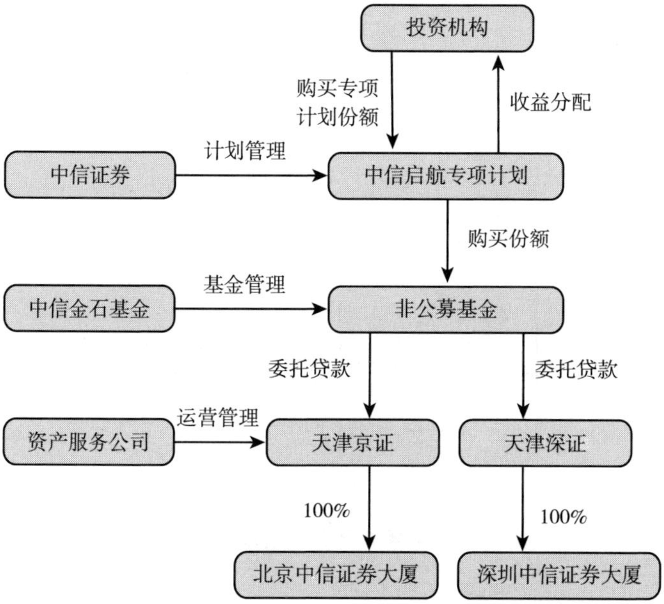

图3-7 "中信启航专项资产管理计划"交易结构

3. 退出安排

退出时非公募基金会将100%物业权益出售给中信金石基金所发起的上市REITs，对价的75%以现金取得，剩余25%将以REITs份额形式取得并锁定1年，在此情形下，占比70%左右的优先级投资人将以现金方式全部退出，而次级投资者将获得现金与REITs份额的混合分配。

4. 双SPV结构

在证券化的资产转移中，为了避免资产转让的税费及解决现金流特定化的问题（构建合格的基础资产），常出现双SPV结构。例如设立一个私募基金，由私募基金持有项目公司的股权，同时再由私募基金向项目公司发放一笔借款，构建一个股加债的结构。或者，先由银行向项目公司发放一笔借款，再由信托计划收购债权，专项资产管理计划以信托持有的债权作为证券化的基础资产发行证券化产品；再者，由银行投资信托计划，信托公司向项目公司提供贷款，再由银行把持有的信托受益权转让给专项计划，专项计划再以此为基础资产发行证券化产品。这样就形成了双SPV模式，即第一个SPV（私募基金或信托计划）持有项目公司股权和债权，第二个SPV（券商的专项资产管理计划）持有第一个 SPV 的资产（见图 3－8）。

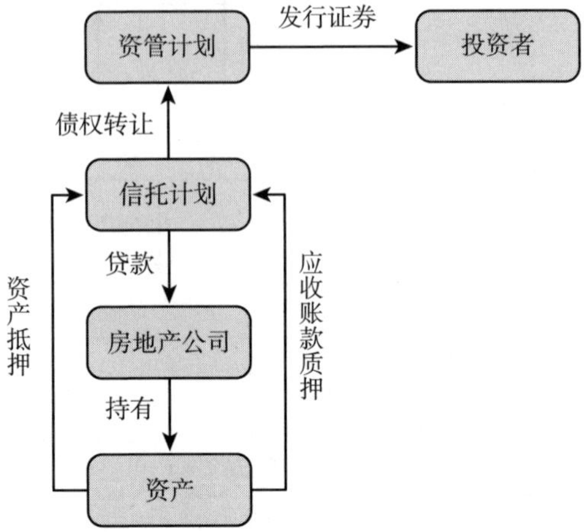

图 3－8　私募类 REITs 的双 SPV 结构

5. 优势与局限性

中信启航项目设立一个非公募基金来持有两个物业所对应的项目公司的股权，再以专项资产管理计划认购其非公募基金份额，为了税务处理和隔离风险，在专项计划和项目公司股权之间嫁接 SPV，形成双 SPV 模式。中信启航创设的“专项计划＋私募/信托受益权”的双 SPV 结构奠定了此后类 REITs 交易结构的基础。

但同时国内类 REITs 的转让门槛非常高，中信启航产品的优先级受益凭证每次转让额度不低于 500 万元，劣后级受益凭证不得低于 3000 万元，限制了产品的流动性。

3.3.2　中交四公局京津冀一体化 PPP 项目资产支持专项计划

“中交四公局京津冀一体化 PPP 项目资产支持专项计划”是国内首单卖断型 PPP 类 REITs 产品及首单京津冀一体化 PPP 资产证券化项目，具有很强的示范效应和创新意义。

1. 产品概况

2021 年 9 月 3 日，中交资本助力四公局在上海证券交易所成功簿记发行

“中交四公局京津冀一体化PPP项目资产支持专项计划”，产品发行规模6.45亿元，优先级票面综合利率3.82%，最长期限7.58年，该产品为盘活运营期PPP资产提供了新思路。

该项目是廊坊市第一个政府付费PPP项目，服务期内项目公司负责项目的施工图设计、投资、融资、建设、养护、维护和移交工作，政府根据《PPP项目合同》的约定对项目实施情况进行绩效考核，并根据绩效考核结果通过向项目公司支付可用性服务费的方式购买项目可用性，和通过向项目公司支付运维绩效服务费的方式购买项目公司为维持项目可用性所进行的养护维护。

2. 底层资产

该项目基础资产为河北省廊坊市外环路西南环线工程PPP项目收取的可用性服务费、运维服务费权利，该PPP项目总投资额80143万元，于2018年5月通车，同年11月1日正式投入运营，为廊坊市重点工程，也是廊坊市第一个进入运营期的PPP项目。中交四公局为本项目的股东方和运营支持方，提供项目全周期的运维支持服务，产品成功发行后，四公局可盘活存量项目资产，降低带息负债和资产负债率，节约财务费用。

3. 证券分档及增信方式

“中信启航专项资产管理计划”证券分档情况如表3-6所示。

表3-6　“中信启航专项资产管理计划”证券分档

级别	产品发行规模（万元）	最长期限	占比（%）	最新企业评级
优先01级	10500	0.05年	16.28	AAA
优先02级	3100	0.57年	4.81	AAA
优先03级	6500	1.56年	10.08	AAA
优先04级	6800	2.58年	10.54	AAA
优先05级	7200	3.58年（2.58+1）	11.16	AAA
优先06级	7500	4.58年（2.58+2）	11.63	AAA
优先07级	7900	5.58年（2.58+3）	12.25	AAA
优先08级	8200	6.58年（2.58+3+1）	12.71	AAA
优先09级	3600	7.58年（2.58+3+2）	5.58	AAA
次级	3200	不超过8.26年	中交四公局自持不超过200万元	

该产品的增信措施主要有 4 种：（1）中交四公局作为流动性差额支付承诺人和回售承诺人；（2）优先级/权益级分层；（3）超额现金流覆盖；（4）政府付费纳入廊坊市政府财政预算。

4. 优势

该产品将创新结构与优质资产进行有机融合，将运营期 PPP 项目资产盘活的同时，实现了压降资产负债率、提升资产周转率和降低融资成本等目的。该 PPP 项目类 REITs 的最终收益来源为中交四公局建设运营的廊坊市外环路西南环线 PPP 项目。

根据项目 PPP 合同，该项目期限共 11 年，其中建设期 1 年，运营期 10 年。也就是说，截至项目发行时，该项目还剩约 8 年的运营期。所以这里的“卖断型”，就相当于中交四公局把未来 8 年的运营期的收入作为底层资产打包成 REITs 产品提前出售，从而达到提前回收资金的目的，同时产品的成功发行可降杠杆减负债、提升企业运营质量。

第4章

基础设施公募 REITs 的全球经验

目前已发行 REITs 的 43 个国家和地区中，美国的 REITs 市场是全球最成熟的，交易规模占全球 REITs 市场的六成，也是各国 REITs 体系搭建的标杆；日本是亚洲首个推出 REITs 的国家，为全球第二大市场；新加坡 REITs 市场采取契约制模式，与我国当前公募 REITs 有诸多相同点，在制度建设上具备一定借鉴意义。

4.1 全球 REITs 市场概览

4.1.1 REITs 制度建设概况

REITs 在全球范围内已经被广泛接受，市场遍布美洲、欧洲、亚洲、非洲、大洋洲，这些地区中既有发达经济体，也有发展中经济体，市场的成熟程度参差不齐。除美国市场外，澳大利亚和加拿大由于 REITs 市场开展较早，发展已经十分完备；英国、日本和新加坡等国家紧随其后，发展趋于完善；而刚刚打开 REITs 市场的国家大都处于相关法律法规的完善阶段。

从 REITs 制度建立角度看，REITs 的本质是符合特定制度要求的金融产品，是为满足特定金融需求而设计的制度安排。1960 年美国国会修改《国内税收法典》，标志着 REITs 正式诞生。从 REITs 在世界范围的发展来看，其发展进程大致分为四个阶段：

第一阶段，1960～1990 年。这一阶段只有美国、荷兰、澳大利亚等少数几个国家出台了与 REITs 相关的法律法规，但并不健全，REITs 主要被用于不动产行业的被动型投资，没有发挥其真正的价值。截至 1990 年末，世界范围内只有 58 只公开交易的权益型 REITs，总市值约 56 亿美元。

第二阶段，1991～1998 年。1986 年，美国国会通过了《税收改革法案》，一方面，放松了对房地产投资信托基金的诸多限制，允许 REITs 经营和管理房地产投资；另一方面，给予 REITs 税收方面的优惠，为 REITs 日后的蓬勃发展提供了坚实的制度保障。20 世纪 90 年代，REITs 在美国市场开始爆发式发展。杠杆率日益增大的房地产企业产生了利用 REITs 进行融资的需求，提升了风险控制标准的保险、追求不动产市场收益的共同基金等对 REITs 的配置意愿，投资者对 REITs 产生了浓厚的兴趣。在美国经验的带动下，比利时、巴西、加拿大、土耳其等国家相继引入 REITs 制度，实现 REITs 在全球范围内的初步发展。

第三阶段，1999～2007 年。REITs 先后在亚洲、欧洲实现爆发式发展。1999～2003 年，伴随着亚洲金融危机的爆发，以及各个国家和地区不动产市场的不景气，新加坡、日本、韩国、中国台湾、中国香港陆续引入 REITs 制度，REITs 在亚太市场蓬勃发展。21 世纪初，欧洲经济的低迷推动欧洲国家引入 REITs 制度，法国、英国、德国、意大利在 2003～2007 年陆续出台了 REITs 方面的法律法规，至此 REITs 成为世界主要发达国家及地区均采纳的制度，其 REITs 市场建设也越发成熟。

第四阶段，2008 年至今。金融危机爆发后，REITs 的价值在世界范围内得到认可，越来越多的国家，特别是发展中国家开始推出 REITs 制度，非洲的肯尼亚、南非，西亚的巴林、沙特阿拉伯，南亚的印度、越南等国家均出台了与 REITs 相关的政策和法规。

目前，REITs 制度建立较为完善、运营较为成熟的市场集中于发达国家或地区，如美国、澳大利亚、加拿大、日本、新加坡以及北欧与西欧地区的国家等，印度、马来西亚、泰国、南非、土耳其等发展中国家的REITs 制度也较为完备。表 4－1 展示了各经济体推出 REITs 的时间与标志性条例。

表 4－1　各经济体推出 REITs 的时间和标志性条例

国家/地区	出台时间	标志性条例	国家/地区	出台时间	标志性条例
美国	1960 年	Internal Revenue Code	保加利亚	2004 年	Special Purpose Investment Companies Act（SPICA）
荷兰	1969 年	FBI（Art. 28 CITA）	墨西哥	2004 年	Mexican Income Tax Law
波多黎各	1972 年	Internal Revenue Code for a New Puerto Rico	英国	2006 年	Finance Act 2006，and Subsequently Issued Regulations
比利时	1990 年	Belgian Law of 4 December 1990	意大利	2006 年	Law No. 296/2006
巴西	1993 年	Federal Law 8. 6 68/93	阿联酋	2006 年	The Investment Trust Law No. 5
加拿大	1994 年	Income Tax of Act	以色列	2006 年	Sections 64A2 – 64A11 of the Israeli Tax Ordinance
土耳其	1995 年	Capital Markets Law No. 6362	德国	2007 年	Real Estate Investment Trust Law
新加坡	1999 年	Property Fund Guidelines	泰国	2007 年	Trusts for Transactions in the Capital Market Act B. E. 2550
希腊	1999 年	Law 2778/1999（REIC Law）	立陶宛	2008 年	Law on Collective Investment Undertakings
日本	2000 年	The Admendment to the Investment Trust and Investment Corporation Law	巴基斯坦	2008 年	REIT Regulatory Framework in Pakistan by SECP
韩国	2001 年	Real Estate Investment Company Act	哥斯达黎加	2009 年	The General Regulations of Fund Management Companies and Investment Funds
马来西亚	2002 年	Guidelines on Property Trust Funds by the Securities Commission	芬兰	2009 年	Act 24. 4. 2009/299
法国	2003 年	Article 11 of the Finance Act for 2003	菲律宾	2009 年	Republic Act 9856
中国台湾	2003 年	Code on Real Estate Securitization	西班牙	2009 年	Act 11/2009
中国香港	2003 年	Code on Real Estate Investment Trusts by SFC	匈牙利	2011 年	Act on Real Estate Investment Companies

续表

国家/地区	出台时间	标志性条例	国家/地区	出台时间	标志性条例
爱尔兰	2013 年	Finance Act 2013	巴林	2016 年	The Real Estate Regulatory Law
肯尼亚	2013 年	Legal Notice No. 116 of 18th June 2013	沙特阿拉伯	2016 年	REITs Instructions by Board of the Capital Market Authority
南非	2013 年	The Amendment of the Tax Legislation and the JSE Listing Requirements	阿曼	2018 年	Decision No. 2/2018 by Capital Market Authority
智利	2014 年	Law No. 20, 712 on Administration of Funds and Individual Funds Portfolio	葡萄牙	2019 年	Decree-Law No. 19/2019
印度	2014 年	SEBI（Real Estate Investment Trusts）Regulations	中国	2020 年	关于推进基础设施领域不动产投资信托基金（REITs）试点相关工作的通知
越南	2015 年	Techcom REIT IPO	澳大利亚		时间跨度大，无明确起始法令
新西兰		时间跨度大，无明确起始法令			

资料来源：蔡建春，等．中国 REITs 市场建设［M］．北京：中信出版集团，2020.

4.1.2 全球 REITs 市场规模

REITs 最早于 1960 年诞生于美国，后于 1971 年出现在澳大利亚。在亚洲市场上，REITs 于 2001 年出现在日本，2002 年新加坡推出了 REITs 产品，紧接着在中国台湾、中国香港等地相继被推出。全球主要国家和地区推出 REITs 产品的时间轴如图 4－1 所示。截至 2021 年底，全球公募 REITs 市场规模已超过 2 万亿美元，已有 43 个国家和地区搭建 REITs 产品，为不动产项目提供更丰富的融资渠道及退出方式，也为更多投资者提供了参与不动产项目投资的机会。

从全球来看，美国 REITs 运作模式最为成熟，REITs 产品数量和规模在全球市场中占据主导地位。截至 2021 年底，在美国上市 REITs 总市值规模达到 12060 亿美元，占全球市场的 63.4%。日本以 1401.9 亿美元的总市值成为亚洲最大的 REITs 市场，占全球总规模的 7.2%（见表 4－2）。

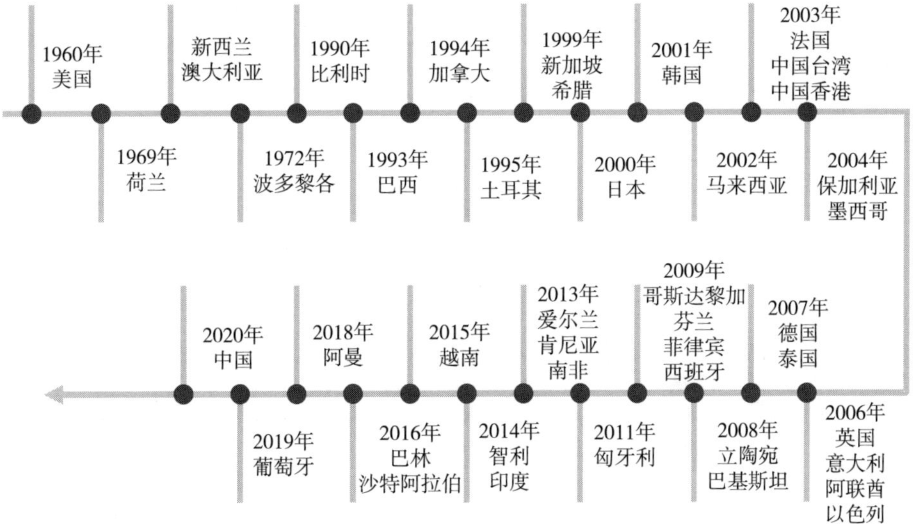

图 4-1　全球推出 REITs 制度的主要经济体及推出时间

表 4-2　　全球 REITs 市场规模前十国家或地区信息（截至 2021 年底）

国家或地区	REITs 产品规模（十亿美元）	REITs 产品数量（只）
美国	1206.00	192
日本	139.37	62
澳大利亚	107.34	41
英国	83.19	57
新加坡	81.40	42
加拿大	58.40	44
法国	51.90	27
中国香港	30.42	11
西班牙	26.36	76
比利时	23.16	17

资料来源：根据各地交易所公开数据整理。

全球主要经济体的 REITs 市值占 GDP 的比重约为 6.2%，其中，新加坡 REITs 产品遍布亚洲、北美洲和欧洲，具有高度国际化的特征，其 REITs 占 GDP 的比重高达 22.3%，远远高于其他经济体。作为第一大市场，美国REITs 市值占 GDP 比重为 5.8%；澳大利亚、中国香港占 GDP 比重较高，分别为 8.0% 和 8.7%；日本、英国等其他经济体占比较低，在 2%~4%（见图 4-2）。综合前十大 REITs 市场来看，REITs 市值规模占 GDP 比重约为 6.2%。

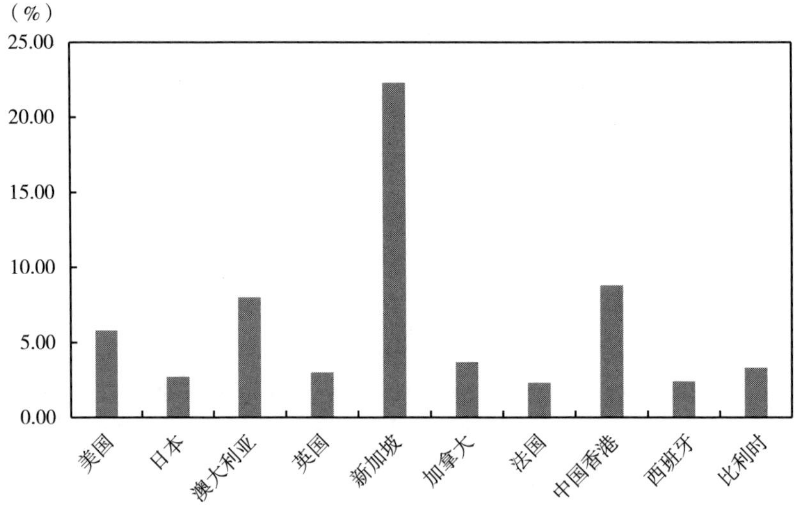

图 4－2　前十大市场 REITs 市值占 GDP 比重（截至 2021 年底）

资料来源：根据彭博（Bloomberg）、粤开证券研究院数据整理。

4.2　全球基础设施 REITs 市场概览

4.2.1　基础设施 REITs 的资产范围

REITs 的投资领域十分广泛，包括商业写字楼、零售物业、酒店、公寓、仓储物流、医疗保健、主题公园、体育馆等传统 REITs 投资领域，以及种植园、监狱、学校建筑等创新型 REITs 投资领域。机场、港口、收费路桥、电力设施、通信铁塔、数据中心等稳定、具有较高收益率的基础设施也越来越多地被各个国家及地区的 REITs 所应用。通常将商业写字楼、零售物业、酒店、公寓、仓储物流等物业资产称为持有型物业。根据 REITs 的基础资产类别，可以将 REITs 分为商业物业 REITs、基础设施 REITs、租赁住房 REITs、物流 REITs 等。

基础设施 REITs 是指以基础设施为底层资产的 REITs。这一概念在不同的国家或地区，REITs 中的基础设施资产范围有所不同。本书将中国基础设施 REITs 试点项目所划定资产范围，称为 REITs 的“广义基础设施资产”，其发行的产品定义为“基础设施 REITs”产品。

根据中国证监会与国家发展改革委在2020年4月30日发布的《关于推进基础设施领域不动产投资信托基金（REITs）试点相关工作的通知》、国家发展改革委在2020年7月31日出台的《关于做好基础设施领域不动产投资信托基金（REITs）试点项目申报工作的通知》两份政策文件，我国对基础设施的定义主要包括：仓储物流；收费公路、铁路、机场、港口；城镇污水垃圾处理及资源化利用、固废危废医废处理、大宗固体废弃物综合利用；城镇供水、供电、供气、供热；数据中心、人工智能、智能计算中心；5G、通信铁塔、物联网、工业互联网、宽带网络、有线电视网络；智能交通、智慧能源、智慧城市；园区等基础设施，不含住宅和商业地产。

综合国际上主要 REITs 市场的信息，目前国际基础设施 REITs 市场可以粗略分为三类：

一是以美国为代表的市场，是在广义基础设施 REITs 资产基础上，将持有型房地产的资产纳入基础设施 REITs 资产范围，同时所涉及的广义基础设施资产类别也较为丰富。美国广义基础设施 REITs 资产包括：基础设施 REITs、工业地产 REITs、自助仓储 REITs、数据中心 REITs。目前美国国家税务局确认基础设施 REITs 可投资的对象包括：铁路、微波收发系统、天然气储存及输送管道、固定储气罐等；工业地产包括仓库和配送中心、工业厂房等工业设施；自助仓储包括出租给个人和企业的自助仓库设施；数据中心包括保证服务器和数据安全的相关数据中心设施，如不间断电力设施、冷却系统以及物理防护设施等。

二是以日本、澳大利亚、新加坡等为代表的国家，同样是可同时存在广义基础设施与商业类资产，但其中广义基础设施涉及范围较少，仅包括工业地产、自助仓储与数据中心等。这类 REITs 资产适用国家较多，英国、加拿大、比利时、希腊等国家也在应用。这些国家的 REITs 资产选择逻辑在于：工业地产、自主仓储与数据中心具备商业地产产品属性，与商业地产一起归在 REITs 下；而针对港口、公路、太阳能、油气开采运输设备等更属于传统认知的基础设施建设，部分国家则另外设置基础设施基金或信托来投资并运营。

三是以印度为代表的国家，相较于其他亚洲 REITs 市场，印度 REITs 市场发展较慢，市场规模也相对较小，但印度市场走出了一条独具特色的道路，将房地产 REITs 与基础设施 REITs 定义为两个产品（REITs 和 InvITs），分别出台相关制度规则。印度 REITs 和 InvITs 的设计机制是当前全球较为独特的安排，尚无其他国家同时推出房地产和基础设施投资的证券化机制。REITs 和 InvITs 将有助于房地产和基础设施的融资、开发和管理，从而促进经济的增长和生产力的提升。

基础设施 REITs 的资产范围定义较广，包含交通运输，水利，环境和公共设施，电力、燃气及水生产供应，信息传输、计算机服务和软件业等多领域的基础设施。根据印度《基础设施投资信托条例》规定，凡由印度财政部定义的基础设施及其子行业，包括 PPP 清单中的项目，都可视作符合 InvITs 条例的资产。因此，除了与中国对应的类别外，医院、旅游、国家安全、农业等领域的公共或商业设施，也都包含在印度的 InvITs 中。

4.2.2 基础设施 REITs 的市场规模

海外经验显示，基础设施 REITs 是基础设施重要的融资渠道。基础设施 REITs 具有多种优势，除了享有的所得税税收优惠政策外，如果基础设施涉及权益转让，则会减少公用事业单位即项目公司的负债率。另外，公募REITs 具备较为广泛的投资者群体，可以获得较低成本及较长期限的融资，起到降低项目公司整体杠杆率水平和优化债务结构的作用；同时由于税收优惠，投资者可以获得具有竞争力的税后投资回报。

由于经营性基础设施资产具备收益稳定的特点，REITs 或类似产品在海外基础设施领域得到广泛应用，包括美国业主有限合伙基金（Master Limited Partnership，MLP）、澳大利亚上市基础设施基金（Listed Infrastructure Fund，LIF）等，印度还专门就基础设施投资信托基金（InvITs）推出了专项法规。这些金融产品的规则存在差异，产品各具特性。市场规模不同，但都具备 REITs 的核心特征。

目前已发行 REITs 的 43 个国家和地区中，美国的 REITs 市场是全球最成熟的，交易规模占全球 REITs 市场的六成，也是各国 REITs 体系搭建的标杆；日本是亚洲首个推出 REITs 的国家，为全球第二大市场；新加坡 REITs 市场采取契约制模式，与我国当前公募 REITs 有诸多相同点，在制度建设上具备一定借鉴意义。因此，为进一步了解各个国家基础设施 REITs 的现状，本书深入介绍美国、日本、新加坡三个代表性国家的基础设施 REITs 产品与市场。

4.3 美国基础设施 REITs 发展情况

4.3.1 美国 REITs 发展历程

美国是 REITs 的诞生地，也是 REITs 运作模式最成熟、市场最发达的国家，其 REITs 产品种类、数量和资产规模在全球市场占主导地位。美国 REITs 的发展主要经历了五个阶段：萌芽期、第一个成长期、停滞期、成长期、成熟期。

1. 萌芽期（1960～1967 年）

1956～1959 年美国经历了三年的经济衰退，GDP 同比增速从 1955 年 8.9% 显著回落至 1958 年 1.5%。同时美国房地产行业在住宅市场和商业地产市场出现分化，住宅市场相对饱和，商业地产供给充足，需求量逐步上升。在社会经济和地产行业发展背景下，美国国会 1960 年通过《房地产投资信托法案》，确立 REITs 的合法地位，并于同年通过《国内税收法》明确 REITs 的税收优惠，在基金层面对分配给投资者的收入免征所得税，减轻 REITs 的税负，提升 REITs 的投资价值。

《房地产投资信托法案》出台初期，仅允许设立权益型 REITs，投资方式为持有房地产，并委托第三方对其运营以获得收入，在减税方面不具备强大的市场竞争力。但当时更为盛行的是另一种投资产品，“房地产有限合伙制”（real estate limited partnership，RELP），RELP 可以使用加速折旧的方式使合伙企业产生账面亏损，为投资者提供更多税收折扣。因此，REITs 行业发展缓慢。

2. 第一个成长期（1968～1972 年）

1967 年起美国开始允许设立抵押型 REITs，随后 20 世纪 60 年代美国房地产公司发展遭遇瓶颈期，房地产公司信贷状况发生变化，银行和信用社等抵押贷款提供者能力受到限制，从而造成房地产商资金短缺，房地产开发公司的资金需求和供给无法达到平衡。抵押型 REITs 的出现正好填补这一融资缺口，由于贷款利率不受限制，REITs 可以募集足够的资金向资金紧缺的房地产提供高利率贷款，REITs 在这一时期得到迅速发展。

截至 1972 年，REITs 总市值增至 7.7 亿美元，共有 46 只 REITs 上市交易，其中抵押型 REITs 的数量达到 18 只，首次超越权益型 REITs 17 只的数量，其市值也超过权益型 REITs。

3. 停滞期（1973～1979 年）

20 世纪 60 年代末期到 70 年代，过快的发展速度和抵押型 REITs 的增多导致许多 REITs 信托公司存在大量短期借贷，财务杠杆过高。同时，1973 年石油危机导致美国出现严重的通货膨胀，当年美国消费者物价指数（CPI）高达 6.22%，而后居高不下，并于 1979 年达到 11.27%。这一系列原因导致很多 REITs 被迫清算，REITs 行业遭到重创。

1976 年，时任总统福特为避免 REITs 市场继续恶化，签署《REITs 简化修正案》，加强对 REITs 分红和收入的限制，借此完善市场规则。法案上调原先 90% 的分红比例至 95%，要求总收入的 75% 来自租金和房地产贷款的利息，并允许 REITs 在商业信托的基础上以公司的形式成立。

4. 成长期（1980～2007 年）

1981 年，美国再次经历石油危机后陷入衰退，国会于 1986 年通过《税收改革法案》，削弱 RELP 加速折旧记账法产生的税收优惠，使得 RELP 相较于 REITs 的减税优势不复存在。同时放松 REITs 的准入标准，允许 REITs 持有经营底层资产，标志着权益型 REITs 步入快速发展阶段。

1991 年，美国政府允许 REITs 以公司形式设立，并使投资门槛进一步降低，这一改变使得 REITs 在投资市场更加流行。1993 年克林顿总统签署《综合预算调节法》，使养老金能更方便地投资于 REITs。这一时期 REITs 的规模和资产市值迅速膨胀，REITs 市场迎来了长久的发展期直至 2007 年。

5. 成熟期（2008 年至今）

2008 年，美国 REITs 市场遭受全球金融危机的重创，2007～2008 年 REITs 市值经历大幅下跌。但美国 REITs 在金融危机期间迅速调整，2008 年发布《REIT 投资和多样化法案》允许 REITs 进行多元物业投资，REITs 除传统的商业零售、工业场地、办公楼及住宅以外还可以对基建设施、林场、仓库及医疗保健等非传统领域进行投资，进一步分散 REITs 的风险。2009 年上半年通过杠杆和再融资的形式强化资产负债表，提高收益率的稳定性，REITs 得以迅速回暖并持续发展至今。如今美国 REITs 市场发展已经十分成熟。

截至 2021 年底，美国上市 REITs 数量共计 223 只，市值超过 1.2 亿美元，总市值规模占全球市场的 63.4%，其中 29 只 REITs 进入标普 500 指数成分股。美国上市 REITs 合计持有超过 3.5 万亿美元，2019 年合计分红超过 1000 亿美元。美国 REITs 市场交易活跃度较高。交易量方面，美国上市 REITs 的日均成交额由 2004 年的 20 亿美元左右，到 2020 年提高至 100 亿美元以上。换手率方面，近 20 年美国上市 REITs 日均换手率均值为 0.8%，小幅高于标普 500 的平均换手率。美国 REITs 既具备相对稳定的分红，又能一定程度上享受到不动产的增值收益，可以满足投资者的不同需求。

4.3.2 美国基础设施 REITs 市场情况

2007 年，美国国家税务局在给美国电力基础设施联盟的批复函中确认了基础设施可以成为 REITs 的合格资产，这一批复函确立 REITs 投资基础设施的合法性。基础设施 REITs 的资产主要包括光纤电缆、无线通信设施和能源输送管道等。通过 REITs 为基础设施融资，在美国也属于一项相对较新的尝试。

按照我国最新的基础设施领域不动产投资信托基金（REITs）试点项目申报工作通知相关文件，以我国基础设施 REITs 试点要求政策规定的资产范围为基准，通过对美国公开上市 REITs 进行梳理筛选，美国广义基础设施 REITs 资产包括：基础设施 REITs、工业地产 REITs、自助仓储 REITs、数据中心 REITs。如表 4-3 所示，截至 2021 年底，基础设施 REITs 共 6 只，规模较大者包括美国铁塔公司（AMT，当前市值 1018 亿美元，下同）、冠城国际（CCI，626 亿美元）；工业地产类 REITs 共 13 只，规模较大者包括普洛斯（PLD，615 亿美元）、杜克地产（DRE，114 亿美元）；自建仓储 REITs 共计 6 只，规模较大者包括大众仓储（PSA，308 亿美元）、额外空间存储（EXR，106 亿美元）；数据中心 REITs 共 5 只，规模较大者包括易昆尼克斯（EQIX，566 亿美元）、数字房地产信托（DLR，351 亿美元）。

表 4－3 美国广义基础设施 REITs 简介（截至 2021 年底）

REITs	物业或业务类型	总市值（亿美元）
一、基础设施		
美国铁塔（American Tower，AMT）	全球领先的通信基础设施服务商，拥有超过 170000 个通信站点	1018
冠城国际（Crown Castle International，CCI）	为无线运营商提供所需基础设施，美国最大的共享无线基础设施提供商	626
SBA 通信（SBA Communications，SBAC）	无线通信基础设施覆盖美洲	317
澳大利亚电信运营商 Uniti 集团（UNIT）	从事关键任务通信基础设施的收购和建设	15
兰德马克基础设施合作伙伴（Landmark Infrastructure Partners，LMBK）	租赁给无线通信、户外广告和可再生能源发电公司	2. 3
Cor Energy 基础设施信托（Cor Energy Infrastructure Trust，CORR）	能源资产，例如管道、存储终端以及传输和分配资产	1. 5
二、工业		
普洛斯（Prologis，PLD）	全球物流地产领导者	615
杜克地产（Duke Realty，DRE）	工业物业领先者，项目包括最先进散装仓库和区域配送中心	114
美冷（Americold Realty，COLD）	全球最大的温度控制仓库的所有者和经营者，拥有并运营 158 个温度控制仓库	68
第一工业不动产信托（First Industrial Realty，FR）	管理、租赁、购买和（再）开发散装和区域配送中心以及轻工业设施类型	43
雷克斯福德工业地产（Rexford Industrial Realty，REXR）	致力于通过收购、管理和重新定位填充工业物业创造价值	43
东部集团物业（East Group Properties，EGP）	在主要 Sunbelt 市场开发，收购和运营工业物业	38
STAG 工业（STAG Industrial，STAG）	收购和运营单租户工业物业	34
泰瑞纳地产（Terreno Realty，TRNO）	投资于功能性、灵活、可填充的房地产，位于美国最大消费者群体满足最高数量配送点的位置	31
PS 商业园（PS Business Parks，PSB）	租赁商业性多租户办公室、仓库和工业用地	30
蒙茅斯房地产投资（Monmouth Real Estate Investment，MNR）	从事单租户、净租赁的工业物业	11

续表

REITs	物业或业务类型	总市值（亿美元）
工业物流物业信托（Industrial Logistics Properties Trust，ILPT）	拥有和租赁工业和物流物业	10
普利茅斯工业（Plymouth Industrial，PLYM）	专注于单人和多租户工业财产（包括配送中心，仓库）的收购，所有权和管理和轻工业物业，持有约920万平方英尺物业	1.8
布莱克克里克工业（Black Creek Industrial，BCIIV）	获取和经营租赁给信誉良好的高品质分销仓库企业客户	—
三、自建仓储		
大众仓储（Public Storage，PSA）	收购、开发、持有和运营自我存储设施	308
额外空间存储（Extra Space Storage，EXR）	美国第二大自助式存储财产所有者和运营商、最大自助或存储管理公司	106
空间智能（Cube Smart，CUBE）	为住宅和商业客户提供价格合理，易于使用的且在大多数位置都具有气候控制的存储空间	46
生活储存（Life Storage，LSI）	持有和管理自我存储设施	40
国家存储附属（National Storage Affiliates，NSA）	持有、运营和收购位于高速增长市场中的高质量区域性自助仓库	17
全球自助仓储（Global Self Storage，SELF）	美国拥有、运营、获取、开发和再开发自我存储资产	0.3
四、数据中心		
易昆尼克斯（Equinix，EQIX）	连接企业与互联程度最高的数据中心内客户、员工和合作伙伴，业务遍布全球52个市场	566
数字房地产信托（Digital Realty，DLR）	为超过2300家公司的数据中心、主机托管和互联策略提供支持	351
塞勒斯一体（Cyrus One Inc，CONE）	提供关键任务数据中心设施，保护和确保大约1000个客户的IT基础架构的持续运行	80
核心站点不动产（Core Site Realty，COR）	提供安全、可靠、高性能的数据中心和互连解决方案	46
QTS不动产信托（QTS Realty Trust，QTS）	拥有600万平方英尺自有大型数据中心空间覆盖整个北美，为客户提供安全合规的基础架构解决方案、强大的连接性	38

从基础设施 REITs 底层资产所从事的相关行业来看，传统基础设施 REITs 以租赁无线通信基础设施、能源类的 REITs 为主；数据中心 REITs 均为全球化经营数字中心租赁或服务业务；工业地产以物流中心、可租赁工业地产为主。从这些基础设施 REITs 总资产规模来看，截至 2021 年底，有 6 只超过 100 亿美元以上，其中最高 AMT 高达 1016 亿美元；有 12 只规模低于 50 亿美元，最低的 POWER REIT 仅 0.16 亿美元。

基础设施 REITs 在美国公开上市 REITs 市值的占比已由 2010 年初的 9.58% 提升至 2021 年底的 43%，基础设施 REITs 在美国公开上市 REITs 市场的重要性逐步提升，现在已经发展成为最重要的 REITs 品种之一。

4.4 亚洲基础设施 REITs 发展情况

4.4.1 亚洲 REITs 发展历程

1998 年亚洲金融危机和 2008 年全球金融危机中孕育了推动亚洲 REITs 市场发展的动力，各地区面对地产市场及宏观经济下滑纷纷引入 REITs 模式刺激经济。其中日本和新加坡最早出台 REITs 相关法律，并批准 REITs 在本国的股票市场上交易。

日本、新加坡和中国香港 REITs 市值占亚洲整体 REITs 市值比重接近九成，亚洲其他市场的发展还有待提升（见表 4－4）。

表 4－4 亚洲各国家和地区 REITs 规模（截至 2021 年底）

国家和地区	数量（只）	规模（亿美元）	占比（%）
日本	62	1393.7	49.54
新加坡	42	814	28.93
中国香港	11	304.2	10.81
泰国	31	82.9	2.95
印度	2	70.6	2.51
马来西亚	17	66.1	2.35
中国台湾	7	44.8	1.59
韩国	13	37.2	1.32
合计	185	2813.5	100.00

资料来源：根据各地交易所公开数据整理。

截至 2021 年底，亚洲市场上共有 185 只 REITs，其中 78 只是包含多种物业类型的综合型 REITs。其次为办公、工业/物流和零售物业 REITs，分别为 28 只、24 只和 23 只。除此之外，酒店、公寓、医疗健康和数据中心领域的 REITs 则分别有 18 只、9 只、4 只和 1 只。

1. 日本 REITs

2001 年，日本发行亚洲首只 REITs 产品，且近些年日本 REITs 规模不断扩大，为亚洲规模最大的 REITs 市场，亦是全球第二大 REITs 市场。日本 REITs 的发展主要经历了四个阶段：萌芽期、成长期、停滞期、成熟期。

（1）萌芽期（2000 年以前）。1990 年，日本央行货币的紧急转向使得房地产市场泡沫被戳破，价格全面崩溃，带来股市与房地产市场长达 20 年的衰退。1997 年，亚洲金融危机之后，日本金融市场与土地市场彻底进入谷底，日本经历了漫长的经济衰退，经济跌入负增长区间，房地产市场长期低迷。

为了复苏经济与房地产市场，日本政府在 20 世纪 90 年代末出台了一系列政策，以期盘活庞大的不动产资产，解决不动产资产流动和不良资产主体融资的问题。包括 1998 年推出《关于通过特定目的公司来进行特定资产流动化法律》，以期通过资产证券化的方法来处置抵押资产或担保债券，帮助企业盘活资产；2000 年 5 月，日本政府修订该法，将其改名为《关于资产流动化法》，增设以特殊目的信托为不动产证券化的形式；2000 年 11 月日本修改《信托投资公司法》，允许信托投资资金投资于商业不动产领域，并明确了成立 REITs 的相关必要条件。自此，日本正式引入不动产投资信托，成为亚洲首个推出 REITs 产品的国家。

（2）成长期（2001～2007 年）。REITs 设立初期吸引了一大批日本国内和海外投资者，2001 年 9 月，日本三菱地所和三井不动产两大地产巨头作为首批发行人，成功发行 JRE、NBF 两只 REITs，标志着 REITs 正式落地，地产投资进入多元化发展时期。

2003 年，日本监管机构对 REITs 进行税改，将个人投资者（不包括大额投资者）的股息税从 20% 降到 10%，并且开放 FOF 基金对 REITs 的投资，REITs 达到了迅速发展期。2005～2007 年，日本 REITs 飞速发展，这一期间全球经济形势向好，日本经济复苏，资产价格和租金提升，海外投资者持续涌入 REITs，上市数量增加到 41 只，市场规模膨胀 24 倍，这一局面一直持续到美国次贷危机爆发。

（3）停滞期（2008～2009 年）。2008 年，受世界范围内的金融危机影响，日本 REITs 遭遇寒冬，在此期间 NCR 的投资人破产，NCR 因此成为日本第一只破产的 REITs。另有八家 REITs 或合并或被其他公司收购，日本 REITs 市场一度停滞发展，市场总市值跌至 2009 年初的 2.2 万亿日元。

（4）成熟期（2010 年至今）。2010 年，为了改善融资环境，日本监管机构开始一系列刺激措施，通过日本开发银行提供融资，日本央行在购买资产中加入 REITs，以此来恢复市场。2012 年，安倍晋三当选日本新一任首相后，日本内阁政府提出了“日本再生长战略”，要在 2020 年实现 REITs 市值规模比 2011 年翻一番的目标，并采取一系列宽松政策推动。在政策刺激之下，REITs 市场开始再度活跃起来，开始了新一轮高速发展期。截至 2021 年底，日本共有 62 只 REITs，总市值约 1394 亿美元，占据了亚洲 REITs 市场过半市值。

2. 新加坡 REITs

新加坡是亚洲第二大 REITs 市场，也是亚洲第一个允许跨境资产发行 REITs 的国家。新加坡 REITs 的发展主要经历了四个阶段：萌芽期、成长期、停滞期、成熟期。

（1）萌芽期（1997～2002 年）。20 世纪 80 年代，新加坡经济严重衰退，房地产行业发展萎靡。新加坡政府与一些私营机构和地产公司联合成立了新加坡地产咨询委员会，并在 1986 年首次提出将 REITs 作为振兴房地产市场的工具之一引入新加坡市场。

1999 年，新加坡金融管理局发布《新加坡房地产基金指引》，为 REITs 的发展奠定基础，标志着新加坡 REITs 的正式起步。由于该版本 REITs 政策在税收优惠中存在模糊性，并未引起市场的快速反应。为了加快 REITs 的落实，新加坡对《证券和期货法案》进行了修订，税务部门也制定了《REITs 所得税处理条款》，对 REITs 各种收入所得税的征收情况及税收相关的行政办法进行了说明，明确指出只要新加坡 REITs 遵循分红比例 90% 的要求，其在 REITs 层面免征所得税，只需要在投资者层面征收。

在多项政策推动下，2002 年 7 月，新加坡第一只 REITs——凯德商用新加坡信托在新加坡交易所主板成功上市。

（2）成长期（2003～2007 年）。为推动 REITs 的发展，新加坡先后制定了《证券和期货法案》《证券期货法则》《新加坡公司法》《单位信托手册》等，进一步完善 REITs 市场。

（3）停滞期（2008～2009年）。2008年，受世界范围内的金融危机影响，新加坡金融市场遭受巨大冲击，REITs上市进程严重放缓，2008年仅一只REITs成功上市，2009年上市数目为零，金融危机带来的连锁反应导致新加坡REITs发展陷入停滞。

（4）成熟期（2010年至今）。危机过后，新加坡政府坚定打造亚洲金融中心的决心，加上REITs提振经济发展的重要作用，政府对REITs非常重视，在税收政策等方面给予充分支持，新加坡REITs迎来快速发展。REITs市场在监管政策的积极推动下，整合及兼并不断，交易流动性提升，海外资产配置比例上升。截至2021年底，新加坡共有43只REITs，约占新加坡股票市场市值的12%。

4.4.2 日本基础设施REITs市场情况

不同于美国的REITs市场，日本将基础设施REITs单独分类。基础设施REITs是东京证券交易所于2015年4月30日正式设立的，设立背景为公共基础设施的维修和运营需要社会资本的参与，政府想要促进可再生能源的普及。由于当时经济复苏，基础设施作为稳定的资产投资被寄予了很高的期望，基础设施REITs因此应运而生。

日本曾因经历J-REITs的大起大落，更倾向于选择收益稳定且不易受到经济趋势影响的基础设施资产发行REITs，其底层资产的范畴仅包括基础设施相关资产，如可再生能源的设施、公共设施经营权、交通相关资产和能源相关资产、水资源、污水、无线电设备等，如表4－5所示。

表4－5　日本基础设施REITs资产类别

类别	示例
再生能源发电设施	太阳能、风力、地热、生物质能、中小水电站
运输有关	道路、机场、港口、铁道、能源船
能源有关	发电、交电、配电、送电等发电设施、石油和天然气管道
其他	上下水道、无线设施等各种和基础设施有关的运营权

日本第一只基础设施REITs在2016年6月上市，主要的资产为太阳能发电站，而后上市的基础设施REITs也都是以太阳能电站运营为主。日本政府设立目标，到2030年再生能源发电量占总发电量的比例达到22%～24%。目

前新投建的再生能源多数集中在太阳能领域，需要在这一激烈竞争的领域中采取新的融资形式，REITs 纷纷上市。截至 2021 年底，日本基础设施 REITs 共有 7 只产品，市值 800 亿～900 亿日元左右，管理的资产规模 1600 亿日元左右，在整个 J-REITs 的占比小于 0.5%。由于占比太小，目前东京证券交易所还没有编制相应的指数。如果考虑泛基建的物流和医疗保健领域，则整个市值达 2.61 万亿日元，占整个 J-REITs 市场市值的 21% 左右。

截至 2020 年，在日本 7 只上市基础设施基金中，仅有 1 家来自加拿大的集团公司在日本设立资产管理子公司，其余的资产管理公司均为日本本国公司，如表 4－6 所示。

表 4－6　日本基础设施 REITs 信息

基金名称	代码	投资方针	上市时间
TIF 基础设施基金 （Takara Leben Infrastructure Fund，Inc.）	9281	太阳能 90% 以上，其他再生能源 10% 以下	2016 年 6 月 2 日
一护绿色基础设施投资公司 （Ichigo Green Infrastructure Investment Corporation）	9282	最初是太阳能电站，后改成可再生能源	2016 年 12 月 1 日
日本可再生能源基础设施基金 （Renewable Japan Energy Infrastructure Fund，Inc.）	9283	太阳能 90% 以上，其他再生能源 10% 以下	2017 年 3 月 29 日
阿特斯基础设施基金 （Canadian Solar Infrastructure Fund，Inc.）	9284	太阳能 90% 以上，其他再生能源 10% 以下	2017 年 10 月 30 日
东京基础设施能源投资公司 （Tokyo Infrastructure Energy Investment Corporation）	9285	太阳能 90% 以上，其他再生能源 10% 以下	2018 年 9 月 28 日
Enex 基础设施投资公司 （Enex Infrastructure Investment Corporation）	9286	太阳能 90% 以上，其他再生能源 10% 以下	2019 年 2 月 13 日
日本基础设施基金投资公司 （Japan Infrastructure Fund Investment Corporation）	9287	太阳能 90% 以上，其他再生能源 10% 以下	2020 年 2 月 20 日

4.4.3　新加坡基础设施 REITs 市场情况

新加坡是亚洲第二个推出 REITs 的国家，其投资资产大致可分为八个种类：零售、写字楼、工业、医疗机构、数据中心、酒店、综合型、商业信托。2020 年，新加坡 REITs 市场表现活跃，在监管政策的积极推动下，整合及兼并不断，交易流动性提升，海外资产配置比例上升。2020 年在新交所上市的

2 只 REITs 均专注于投资新加坡以外市场，分别为 Elite 商用信托（办公）和美国汉普郡联合房地产投资信托（零售）。

如表 4－7 所示，新加坡 43 只 REITs 中，基础设施 REITs 有 11 只（含 1 只商业信托，即腾飞印度信托）。截至 2019 年末，基础设施 REITs 市值为 357.33 亿新加坡元，占新加坡 REITs 市场的 32%，占新加坡股市总市值的 3.8%。2019 年基础设施 REITs 平均杠杆率为 34.85%，略低于整体平均杠杆率。基础设施 REITs 平均总回报率为 31%，比整体平均总回报率高出了 35%。基础设施 REITs 的平均股息收益率 5.98% 低于整体水平。

表 4－7　　新加坡基础设施 REITs 信息

名称	代码	资产类型	地域分布	上市时间
腾飞房地产信托	A17U	工业	新加坡 79%、澳大利亚 14%、英国 7%	2002 年
丰树物流信托	M44U	工业	新加坡 32.7%、中国香港 31.7%、日本 10.2%、中国 7.9%、澳大利亚 7.8%、其他 9.7%	2005 年
易商红木信托	J91U	工业	新加坡 100%	2006 年
宝泽安保资本工业房地产信托	O5RU	工业	新加坡 84.7%、澳大利亚 15.3%	2007 年
腾飞印度信托	CY6U	多元化资产	印度 100%	2007 年
凯诗物流信托	K2LU	工业	新加坡 69%、澳大利亚 31%	2010 年
丰树工业信托	ME8U	工业/数据中心	新加坡 90.8%、美国 9.21%	2010 年
胜宝工业信托	M1GU	工业	新加坡 100%	2010 年
吉宝数据中心房地产投资信托	AJBU	数据中心	新加坡 51.8%、欧洲 26.4%、澳大利亚 14%、英国 6.4%、马来西亚 1.4%	2014 年
运通网城房地产信托	BWCU	工业	中国 100%	2015 年
星狮物流工业信托	BUOU	工业	澳大利亚 58%、欧洲 42%	2016 年

不同于其他国家由于各种限制条件而仅可投资于本国市场，新加坡 REITs 可以投资本国或者国外的资产，投资业态多元，覆盖区域广，国际化程度高，这让新加坡大部分 REITs 都持有离岸资产，也成为泛亚太区域物业境外上市 REITs 的首选。在基础设施 REITs 层面，主要投资于商业园区、科技园区、仓储物流、数据中心的 REITs 大部分是通过 REITs 结构发行，燃气、发电、固废处理等基础设施资产则是通过商业信托模式发行。

4.5 基础设施 REITs 的国际案例：AMT

4.5.1 公司概要

美国铁塔公司（American Tower Corporation，AMT）是美国最大的通信电塔运营商，也是全球领先的跨国电塔企业。公司于1995年创建，最初是美国广播公司（American Broadcasting Company，ABC）的子公司，后于1998年被拆分并在纽约交易所上市。2002年，公司将运营重心从收购及开发电塔转移到管理与运营电塔，并售出与主营业务无关的附属业务。2005年，美国铁塔与光谱通信公司（SpectraSite Communications Inc.）合并，成为美国最大的电塔公司之一。2012年，公司转型成为基础设施 REITs，主要持有和运营的资产是通信电塔，其资产遍布美国、印度、巴西、墨西哥等16个国家。

如今，美国铁塔公司已成为全球最大的不动产投资信托公司之一。公司成立以来，经历了收购扩张期、增效调整期和稳定期三个阶段。前期的快速扩张使得公司通信站点数量激增，市场占有率不断提高；中期公司逐步调整战略将重心转移到内部效率的提升，降低运营成本提高增效的同时剥离非核心业务，利润率持续增长；稳定期后公司加速拓展海外业务，预计待海外业务逐步进入成熟期后复制美国发展经验，实现有机增长。

4.5.2 REITs 结构

美国铁塔实施公司制 REITs 结构，成立合格房地产信托公司（Qualified REITs Subsidiaries，QRS）及应税房地产子公司（Taxable REITs Subsidiaries，TRS），进行站点建设、DAS 网络业务服务和网络开发服务等业务（见图4-3）。为符合 REITs 95%以上的收入须来自股息、利息、租金或资产出售，75%的毛利来自租金、房地产贷款的利息、出售房地产收入和拥有其他 REITs 所得的要求，公司服务及开发部分业务由多个应税房地产信托子公司（TRS）和合格房地产信托子公司（QRS）运营。

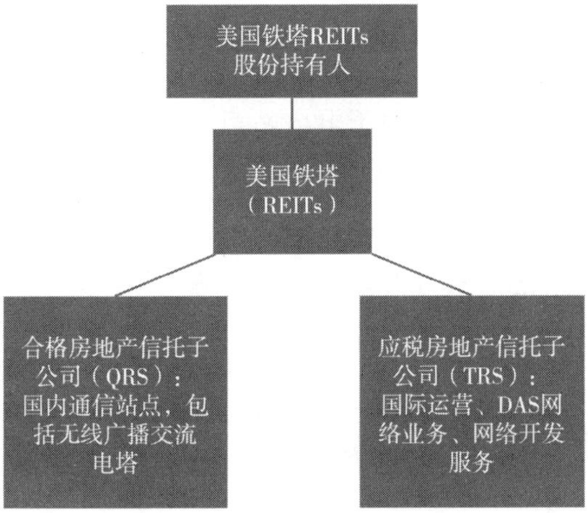

图 4－3 美国铁塔 REITs 结构

应税房地产投资信托子公司（TRS）是指由 REITs 公司直接或间接控制，并需要承担普通企业联邦所得税的子公司。根据《减税和就业法案》，TRS 需缴纳普通企业所得税，目前的税率统一为 21%。TRS 的净收入将由其自行保留，可以用于为其运营提供资金，业务再投资，也可以选择将部分收益移交上市主体分配给 REITs 股份持有人。TRS 的存在使得公司能够在遵守 REITs 资格要求的同时继续从事某些业务。

合格房地产信托子公司（QRS）是一家由 REITs 公司直接控制的子公司，不需要缴纳联邦所得税，运营通信资产并将 100% 应税收入分红。QRS 与 REITs 在收入和资产测试中合并计算，REITs 直接并表 QRS 的所有财务数据。

4.5.3 主营业务

美国铁塔公司的主营业务主要分为不动产业务及网络发展服务业务两大类。不动产业务是通信设备的租赁及管理服务，主要向无线服务运营商、广播电视台、政府机构等租户出租通信电塔的空间，同时提供相关的管理与维护服务；此外也向无宏站电塔区域提供屋顶无线设备和室内外分布式天线系统（DAS）的租赁管理服务。

截至 2020 年，公司在全球拥有将近 18.6 万个通信站点，这其中包括在美国的约 4.3 万个通信站点，在亚洲的约 7.6 万个通信站点，在欧洲、中东和非洲（EMEA）的超过 2 万个通信站点及在拉丁美洲的超过 4.1 万个通信站点，通信资产实力雄厚，续期通道良好。同时，公司为更好地将业务拓展到全球多个国家，对不同国家提供以语音为中心乃至以数据为中心的不同服务。

美国铁塔公司收入主要来源于电塔站租赁费，通过签署长期合同确保租金收入的稳定性。合同一般包括一个 5 ~ 10 年的初始协议，以及相应的续签方案，通常不可撤销。此外，合同还会规定租赁费的年增长率，美国本土的年增长率为 3%，其他国家与当地通胀率保持一致。其中，55% 的收入来自美国，16% 来自亚洲，19% 来自拉丁美洲，10% 来自欧洲、中东及非洲地区。

4. 5. 4 财务分析

公司近年业绩、分红和市值均持续快速增长，有效税率显著降低，估值水平持续提升。

（1）业绩：公司近年营业收入稳步增长。2011 ~ 2019 年营业收入、租金收入分别从 24. 4 亿美元、23. 9 亿美元增长至 75. 8 亿美元、74. 7 亿美元，复合年增长率（CAGR）分别达 15. 2%、15. 3%；营运现金流量（FFO）从 9. 47 亿美元增长至 34. 92 亿美元，CAGR 达 17. 7%（见图 4 - 4）。

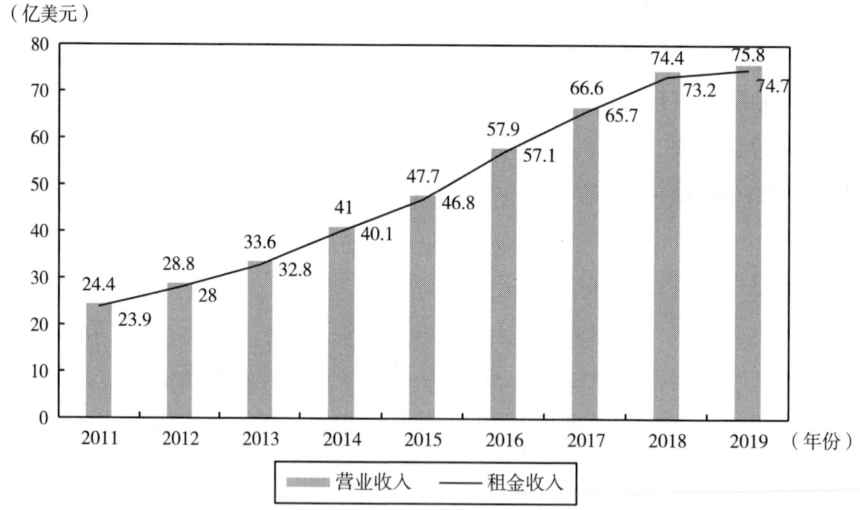

图 4 - 4 2011 ~ 2019 年 AMT 营业收入和租金收入

资料来源：根据 AMT 公开数据绘制。

（2）盈利能力：公司盈利能力稳定，2019 年公司毛利率维持在 70% 左右，具有稳定的盈利能力。同时净利率方面公司历年净利率受折旧摊销及非常性项目损益影响存在起伏，2019 年净利率达到 25%，主要由于折旧摊销损耗的减少（见图 4－5）。公司 EBITDA 水平达到 60%，均较上年度显著提升，总体来说公司盈利稳定且逐步改善（见图 4－6）。

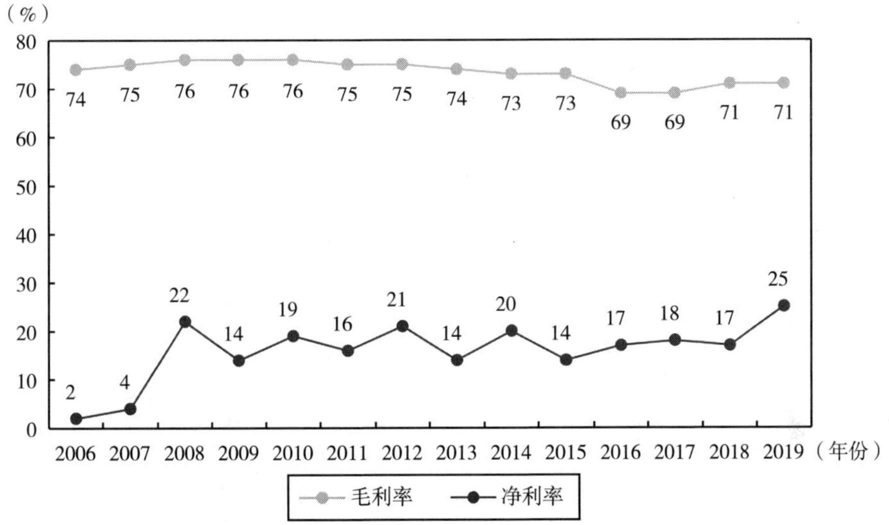

图 4－5　2006～2019 年 AMT 毛利率和净利率

资料来源：Wind 数据库。

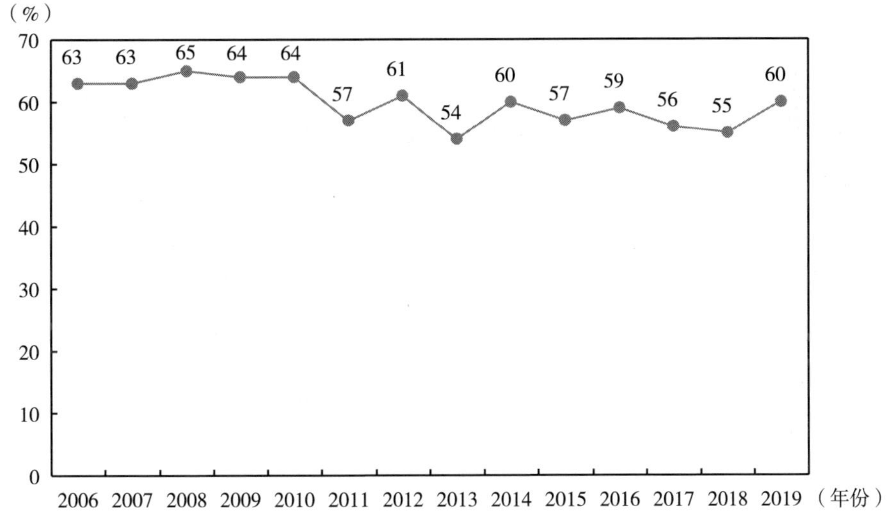

图 4－6　2006～2019 年 AMT 公司 EBITDA

资料来源：Wind 数据库。

（3）分红：公司长期以来维持高股利支付率，2019 年股利支付率 89%，处于行业较高水平（见图 4－7）。2019 年公司每股股利达到 3.8 美元/股，总体股息率维持平稳（见图 4－8）。

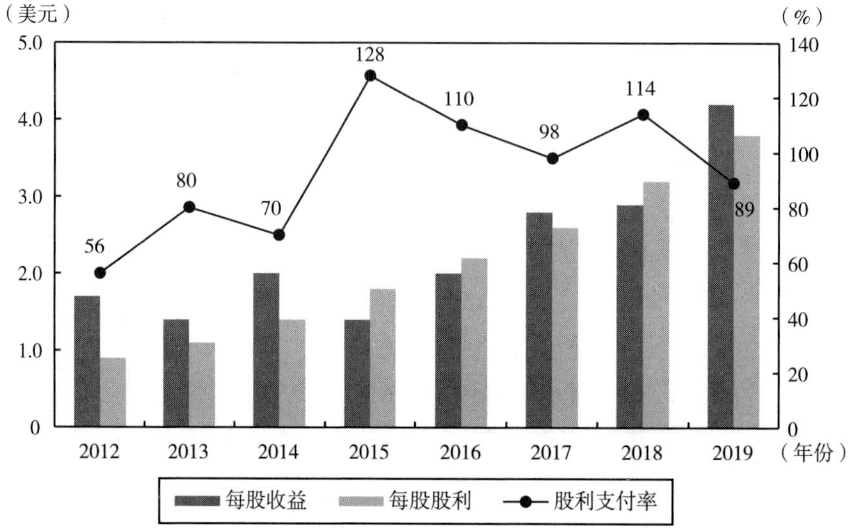

图 4－7　2012～2019 年 AMT 股利支付率

资料来源：星辰资讯（Morningstar）、Wind 数据库。

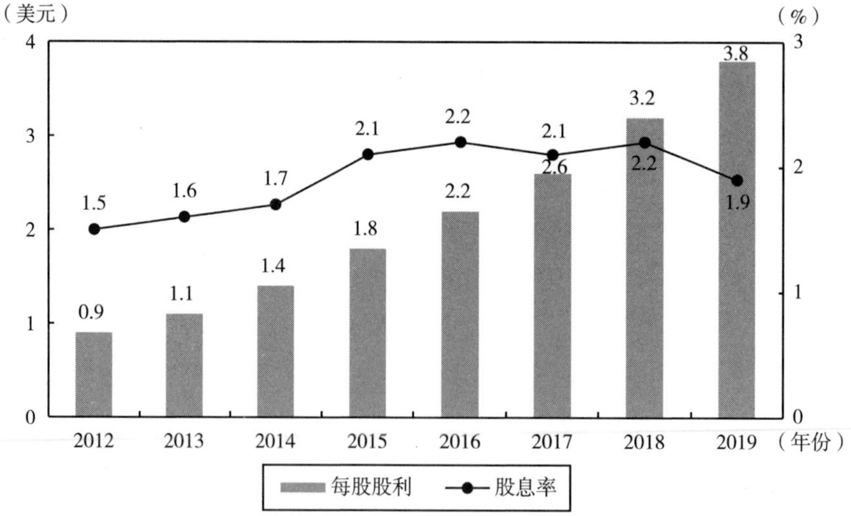

图 4－8　2012～2019 年 AMT 每股股利及股息率

资料来源：星辰资讯、Wind 数据库。

第5章 基础设施公募 REITs 的底层资产

底层资产是金融产品的根本，基础设施公募 REITs 的底层资产是各类基础设施项目或项目组。2020 年 8 月 3 日，国家发展改革委《关于做好基础设施领域不动产投资信托基金（REITs）试点项目申报工作的通知》规定了基础设施公募 REITs 的重点行业；2021 年 6 月 29 日，国家发展改革委《关于进一步做好基础设施领域不动产投资信托基金（REITs）试点工作的通知》对基础设施 REITs 试点项目范围进一步扩容。本章将介绍基础设施公募 REITs 底层资产的基本要求和资产类别，并详细介绍试点文件中规定的 8 种底层资产类型。

5.1 基础设施公募 REITs 底层资产的基本要求

5.1.1 国家发展和改革委员会要求

国家发展改革委分别于 2020 年 7 月 31 日、2021 年 6 月 29 日、2021 年 12 月 29 日发布《关于做好基础设施领域不动产投资信托基金（REITs）试点项目申报工作的通知》《关于进一步做好基础设施领域不动产投资信托基金（REITs）试点工作的通知》《关于加快推进基础设施领域不动产投资信托基金（REITs）有关工作的通知》，三份政策文件均对基础设施底层资产的选定提出设置要求。对比以上文件，可以清晰发现基础设施 REITs 政策逐步积极，产业领域逐步打开，对基础设施底层资产的设置要求不断放松。截至 2021 年 12 月 29 日，国家发展改革委规定基础设施底层资产应满足如下基本要求：

第一，基础设施项目权属清晰、资产范围明确，发起人（原始权益人）依法合规直接或间接拥有项目所有权、特许经营权或经营收益权。项目公司依法持有拟发行基础设施 REITs 的底层资产。

第二，土地使用依法合规。

（1）对项目公司拥有土地使用权的非 PPP（含特许经营）类项目。如项目以划拨方式取得土地使用权，土地所在地的市（县）人民政府或自然资源行政主管部门应对项目以 100% 股权转让方式发行基础设施 REITs 无异议；如项目以协议出让方式取得土地使用权，原土地出让合同签署机构（或按现行规定承担相应职责的机构）应对项目以 100% 股权转让方式发行基础设施 REITs 无异议；如项目以招拍挂出让或二级市场交易方式取得土地使用权，应说明取得土地使用权的具体方式、出让（转让）方、取得时间及相关前置审批事项。

（2）对项目公司拥有土地使用权的 PPP（含特许经营）类项目。发起人（原始权益人）和基金管理人应就土地使用权作出包含以下内容的承诺：项目估值中不含项目使用土地的土地使用权市场价值，基金存续期间不转移项目涉及土地的使用权（政府相关部门另有要求的除外），基金清算时或特许经营权等相关权利到期时将按照特许经营权等协议约定以及政府相关部门的要求处理相关土地使用权。

（3）对项目公司不拥有土地使用权的项目。应说明土地使用权拥有人取得土地使用权的具体方式、出让（转让）方和取得时间等相关情况，土地使用权拥有人与项目公司之间的关系，以及说明项目公司使用土地的具体方式、使用成本、使用期限和剩余使用年限，分析使用成本的合理性，并提供相关证明材料。

第三，基础设施项目具有可转让性。

（1）发起人（原始权益人）、项目公司相关股东已履行内部决策程序，并协商一致同意转让。

（2）如相关规定或协议对项目公司名下的土地使用权、项目公司股权、特许经营权、经营收益权、建筑物及构筑物转让或相关资产处置存在任何限定条件、特殊规定约定的，相关有权部门或协议签署机构应对项目以 100%股权转让方式发行基础设施 REITs 无异议，确保项目转让符合相关要求或相关限定具备解除条件。

（3）对 PPP（含特许经营）类项目，PPP（含特许经营）协议签署机构、行业主管部门应对项目以 100% 股权转让方式发行基础设施 REITs 无异议。

第四，基础设施项目成熟稳定。

（1）项目运营时间原则上不低于 3 年。对已能够实现长期稳定收益的项目，可适当降低运营年限要求。

（2）项目现金流投资回报良好，近 3 年内总体保持盈利或经营性净现金流为正。

（3）项目收益持续稳定且来源合理分散，直接或穿透后来源于多个现金流提供方。因商业模式或者经营业态等原因，现金流提供方较少的，重要现金流提供方应当资质优良，财务情况稳健。

（4）预计未来 3 年净现金流分派率（预计年度可分配现金流/目标不动产评估净值）原则上不低于 4%。

第五，资产规模符合要求。

（1）首次发行基础设施 REITs 的项目，当期目标不动产评估净值原则上不低于 10 亿元。

（2）发起人（原始权益人）具有较强扩募能力，以控股或相对控股方式持有、按有关规定可发行基础设施 REITs 的各类资产规模（如高速公路通车里程、园区建筑面积、污水处理规模等）原则上不低于拟首次发行基础设施 REITs 资产规模的 2 倍。

第六，发起人（原始权益人）等参与方符合要求。

（1）优先支持有一定知名度和影响力的行业龙头企业的项目。

（2）发起人（原始权益人）、项目公司、基金管理人、资产支持证券管理人、基础设施运营管理机构近 3 年在投资建设、生产运营、金融监管、市场监管、税务等方面无重大违法违规记录。项目运营期间未出现安全、质量、环保等方面的重大问题或重大合同纠纷。

5.1.2 中国证券监督管理委员会要求

2020 年 4 月 30 日，中国证监会与国家发展改革委联合发布《关于推进基础设施领域不动产投资信托基金（REITs）试点相关工作的通知》，2020 年 8 月 7 日中国证监会发布《公开募集基础设施证券投资基金指引（试行）》，两份文件对基础设施基金拟持有的基础设施项目做出了明确要求。

（1）项目权属清晰，已按规定履行项目投资管理，以及规划、环评和用地等相关手续，已通过竣工验收。PPP 项目应依法依规履行政府和社会资本管理相关规定，收入来源以使用者付费为主，未出现重大问题和合同纠纷。

（2）原始权益人享有完全所有权或经营权利，不存在重大经济或法律纠纷，且不存在他项权利设定，基础设施基金成立后能够解除他项权利的除外。

（3）主要原始权益人企业信用稳健、内部控制健全，具有持续经营能力，最近 3 年无重大违法违规行为。

（4）原则上运营 3 年以上，已产生持续、稳定的现金流，投资回报良好，并具有持续经营能力、较好增长潜力。

（5）现金流来源合理分散，且主要由市场化运营产生，不依赖第三方补贴等非经常性收入。

（6）中国证监会规定的其他要求。项目运营时间虽不满 3 年但满足“已产生持续、稳定的现金流，投资回报良好，并具有持续经营能力、较好增长潜力”未来可能会被允许纳入试点范围，但在建项目或虽已竣工验收但未投入使用的项目不在试点范围内。

5.1.3 证券交易所要求

根据《公开募集基础设施证券投资基金指引（试行）》《上海证券交易所公开募集基础设施证券投资基金（REITs）业务办法（试行）》《上海证券交易所公开募集基础设施证券投资资金（REITs）规则使用指引第 1 号——审核关注事项（试行）》《深圳证券交易所公开募集基础设施证券投资基金业务办法（试行）》《深圳证券交易所公开募集基础设施证券投资基金业务指引第 1 号——审核关注事项（试行）》等有关法律、行政法规、部门规章、规范性文件以及上海、深圳两地证券交易所相关业务规则，本书整理了交易所对基础设施底层资产的设置要求。

第一，基本条件设置上，要求基础设施项目应当符合以下条件：

（1）权属清晰，资产范围明确，并依照规定完成了相应的权属登记。

（2）不存在法定或约定的限制转让或限制抵押、质押的情形，且转让已获得有效的审批手续（如适用）。

（3）不存在抵押、质押等权利限制，基础设施基金成立后能够解除相关限制的除外。

（4）基础设施资产已通过竣工验收，工程建设质量及安全标准符合相关要求，已按规定履行规划、用地、环评等审批、核准、备案、登记以及其他依据相关法律法规应当办理的手续。

（5）基础设施资产的土地实际用途应当与其规划用途及其权证所载用途相符。如不一致，基金管理人和资产支持证券管理人聘请的律师应说明其实际用途的法律、法规及政策依据，基金管理人和资产支持证券管理人应当在相关文件中充分揭示风险，并设置相应的风险缓释措施。

（6）基础设施资产涉及经营资质的，相关经营许可或者其他经营资质应当合法、有效。相关经营资质在基础设施基金和基础设施资产支持证券存续期内存在展期安排的，应当按照相关规定或主管部门要求办理展期手续，基金管理人和资产支持证券管理人应当在相关文件中披露具体安排。

（7）中国证监会和交易所规定的其他条件。

第二，原始权益人应当满足以下要求：

（1）依法设立且合法存续。

（2）享有基础设施项目完全所有权或者经营权利，不存在重大经济或法律纠纷。

（3）信用稳健，内部控制制度健全，具有持续经营能力。

（4）最近 3 年（未满 3 年的自成立之日起，下同）不存在重大违法违规记录，不存在因严重违法失信行为被有权部门认定为失信被执行人、失信生产经营单位或者其他失信单位并被暂停或者限制进行融资的情形。

（5）中国证监会和本所规定的其他要求。

第三，基础设施项目公司应当符合以下具体条件：

（1）依法设立并合法存续。

（2）财务会计制度和财务管理制度规范。

（3）合法持有基础设施项目相关资产。

（4）中国证监会和交易所规定的其他条件。

第四，基础设施项目现金流应当符合以下条件：

（1）基于真实、合法的经营活动产生，价格或收费标准符合相关规定。

（2）符合市场化原则，不依赖第三方补贴等非经常性收入。

（3）持续、稳定，近 3 年（不满 3 年的，自开始运营起）未出现异常波动。存在异常波动的，需要说明波动原因和合理性。

（4）来源合理分散，直接或穿透后来源于多个现金流提供方。因商业模式或者经营业态等原因，现金流提供方较少的，重要现金流提供方应当资质优良，财务情况稳健。

（5）近 3 年总体保持盈利或经营性净现金流为正。

（6）中国证监会和交易所规定的其他条件。

第五，基础设施项目运营情况应当符合以下条件：

（1）具备成熟稳定的运营模式，运营收入有较好增长潜力。

（2）运营时间原则上不低于 3 年，投资回报良好。

（3）若为产业园、仓储物流、数据中心等依托租赁收入的基础设施项目，近 3 年总体出租率较高，租金收入较高，租金收缴情况良好，主要承租人资信状况良好、租约稳定，承租人行业分布合理。

（4）如为收费公路、污水处理等依托收费收入的基础设施项目，近 3 年运营收入较高或保持增长，使用者需求充足稳定，区域竞争优势显著，运营水平处于行业前列。

（5）中国证监会和交易所规定的其他条件。

第六，关联交易上，基金管理人、资产支持证券管理人应当核查并披露基础设施项目最近 3 年及一期的关联交易情况，前述关联交易应当符合以下要求：

（1）符合相关法律法规的规定和公司内部管理控制要求。

（2）定价公允，定价依据充分，与市场交易价格或独立第三方价格不存在较大差异。

（3）基础设施项目现金流来源于关联方的比例合理，不影响基础设施项目的市场化运营。基础设施项目存在关联交易情形的，基金管理人、资产支持证券管理人应当分析关联交易的合理性、必要性及潜在风险，并设置合理充分的风险防控措施。

5.2 基础设施公募REITs底层资产的类别

5.2.1 试点区域

2020年7月31日，国家发展改革委发布《关于做好基础设施领域不动产投资信托基金（REITs）试点项目申报工作的通知》，文件规定聚焦重点区域，优先支持位于符合京津冀协同发展、雄安新区建设、长江经济带发展、粤港澳大湾区建设、长江三角洲区域一体化发展、海南全面深化改革等国家重大战略区域范围内的基础设施项目。支持位于国务院批准设立的国家级新区、国家级经济技术开发区范围内的基础设施项目。

2021年6月29日，国家发展改革委发布《关于进一步做好基础设施领域不动产投资信托基金（REITs）试点工作的通知》，文件对基础设施REITs试点区域进行扩容，规定全国各地区符合条件的项目均可申报。重点支持位于京津冀协同发展、长江经济带发展、粤港澳大湾区建设、长三角一体化发展、海南全面深化改革开放、黄河流域生态保护和高质量发展等国家重大战略区域，符合“十四五”有关战略规划和实施方案要求的基础设施项目。

5.2.2 试点行业

2020年7月31日，国家发展改革委发布《关于做好基础设施领域不动产投资信托基金（REITs）试点项目申报工作的通知》，文件规定聚焦重点行业，优先支持基础设施补短板项目，鼓励新型基础设施项目开展试点。主要包括：（1）仓储物流项目；（2）交通基础设施：收费公路、铁路、机场、港口项目；（3）生态环保基础设施：城镇污水垃圾处理及资源化利用、固废危废医废处理、大宗固体废弃物综合利用项目；（4）市政基础设施：城镇供水、供电、供气、供热项目；（5）新型基础设施：数据中心、人工智能、智能计算中心项目；5G、通信铁塔、物联网、工业互联网、宽带网络、有线电视网络项目；智能交通、智慧能源、智慧城市项目；（6）国家战略性新兴产业集群、高科技产业园、特色产业园。项目用地性质为非商业、非住宅用地。

非试点范围的项目和国家现行房地产调控政策保持一致，如酒店、商场、写字楼、公寓、住宅等房地产项目不纳入试点范围。

2021 年 6 月 29 日，国家发展改革委发布《关于进一步做好基础设施领域不动产投资信托基金（REITs）试点工作的通知》，对基础设施 REITs 试点项目范围进行扩容。主要包括：(1) 能源基础设施：风电、光伏发电、水力发电、天然气发电、生物质发电、核电等清洁能源项目，特高压输电项目，增量配电网、微电网、充电基础设施项目，分布式冷热电项目；(2) 市政基础设施，新增停车场项目；(3) 保障性租赁住房；(4) 试点具有供水、发电等功能的水利设施及自然文化遗产、国家 AAAAA 级旅游景区等具有较好收益的旅游基础设施，其中自然文化遗产以《世界遗产名录》为准。

新增行业都与目前国家宏观层面的政策高度契合。清洁能源类发展较快，形成大量优质存量资产，投资回报稳定。保障性租赁住房关系民生福祉、提供公共服务、具有公共产品属性的定位。水利基础设施经资产重组，能够提供产生稳定现金流的项目底层资产。旅游基础设施类资产总量大、层次高、覆盖范围广。这些领域事关国家战略、关系国计民生，优质资产规模基数大，若试点实现复制推广，可预见市场前景广阔、潜力巨大。

2021 年 12 月 29 日，国家发展改革委发布《关于加快推进基础设施领域不动产投资信托基金（REITs）有关工作的通知》，明确提出全国基础设施 REITs 试点项目库要坚持统计监测和协调服务的功能定位，做到项目“愿入尽入、应入尽入”，不得以任何理由拒绝项目入库。对各类申报项目，没有名额限制、地域区别，只要符合条件、质量过硬即可申报推荐。进一步加快推进 REITs 试点，推动盘活存量资产、形成投资良性循环。

5.2.3 资产分类

目前，我国的基础设施 REITs 试点项目，既包括传统意义上以交通运输、供水供电、通信设施、生态环保和市政设施等为主要内容的基础设施资产，也包括产业园区、仓储物流、数据中心等物业资产。

根据资产性质、收入来源、现金流特征以及运营管理重点的不同，目前底层资产可以分为以下两大类。

(1) 以租金（或运营外包服务）为主要收入来源的产权类资产（又称“权益类资产”），如产业园区、仓储物流、数据中心等。

（2）依据与政府签署的特殊经营协议进行收费的特许经营类资产，如高速公路、污水处理、水电气热市政工程、清洁能源、轨道交通等。

上述两类基础设施资产的详细对比见表5－1。

表5－1　两类基础设施资产对比

比较项目	特许经营类资产	产权类资产
资产性质	具有公共服务性质，经营管理和收费标准受到政府的严格指导和管控，受经济周期波动影响小	运营具有显著的市场化特征，受经济周期波动影响大
收入来源	基于特许经营权或经政府部门批准的收费权利而取得经营收入	基于资产所有权而取得租金收入
资产价值变化	有特许经营期限或政府批准的经营期限，价格体系受政府指导和管控，期限届满后需无偿归还政府，上述特征导致随着剩余经营年限的缩短，资产估值呈现逐年递减的趋势，资产价值到期后将归零	租期一般较长，而且租金收入可以根据市场情况增长，租金的增长在一定程度上抵消了土地剩余期限带来的负面影响，同时考虑到一些核心城市的稀缺土地资源在市场交易中价格升高的预期，随着时间推移资产具有较大升值的可能
现金流分配特征	由于经营期限到期后资产价值归零，投资人的投资本金和收益需要在经营期间每年逐步回收，所以分派的现金流包含了投资人的本金和收益，现金流分派率较高	分派现金流属于物业资产出租形成的租金收益率，现金流分派率低于特许经营类资产
运营管理重点	运营管理重点在于保障安全、提高效率和降本增效，尤其是安全运营和保障安全方面责任较大	运营重点在于物业资产的招商能力，物业管理和服务水平、智能化应用及公共交通、餐饮等配套设施

5.3　基础设施公募 REITs 底层资产的具体类型

5.3.1　高速公路

我国公路按照交通量及其使用性质，可划分为高速公路、一级公路、二级公路、三级公路、四级公路五个级别，其中高速公路是指一般能适应年平均昼夜小客车交通量2.5万辆以上、专供汽车分道高速行驶、并全部控制出入的公路，一般能承受120千米/小时或者更高的速度，具备重要的政治、经济意义。高速公路兼具投资和公益属性，由于建设造价成本高、回报周期长、区域布局规划复杂，通常为区域垄断性行业，建设运营主体多为地方性国有企业，对片区内高速公路专营现象明显。

高速公路行业在我国的运输业格局中占据举足轻重的地位，是经济发展的大动脉。当前全国收费公路面临着融资难、融资贵的问题。《2020 年全国收费公路统计公报》显示，截至 2020 年末，全国收费公路累计投资总额高达 10.8 万亿元，同比增长 13.6%；随着投资规模扩大，全国收费公路债务余额亦同比增长 14.8%，增至 7.06 万亿元，其中银行贷款规模 5.83 万亿元，占比达 82.5%。以银行贷款为主的融资来源建设，还本付息压力较大、固定资产投资高，导致企业资金缺口大，公路投融资模式或难以为继，以银行贷款为主的模式亟待突破。

收费公路除养护经费、运营管理、税费等开支以外，每年还需要支付大量还本付息费用。《2020 年全国收费公路统计公报》显示，2020 年全国收费公路支出 1.23 万亿元，其中还本付息支出 1.02 万亿元，合计占比 83%，收费公路收支缺口自 2013 年的 661 亿元扩大至 2020 年的 7478.2 亿元。行业债务压力日益突出，收支失衡的恶性循环难以突破，整体盈利能力明显受限。收费公路的传统融资渠道受限，以银行贷款为主的单一融资方式较难持续，亟待新融资工具破局。公募 REITs 可为公路建设和发展提供新的融资途径，推动多元化融资再加速，同时倒逼公路运输企业提升经营效率、经营机制更加灵活，激活优质资产潜力。

高速公路 REITs 收入主要以通行费收入为主，收入结构单一，车流量和收费政策稳定性是预测项目远期现金流基础。随着人口增长叠加消费升级，我国高速公路客车车流量占比持续走高，东部地区变现尤为明显。近年来我国高速公路日均车流量保持增长，2019 年同比增长 4.5%，增至 2.8 万辆/天，预计通车里程和乘用车保有量稳健增长，驱动未来 3 年国家高速公路网车流量增速维持在 5% 左右。此外，高速公路板块收取通行费的营业模式具备一定“银货两讫”的特征，其营业收入以现金流入，大大缩短了账期，同时付现成本较少，能产生稳定的现金流和盈利，具备“现金牛”属性。

我国基础设施 REITs 试点项目的底层资产总体要求权属清晰、具备成熟的经营模式和市场化运营能力、已产生持续稳定的收益及现金流、投资回报良好且能够持续经营、原始权益人及运营企业信用稳健等。公路建设作为系统工程，是我国城市化水平提高、交通网络延展的重要基础，具有独特的经济属性，起到了引领投资，进而引领经济发展的作用。

公路资产契合 REITs 定位，具备为投资者提供稳定回报的能力。收费公路资产权属清晰、具备明确的运营年限，能够产生稳定的盈利和现金流，具备持续经营能力。同时，高速公路行业进入壁垒较高，运营维护需配备专业人员和团队，整体符合 REITs 长期稳定回报、风险波动较小的特点。

具有可观规模的高速公路基础设施 REITs，从原始权益人和项目角度看，有助于地方政府和地方国有企业实现降杠杆、盘活存量基础资产，提高原始权益人的资金使用效率；从投资者角度看，有助于提供共享经济发展成果的渠道，拓展可投资资产范围，为其带来相对稳定的现金收益。同时公路在建设和运营全周期，可以吸纳当地闲置劳动力，创造就业机会。公路建成后具有客运、货运的功能，可以持续拉动沿线周边地区的经济发展。

目前，我国发行的基础设施公募 REITs 中，浙商证券沪杭甬高速 REIT、平安广州交投广河高速 REIT、华夏越秀高速公路公募 REIT 聚焦于高速公路领域，标的资产分别为杭徽高速公路（浙江段）、广河高速（广州段）和汉孝高速公路，其底层资产现金流来自道路通行费、广告租金等。

5.3.2 仓储物流

仓储物流是现代工业物流中的概念，最早成型于美国，后于 20 世纪 80 年代引入我国。仓储物流是指基于自建/租赁库房或场地，运用现代化技术对物资从进入仓库到重新发出这一段时间内的物流管理，包括入库、检测、码放、包装和配送等物流环节，在整体供应链中具有承上启下的战略地位。现代化仓储仓库的持有方主要有三类，包括专业的物流地产型企业、第三方物流企业以及地方园区类企业。

现代物流仓储具有诸多优点，其往往处于现代物流的干线运输核心节点，出租率高，稳定性亦强。对于基础设施供应商而言，物业租赁收入是最大的收入来源。由于物流地产下游客户大多为城市配送相关的第三方物流企业和电商零售企业，需求刚性强且黏性大，且存在一定比例的物流地产项目为自用，主要向关联方提供整租服务，因此物流地产租期通常较其他地产项目更长，收入稳定性得到保障的同时，租金收益率也会更高。

近年来，仓储业投资增速有所下滑，但企业自筹资金占比居高不下。早期受电子商务蓬勃发展和前期基础物流设施迭代需求推动，仓储业固定资产投资增速维持在 25% 以上，近年在基数效应下同比增速出现下滑，但整体仍维持年均 6000 亿元左右投资额。而从基础设施的提供商角度而言，仓储物流行业中以民营企业居多，涵盖房地产、物流企业及电商平台等。

在获取银行贷款方面，民营企业较国企存在一定劣势，因此衍生出多种融资方式缓解资金压力，其中资金来源占比最高的为自有资金，达到 87%，其次银行贷款，占比 6.9%。此外，仓储物流资产流动性较差，通过收租的回本时间较长，导致企业出现资金紧缺问题，国内企业目前都在寻找创新的融资渠道。

与此同时，目前线上购物崛起，倒逼传统供应链渠道进行服务和品质的升级，现阶段仓储物流仍然依托于基础设施的建设，其中涉及配送中心、物流园区、物流仓库等一系列工业地产。对于持有该类物业的现代物流设施提供商而言，这些工业不动产大量集中于交通运输枢纽，具有较强的证券化价值。显而易见，REITs 试点政策的适时推出，为这些供应商丰富资金来源、改善营运能力提供了一条可选途径。

公募 REITs 可为仓储物流行业获得资金青睐，提高行业存量资产流动性，盘活现有存量资产、形成投资良性循环，吸引更专业的市场机构参与运营管理，提高投资建设和运营管理效率，提升投资收益水平，加速行业成长。从国外 REITs 市场分析来看，物流仓储 REITs 是美国 REITs 市场的重要组成部分，其市值排名第四位，仅次于基础设施、住宅和商贸零售，占美国 REITs 市场市值的 11%，总规模超过 1400 亿美元。根据 NARIET 统计，1994 ~ 2020 年工业物流 REITs 年均复合收益率 11.4%，高于商务办公和零售类物业。

目前，我国发行的基础设施公募 REITs 中，中金普洛斯仓储物流 REIT、红土创新盐田港仓储物流 REIT 所属行业为仓储物流，底层资产现金流来源主要为租金收入、物业费收入等。

5.3.3 产业园区

产业园区是由政府或企业为了实现某一产业发展目标而创立的独立区位环境，属于产业地产，用以聚集核心资源、企业孵化、协调产业升级、吸纳就业人口并最终推动区域经济发展。随着中国经济的快速腾飞和持续的转型升级，我国产业园区不断实现更新迭代，由最初的要素集群阶段发展到目前的高科技新城，园区主导产业从劳动密集型升级为高端科技产业，园区形态也从单一功能向协同城市发展的多功能体转型。

目前，我国产业园区类型已十分丰富，包括高新技术/经济开发区、特色小镇、产业新城、文化创意产业园、物流产业园等。产业导向聚焦高端装备制造、电子和新材料等高新技术产业。在我国新一轮制造业升级的大背景下，预计以生物医药、机器人、大数据为导向的战略新兴产业园有望成为未来发展的重点。

产业园区对专业化运营管理能力要求较高，收入来源基于产业构建，一般包括租金、物业费、企业服务和增值服务等，其发展动能基于产业构建。我国产业园区发展迅速，已成为经济的重要引擎和重要的存量可盘活资产。目前，国家级开发区超 600 家，省级开发区超 2000 家，各类产业园区超 15000 家。从产业分布来看，机械及装备制造、电子信息、食品饮料与农副产品加工、生物医药与化工新材料等产业占据主流地位，合计占比超过 75%。截至 2020 年末，全国共有国家级经济技术开发区 217 家，其中东部地区 107 家，中部地区 63 家，西部地区 47 家，中部、西部地区国家级经济技术开发区数量和比重显著增加，全国国家级经济技术开发区区域分布日趋平衡。

近年来，国家级产业园区的 GDP 逐年上涨，园区 GDP 占全国 GDP 比重均超过 20%，截至 2019 年末，国家高新区和经开区的 GDP 为 23 万亿元，占全国 GDP 总量的 23%①，其回报吸引力或将随着长期经济潜在增长中枢下行、利率中枢下行以及运营能力提高而提升。产业园区较大程度推动了区域和城市经济发展。

目前，我国产业园区发展具有政策支持、设施完善、服务到位、产业聚集等多个特点。但同时也面临着一些现实局限，例如效率低下、发展缓慢、扩张受限、产业落后、投融困难等。从经营角度、市场角度均具有一些亟须解决的矛盾，REITs 试点可以较好地解决资产价值和企业分红不足的矛盾；解决对管理层和投资者适当杠杆率的分歧；解决债券回报固定和资产稳健增值之间的矛盾，也同时解决杠杆率、基础设施购置资金门槛等问题。

在疫情和新消费方式冲击下，园区类资产相比于零售类资产可以提供更加稳定的表现，REITs 产品具有较好的分红水平和更高的估值。通过发行公募 REITs 盘活存量资产、分散产业园开发风险、增加社会资本参与园区建设，解决产业园区开发周期长、资金需求大的痛点。同时，促进投资良性循环、

① 招商证券．产业园公募 REITs 专题研究报告［R］．2021．

推动基础设施建设，提升园区经营效率，激发优质活力，用以支持实体经济产业发展和补短板行业，实现产业转型，为促进区域高质量发展。

在我国发行的基础设施公募 REITs 中，博时招商蛇口产业园 REIT、华安张江光大园 REIT、东吴—苏州工业园区产业园 REIT、建信中关村产业园公募 REIT 底层资产所属行业为产业园区，底层资产现金流来源主要为租金收入、物业费收入等。

5.3.4 生态环保

我国的城镇化和工业化进程高速发展，人民对生活环境的要求逐步提高，对生活垃圾处理和污水处理等环保产业的需求日益增加。大力推动环保产业发展，促进生态环境根本好转，是实现美丽中国建设目标的重要保障。《中共中央国务院关于加快推进生态文明建设的意见》明确指出，推进生态文明建设是坚持以人为本、促进社会和谐的必然选择，是全面建成小康社会、实现中华民族伟大复兴中国梦的时代抉择。《中共中央关于制定国民经济和社会发展第十四个五年规划和二〇三五年远景目标的建议》明确提出，“推进清洁生产，发展环保产业，推进重点行业和重要领域绿色化改造”。

我国环保产业市场空间大，已形成大量的优质资产。其中垃圾焚烧、水务及水处理板块资产体量大、订单充裕、行业成长增速高。截至 2020 年，环保运营资产体量已达 3672 亿元，呈现逐年增长的趋势，其中固废、水务和水处理合计运营资产占环保运营资产的 89%，污水垃圾、固废危废累计投资完成额体量达 6700 亿 ~ 10000 亿元。①

污水处理、垃圾发电等环保项目运营稳定，项目期限较长。项目资源具有稀缺性，与产业和人口规模分布直接匹配，投资回报良好，经营现金流稳定。其中污水处理项目收入来源于政府付费，主要为缴纳水费中所包含的污水处理费，费用相对稳定。垃圾发电项目经营收入主要包括生活垃圾处置和发电收入，分别由地方财政支出和发电上网与电网公司结算，收入稳定可靠。此外，受环保政策支持，近年各地政府和国有企业对其投资增幅较大，且具有存量资产盘活变现持续投资的需求。

污水处理、垃圾发电等环保项目具有一定的区域垄断性和公共服务职能。

---

① 招商证券. 2021 年环保与 REITs 行业专题分析报告 [R]. 2021.

在新冠肺炎疫情的影响下，不同于受市场环境影响较大的商业地产，环保项目由于满足公众和企业的刚需，受市场波动的影响较小，收益表现良好。从项目收益的角度分析，环保项目具备独特的优势，更具稳定性。

环保产业属于重资产行业，前期投资大，投资回收期间较长，资产负债率水平相对较高。对于垃圾发电、污水处理等环保企业，项目选址、规划、审批和建设周期长，需要投入大量资金。对于环保产业的发展而言，投资短缺与需求增加之间的矛盾日益突出，在一定程度上限制了企业用于再投资的资金数量，降低企业进行再投资的能力，进而无法有效地满足不断增长的市场需求。

行业高负债率，需要通过基础设施REITs实现良性循环，以负债融资弥补资本金不足。当前行业扩张阶段，项目运营收入无法维持资本开支，需要持续融资。因此需要借助REITs拓宽企业融资渠道，用于偿还相关债务，实现降低负债，使资金与业务发展的匹配实现良性循环。

通过发行REITs可以有效地盘活存量优质资产，提前收回投资资金，并将回收的资金投入新的环保项目建设，降低环保企业资产负债率，进而能够实现用存量资产带动增量资产的目标，另外生态环保项目与基础设施REITs发行要求高度契合，具备发行优势。

在我国发行基础设施公募REITs中，中航首钢生物质REIT和富国首创水务REIT涨幅分列前两名，体现了投资者对其水务和生物质发电标的资产的认可，也有利于后续同类项目发行。

5.3.5 数据中心

数据中心是国家新基建战略的重要组成部分之一，是一类现代网络关键的基础设施，是基于互联网机房、机柜和配套设备用于上传、存储、计算和展示数据信息的平台，还可提供包括数据同步、IT运维在内的新型增值服务。

“十四五”规划明确提出系统布局新型基础设施，加快第五代移动通信、工业互联网、大数据中心等建设。2020年“新基建”七大重点领域投资总规模约为1.2万亿元，新基建未来发展空间较大。尽管近几年增速有所回落，我国数据中心行业仍处于高速发展阶段，2019年，国内数据中心行业规模达到 1562.5 亿元，同比增长 27%。[①] 从区域分布看，目前涉及数据中心领域的 12 个上市公司主要分布在北上广等互联网科技较为发达的地区。

由于数据中心主要通过出租专属设备和场地获得收入，在商业模式上与仓储物流、商业物业具有类似性，本质为同类具备资源壁垒的“数字地产”。随着腾讯、阿里等互联网巨头相继宣布巨资投入新建多个百万级别规模的大型数据中心，以及中国证监会、国家发展改革委将数据中心列入基础设施 REITs 试点范畴，数据中心热度将持续提升。

近年来我国互联网普及率快速提升，5G 基站的加速铺开、新一代信息技术迭代共同推动了数据流量的爆发式增长，存储和算力增量需求激增，作为数据计算、储存基础设施的数据中心也随之进入高景气的扩张周期。2019 年我国数据中心业务市场规模已经超过 1500 亿元，其中超过 65% 的机柜分布在一线城市及周边核心地区，未来两年市场仍将保持 25% 以上的同比增速高速增长。

收租模式下，电费是最大的运营成本支出，资本性支出和租户结构是投资者的关切点。客户可选择将自有服务器放置于数据中心或租用运营商服务器，由数据中心提供电源、液冷设备、运营代理等多项服务，数据中心收入通常由客户所租用空间和电费确定。对于成本端而言，电费支出是数据中心运营商最大运营成本，一般可占比达到 40% ~ 60%，与当地电费水平、项目 PUE 能耗、数据中心机架利用率相关。租户结构上，大型互联网企业及金融机构上云需求稳定，租金承受能力较强，由于设备迁移较为烦琐，一般该类客户占比高的数据中心客户流失率更低，项目未来现金流收入稳定性更具保障。

全球范围来看，当前共有 6 只以数据中心为主业的上市 REITs，分别为易昆尼克斯（Equinix，EQIX. O）、数字房地产信托（Digital Realty，DLR. N）、塞勒斯一体（Cyrus One，CONE. O）、核心站点不动产（Core Site，COR. N）和 QTS 不动产数据中心信托（QTS Realty DC REIT，QTS. N）以及新加坡的吉宝数据中心信托（Keppel DC REIT，AJBU. SG）。回溯历史业绩来看，无论是美国公司型 REITs 结构（数据中心整体上市，投资者作为股东委托管理层运营），还是新加坡的契约型 REITs（以单一资产置入 SPV 后上市，需聘请外部管理人），在上市之后均给投资者带来了丰厚的回报。根据各交易所披露数据，新加坡数据中心型 REITs 项目收益较好，美国数据中心型 REITs 2015 ~ 2020 年数据中心平均回报率为 15.2%，显著高于平均值 2.75%，其投资回报率

① 中金公司固定收益研究组．创新引领价值——详解公募基础设施 REITs［R］．2020.

高于其余类型REITs资产，回报率仅次于仓储物流地产。

REITs有助于数据中心低成本融资，支持公司扩张。目前海外公司平均债务融资成本，相比国内公司有明显优势，期待REITs落地降低数据中心融资成本。此外，REITs有利于专业化分工提升行业服务水平，部分落后产能现金流尚不稳定，REITs政策对于先进成熟数据中心项目的筛选未来有望加速数据中心行业整合，剔除落后产能，从而提高整个行业的服务水平。

5.3.6 清洁能源

《关于进一步做好基础设施领域不动产投资信托基金（REITs）试点工作的通知》对基础设施REITs试点项目范围进行扩容，新增试点的能源基础设施资产，主要包括风电、光伏发电、水力发电、天然气发电、生物质发电、核电等清洁能源项目，特高压输电项目，增量配电网、微电网、充电基础设施项目，分布式冷热电项目。新增项目资产与“碳达峰碳中和”息息相关，均是构建新型电力系统的重要组成部分，是推行基础设施REITs的重要使命之一，同时也可为基础设施REITs提供更多优质的发行标的和底层资产。

相关能源类资产与社会及居民生产生活息息相关，收入来源分散，且有政府支持，收入具有很强的经营稳定性，盈利稳定。其主要成本为折旧，不影响现金流，能够为REITs稳定的收益分配要求提供良好支持。同时此类项目存在较明显的行业特征，资产主要原始权益人主要为大型央企或地方国企，能够满足发起人资产规模的要求。与公募REITs较高的契合性，增进了两者相互促进的交集。

我国环保公用行业资产存量巨大，是基础设施REITs发行无法绕开的重要资产。截至2021年，电力、热力的生产和供应业、燃气生产和供应业、水的生产和供应业累计资产分别达到182764亿元、14126亿元、21670亿元，为基础设施REITs提供优质标的资产。①

在“碳达峰碳中和”的大背景下，光伏发电、风电为资产增长最快的电源，目前已经形成大量优质存量资产。在政策既定目标下，各类企业设定开发投资和装机目标，未来持续扩容潜力大，相应投资需求旺盛，开展基础设施REITs试点并为行业提供支持已具备较好条件。截至2021年底，风电装机2.8亿千瓦、光伏发电装机2.5亿千瓦，风电、光伏存量项目规模达2.6万亿元。②

①② 《2021年国民经济和社会发展统计公报》。

世联评估的预测结果显示，2030 年、2060 年清洁能源发电量将分别达到 5. 1 万亿千瓦时、12. 9 万亿千瓦时，由于受水电资源禀赋所限，且装机增长有限，核电积极稳步发展，清洁能源发电的快速增长将主要依赖风电、光伏。预计 2060 年风电、光伏项目投资规模将达 24 万亿元，空间巨大。

风电光伏资产拥有成熟的运营体系，运营信息化智能化程度较高，同时风电光伏设备厂商具备较强运营能力，可以接受委托集中运营资产，有利于基础设施 REITs 管理。另外，风电光伏资产清晰透明，标准化程度高，价值相对容易评估。资产价值以电费收益为基础，基准电价和补贴稳定，交易电价透明易得；优先保障消纳，上网电量有保证；资产年限 20 ~ 30 年；资产运营成本及现金流稳定可测。因而，资产价值能够准确评估，有利于基础设施 REITs 的发行定价。

“双碳” 目标下，天然气发电将展现成长属性，天然气管道、城镇燃气管网、储气调峰设施、煤改气、天然气车船、船用 LNG 加注站、天然气调峰电站、天然气热电联产、天然气分布式等项目发展将得到推动。《中国天然气发展报告（2021)》显示，截至 2021 年底，我国天然气占能源消费总量的 8. 4% ，天然气发电装机容量为 9802 万千瓦。

天然气管道运输价格采用“准许成本加合理收益” 的方法制定，投资回报稳定，具备充沛的现金流，属于优质的 REITs 标的资产。虽然，随着燃气生产和供应业资产规模扩张，燃气行业的资产证券化率也在不断提升。鉴于我国天然气利用存在较大提升空间，天然气发电和管网建设仍然存在资本开支压力，REITs 的融资模式对此类项目存在较强吸引力。

水电和核电虽然属于试点支持方向，但空间相对有限。《中国能源大数据报告（2021)》显示，截至 2020 年末，我国水电装机 3. 7 亿千瓦、核能装机 4988 万千瓦。我国水电资源丰富，但经过多年开发，大量优质资源已完成开发或已经在建设，近年装机增速有所下滑。同时大型水电作为公司核心资产被作为 REITs 底层资产意愿较低，部分中小型水电可能参与 REITs 市场的可能性更大。核电装机资产运营存在特殊性，资产装机仅由少数企业持有，因此实现基础设施 REITs 实际试点发行可能会相对滞后。

我国基础设施 REITs 试点新增领域不仅包含清洁电源类项目和资产，还包括特高压输电项目，以及增量配电网、微电网、充电基础设施项目，关注到了新型电力系统整体建设投资需求。作为新能源电力输送和消纳的依托，电网项目具有持续投资动力，智能配电网、微网的建设成为电网新一轮投资重点。

电网项目输配电电价基本可清晰核算，符合资产剥离发行基础设施REITs的要求，已成为优质的REITs的底层资产。此外，我国在特高压等大型输电网络建设中投入大量资本，资产体量巨大，项目回收周期很长，电网公司有需求通过基础设施REITs盘活大量传统电网的投资，回收资金进一步投资于增量配电网、微电网等新增需求上，从而形成良性循环，满足新型电力系统的构建。

从公司层面看，发行公募REITs有助于提升资产质量，实现价值重估。将公司基础设施资产剥离梳理，经独立整合运营提升资产经济效益，实现重新估值定价，使其更加透明和规范，进而提升市场对上市公司（即原始权益人）表内相关基础设施资产及特许经营权项目价值认可程度，从而提升公司估值。

5.3.7 保障性租赁住房

国家统计局的“七普”数据显示，2020年全国流动人口3.76亿人，相较2010年增长近70%，过去10年持续扩大的流动人口规模在推动我国经济社会高速发展的同时，也产生了相关的大城市住房困难问题。同时，我国租赁住房市场发展滞后，住房租赁人口占比约为11%，远低于发达国家30%的水平。大城市房价高，城市中低收入群体买不起、租不好房，中等收入群体背负沉重的房贷支出。

目前我国城镇化进程处于快速发展阶段，据北京大学光华管理学院智库平台预测，2035年我国城镇化率为75%左右，将有近2亿农业转移人口进入城市。城镇化的推进和流动人口规模的不断扩大，使得进城务工人员、新就业大学生等新市民、青年人的住房困难问题突出，住房问题已由总量短缺转为结构性供给不足。为切实解决此类问题，我国政府正通过以低于市场价的租金水平将保障性租赁住房出租给新市民，加快完善以公租房、保障性租赁住房和共有产权房为主体的住房保障体系，缓解住房困难问题，有助于市民扎根所在城市，为当地经济和社会发展提供源头活水。

2020年中央经济工作会议上，习近平总书记强调高度重视保障性租赁住房建设，加快完善长租房政策，并明确为2021年经济工作八项重点任务之一。2021年7月2日，《国务院办公厅关于加快发展保障性租赁住房的意见》出台，就加快发展保障性租赁住房、促进解决好大城市住房突出问题，提出了相关意见，明确了保障性租赁住房的五项基础制度（明确对象标准、引导多方参与、坚持供需匹配、严格监督管理、落实地方责任）和六方面支持政策（土地、审批、补助、税负、水电气价、金融），指出“保障性租赁住房主要解决符合条件的新市民、青年人等群体的住房困难问题，以建筑面积不超过70平方米的小户型为主，租金低于同地段同品质市场租赁住房租金”。在2021年政府工作报告中，李克强总理指出：“切实增加保障性租赁住房和共有产权住房供给”，“尽最大努力帮助新市民、青年人等缓解住房困难”。“十四五”规划和2035年远景目标纲要均明确提出：“加快培育和发展住房租赁市场，有效盘活存量住房资源，有力有序扩大城市租赁住房供给。”

我国的保障性住房主要有保障性租赁住房、公租房和共有产权房三类，其中保障性租赁住房由多主体投资、多渠道供给，面向符合条件的新市民、青年人等群体出租，主要解决其住房困难问题；公租房由政府投资建设和发放货币补贴，面向符合规定条件的城镇中等偏下收入的住房困难家庭、新进就业无房职工和在城镇稳定就业的外来务工人员出租；共有产权房是政府以让渡部分土地出让金等方式，按比例与购房个人共同拥有住房产权，主要面向住房困难群体供应，优先供应无房家庭。

保障性租赁住房与传统商品房开发最大的区别在于，保障性租赁住房是通过建成后出租的租金收入来回收成本，具有周期长、风险大、回报率偏低的特点，而商品房开发可以通过销售环节收回期初投资，实现快速回款和高周转。虽然国家在土地、审批、补助、财税、水电气价、银行贷款等方面均提供支持，但在资金回收环节，仍无法克服租赁性住房回收期过长问题。

近年来，我国大力发展保障房建设，保障性租赁住房累计存量资产规模约3万~5万亿元，2017~2019年租赁住房总面积分别为64.12亿平方米、67.33亿平方米和70.7亿平方米，2020年住房租赁市场服务人口数量已突破2亿人，住房租赁市场整体市值达2.52万亿元，这一市场规模为我国租赁住房公募REITs发展提供了大量可选择的基础资产。[①] 同时，2021年6月18日国务院常务会议确定加快发展保障性租赁住房的政策，明确租赁企业向个人出租住房减按1.5%缴纳增值税，企事业单位等向个人、规模化租赁企业出租住房减按4%征收房产税，我国不断优化的税收政策为推动保障性租赁住房REITs试点创造了有利条件。

截至2022年3月，尚未有保障性租赁住房REITs产品上市，但是近年来

① 北大光华REITs调研组．关于加快推动保障性租赁住房REITs试点的建议［Z］．2021.

各部委密集出台政策，持续推动发行保障性租赁住房 REITs 产品。2021 年 6 月 29 日，国家发展改革委发布《关于进一步做好基础设施领域不动产投资信托基金（REITs）试点工作的通知》，明确将保障性租赁住房纳入 REITs 试点范围，在拓宽 REITs 标的资产领域的同时，盘活租赁住房建设企业的资金，为保障性租赁住房的建设和发展提供了新的融资渠道。2022 年 2 月 25 日，中国银保监会、住房和城乡建设部联合发布《关于银行保险机构支持保障性租赁住房发展的指导意见》，进一步指出，支持国家开发银行、商业银行、保险机构、信托公司等各机构为保障性租赁住房提供中长期信贷、银团贷款、公司债券、非金融企业债务融资工具等多样化金融服务，鼓励银行保险机构在依法合规、风险可控的前提下，参与基础设施领域 REITs。2022 年 3 月 18 日，中国证监会发布的《深入推进公募 REITs 试点进一步促进投融资良性循环》中提到基础设施公募 REITs 下一阶段的重点工作之一就是抓紧推动保障性租赁住房公募 REITs 试点项目落地。

发行基础设施公募 REITs 能有效解决保障性租赁住房项目资本回收期过长问题，通过使优质的保障性租赁住房项目在基础设施公募 REITs 市场上市、取得权益性质的资金，投资方能够实现期初投资及相应回报的快速回收，从而有动力进行新的保障性租赁住房项目投资，实现“投资—建设—运营—上市回收资金—再投资”的良性循环。

保障性租赁住房 REITs 的发展和壮大，有助于改善中国目前以个人供给为主的市场结构，促进住房租赁市场向规模化、机构化和专业化发展。通过新建保障性租赁住房或改造现有房产，向租客提供需求适配的租赁住房，有利于解决目前住房租赁市场存在的供给结构失衡问题；同时通过提升租赁服务水平，稳定租赁关系，规范租赁市场主体行为，保障租客权益，有利于解决租住品质差、租金价格高、租期不稳定等问题。因此，发展保障性租赁住房 REITs，有助于盘活存量资产，带动增量投资，走出一条解决大城市租赁住房供给的新路子，从而成为解决大城市新市民、青年人等住房困难问题的有效途径。

5.3.8 5A 旅游景区和自然文化遗产

《关于进一步做好基础设施领域不动产投资信托基金（REITs）试点工作的通知》对公募 REITs 试点区域和试点行业进行扩容，明确将自然国家 5A 景区、文化遗产等具有较好收益的旅游基础设施列入发行范围。

此类旅游资源存量资产庞大，运营收益可观。《2021 年文化和旅游发展统计公报》显示，截至 2021 年，我国拥有 37 处文化遗产、14 处自然遗产、4 处自然文化双遗产以及 304 个 5A 级旅游景区，均属优质资产。2021 年底我国自然文化遗产、5A 级景区累计存量资产规模达到 4.65 万亿元，以 10% 的可证券化率测算，REITs 化后市场规模对应 0.47 万亿元。按照全国 PPP 旅游项目数量及投资额进行测算，预计到 2025 年我国自然文化遗产、5A 级景区预计存量资产规模将达到 8.12 万亿元，届时可 REITs 化的市场规模对应 0.81 万亿元，年均复合增速约为 11.79%。

5A 旅游景区和自然文化遗产是旅游业的中流砥柱，排除新冠肺炎疫情等极端情况，这类旅游资产的现金流十分稳健，适合作为优质资产池开放，且旅游资源的长期价值稳定。目前现存旅游类上市公司主要有张家界、中青旅、黄山旅游、峨眉山等。以张家界为例，公司主营旅游景区经营，目前经营性资产绝大部分位于张家界市，系市内最大旅游集团，旗下旅游景区包括宝峰湖（张家界核心景区，国家首批 5A 景区），旅游客运业务涉及张家界景区（国家 5A 级景区）内的环保客运、观光电车、索道服务。

5A 景区和自然文化遗产的经营模式与产业园区、公共设施有一定的相似性，即初始投资大、营收稳定、回报周期长。旅游业对投资资金需求巨大，然而政府和社会资本持续投资意愿和投资能力有限，且目前的主流融资渠道与旅游业特点不相匹配。中国股票市场总市值约 80 万亿元，是最活跃也是融资功能最强大的资本市场之一，但由于旅游业涉及的核心资源如山川名胜和历史遗迹，属于全民所有，景区门票收入不可纳入上市公司，这使得绝大多数 5A 景区和自然文化遗产不能通过上市融资。另两大主流融资渠道银行贷款和债券，也难以适配旅游业的特点。因为银行贷款和债券看重发行主体的信用，这对中小型民营企业来说，往往意味着高门槛和高融资成本。

由于旅游的事业性属性，地方政府通过国企或地方融资平台介入旅游投资，国企和地方融资平台具有足够的信用和抵押物，能获得大量低成本的贷款和发行债券，这将直接或间接推高政府债务。另外，由于资金容易获取，往往容易在政绩冲动下过度举债，导致投资低效和资源浪费。

公募 REITs 的出现，将为旅游景区的投融资打开新局面，为行业提供融资和资产变现窗口，解决旅游投资回报周期长、缺乏长期低成本资金等问题，并使广大民众参与景区投资、分享中国旅游发展的红利。此外，REITs 有助于更好地发挥市场在资源配置中的决定性作用。

第6章

基础设施公募 REITs 的资产评估

底层资产价值评估对于原始权益人 REITs 产品发行、投资人投资决策及管理人经营决策均有非常重要的影响。资产评估方法是确定资产价值的途径、手段及各种技术的方法，主要包括收益法、市场法和成本法三种基本方法及其衍生方法。资产评估方法的选择和运用是资产评估业务的重要环节，也是影响资产评估结论和资产评估报告质量的重要因素。在对基础设施项目进行资产评估时，选择恰当的评估方法，有助于避免国有资产流失，合理确定底层资产价值，防范 REITs 市场风险。

6.1 收益法

《公开募集基础设施证券投资基金运营操作指引（试行）》第十二条要求，“基金管理人和评估机构在确定基础设施项目或其可辨认资产和负债的公允价值时，应将收益法作为主要的评估方法，并选择其他分属于不同估值技术的估值方法进行校验”。因此，收益法是基础设施资产评估的最重要方法。

6.1.1 收益法的概念

收益法也称收益现值法，是指通过估算被评估资产未来预期收益并折算成现值，以此来确定被评估资产价值的一种评估方法。

运用收益法进行资产评估涉及许多经济技术参数，其中最主要的三个参数是收益额、折现率和收益期限。

1. 收益额

收益额是使用收益法评估资产价值的基本参数之一。在资产评估中，资产的收益额是指根据投资回报的原理，资产在正常情况下所能得到的归属其产权主体的所得额。对于预期收益额的确定，主要应把握以下几点。

第一，收益额是通过预测分析得到的，是资产未来预期收益额，而不是资产的历史收益额或现实收益额。在进行基础设施项目收益额预测时，不仅是看其现在的收益能力，更重要的是预测其未来的收益能力，要考虑底层资产经营的内外部环境和状况，要了解底层资产最近几年的财务状况和经营成果，要预估底层资产未来的经营状况和市场状况，还要分析国家产业政策及经济形势的发展趋势。

第二，因资产种类较多，不同种类资产的收益额表现形式也不完全相同。收益额通常表现为利润总额、净利润和净现金流量等多种指标。评估人员应根据底层资产的类型、特点以及评估目的来决定选择哪一种指标作为收益额，重要的是准确反映资产收益，并与折现率口径保持一致。

第三，用于底层资产评估的收益额通常是资产的客观收益，而不一定是资产的实际收益。

第四，收益额必须是底层资产直接形成的，完全归属底层资产所获得的收益，而非底层资产与其他资产共同获得的收益，也不应是由该项资产形成的收益分离出来的部分。

准确把握上述四点内容，在确定底层资产的收益额时才能做到准确、合理。

2. 折现率

折现率是把未来收益换算成当前收益时所用的比率，它是一种期望投资报酬率，即投资者在投资风险一定的情况下，对投资所期望的回报率。一般来说，折现率应包含无风险利率、风险报酬率和通货膨胀率。无风险利率，亦称安全利率，是指资产在一般条件下的获利水平，一般参照同期国库券利率。风险报酬率是指在风险条件下取得的报酬与资产的比率，是对风险投资的一种补偿。通货膨胀率则是指资产受宏观货币环境影响而出现的价格上涨程度。

在基础设施项目资产评估中，每一种底层资产投资，由于其使用条件、用途和行业不同，风险也不一样，因此折现率也不相同。通常，它由评估人员根据社会、行业、企业和底层资产的资产收益水平综合分析确定；而且，选择折现率时，还要注意所选收益额的计算口径应与折现率的口径保持一致。

3. 收益期限

收益期限是指资产具有获利能力持续的期间，通常以年为时间单位。它由评估人员根据底层资产自身效能和相关条件，以及有关法律、法规、契约、合同等加以测定。

6.1.2 收益法的应用前提

收益法是依据资产未来预期收益经折现来估测资产价值。如前所述，它涉及三个基本参数，即收益额、折现率、收益期限。能否清晰地把握上述三个参数是能否运用收益法的基本前提。与之对应的，应用收益法必须具备以下前提条件。

1. 被评估资产的未来预期收益额可以预测并可以用货币衡量

被评估资产的未来预期收益可以预测，这就要求底层资产与其经营收益之间存在着较为稳定的关系。与此同时，影响资产预期收益的主要因素也应比较明确，评估人员可以据此分析和测算出底层资产的预期收益额。截至2022 年 3 月已上市的 11 只 REITs 项目均拥有极为优质的底层资产，能够产生稳定的现金流，因此满足了使用收益法的前提条件之一。

2. 资产拥有者获得预期收益所承担的风险也可以预测并可以用货币衡量

收益相同的两个底层资产，可能因其行业风险、地区风险及企业风险不同而存在巨大差别。底层资产所处的行业、地区和企业不同都会不同程度地体现在资产拥有者的获利风险上。在收益相同的情况下，理性人倾向选择风险低的资产。对于投资者来说，风险大的投资，要求的回报率就高，投资风险小的，其回报率也可以相应降低，不同风险的收益需要使用不同的折现率来计算现值。REITs 项目的底层资产面临的风险较为明确。以产业园区为例，政策风险处于众多经营风险的首位，产业园区如果不握紧政策的风向标，很可能被市场淘汰。

3. 被评估资产预期获利期限可以预测

底层资产应具备可预测的收益期限。在实践中，我们通常认为收益期限近似等于底层资产的预计使用寿命，明确了这一时间范围，使用收益法时才可以在这个时间跨度内折现。因此，底层资产存在可测度的收益期限，也是使用收益法开展基础设施项目资产评估工作的重要一环。截至 2022 年 3 月已上市的 11 只 REITs 的底层资产收益期限十分清晰。例如，高速公路和污染治理等特许经营类资产的收益期限是由特许经营期限决定的。

6.1.3 收益法的基本步骤

收益法的步骤包括以下几点：

第一，收集并验证与被评估资产未来预期收益有关的数据资料，包括经营前景、财务状况、市场形势以及经营风险等；

第二，分析测算被评估对象的未来预期收益额；

第三，分析测算折现率；

第四，分析测算被评估资产预期收益持续的时间；

第五，用折现率将被评估资产的未来预期收益折算成现值；

第六，分析确定评估结果。

6.1.4 收益法中的主要技术方法

收益法实际上是在预期收益额还原思路下若干具体方法的集合。收益法中的具体方法可以分为若干类：（1）针对被评估资产未来预期收益有无限期的情形划分，可分为有限期和无限期的评估方法；（2）针对评估对象预期收益额的情形划分，又可分为等额收益评估方法、非等额收益评估方法等。为了便于学习收益法中的具体方法，下面先对这些具体方法中所用的字符含义做统一的定义。

P：评估值；

i：年序号；

P_n：未来第 n 年的预计变现值；

R_i：未来第 i 年的预期收益；

r：折现率或资本化率；

n：收益期限；

t：年份；

A：年金。

1. 净收益不变

（1）在收益永续、各因素不变的条件下，其计算公式为

$$P = \frac{A}{r}$$

其成立条件是：①净收益每年不变；②折现率固定且大于 0；③收益年限无限。

（2）在收益年期有限，折现率大于 0 的条件下，其计算公式为

$$P = \frac{A}{r}\left[1 - \frac{1}{(1+r)^n}\right]$$

这是一个在评估实务中经常运用的计算公式。其成立条件是：①净收益每年不变；②折现率固定且大于 0；③收益年期有限为 n。

（3）在收益年期有限，折现率等于 0 的条件下，其计算公式为

$$P = A \times n$$

其成立条件是：①净收益每年不变；②收益年期有限为 n；③折现率为 0。

2. 净收益在若干年后保持不变

（1）无限年期收益。其基本公式为

$$P = \sum_{i=1}^{t} \frac{R_i}{(1+r)^i} + \frac{A}{r(1+r)^t}$$

其成立条件是：①净收益在 t 年（含第 t 年）以前有变化；②净收益在 t 年（不含第 t 年）以后保持不变；③收益年期无限；④$r>0$。

（2）有限年期收益。其计算公式为

$$P = \sum_{i=1}^{t} \frac{R_i}{(1+r)^i} + \frac{A}{r(1+r)^t}\left[1 - \frac{1}{(1+r)^{n-t}}\right]$$

其成立条件是：①净收益在 t 年（含第 t 年）以前有变化；②净收益在 t 年（不含第 t 年）以后保持不变；③收益年期有限为 n；④$r>0$。

这里需要注意的是，净收益 A 的收益年期是 $n-t$ 而不是 n。

3. 净收益按等差级数变化

（1）在净收益按等差级数递增，收益年期无限的条件下，其计算公式为

$$P = \frac{A}{r} + \frac{B}{r^2}$$

其成立条件是：①净收益按等差级数递增；②净收益逐年递增额为 B；③收益年期无限；④r 大于 0。

（2）在净收益按等差级数递增，收益年期有限的条件下，其计算公式为

$$P = \left(\frac{A}{r} + \frac{B}{r^2}\right)\left[1 - \frac{1}{(1+r)^n}\right] - \frac{B}{r} \times \frac{n}{(1+r)^n}$$

其成立条件是：①净收益按等差级数递增；②净收益逐年递增额为 B；③收益年期有限为 n；④$r>0$。

（3）在净收益按等差级数递减，收益年期无限的条件下，其计算公式为

$$P = \frac{A}{r} - \frac{B}{r^2}$$

其成立条件是：①净收益按等差级数递减；②净收益逐年递减额为 B；③收益年期无限；④$r>0$；⑤收益递减到 0 为止[①]。

（4）在净收益按等差级数递减，收益年期有限的条件下，其计算公式为

$$P = \left(\frac{A}{r} - \frac{B}{r^2}\right)\left[1 - \frac{1}{(1+r)^n}\right] + \frac{B}{r} \times \frac{n}{(1+r)^n}$$

---

① 该数学计算公式是成立的，但完全套用于资产评估是不合适的。因为资产产权主体会根据替代原则，在资产收益递减为 0 之前停止使用该资产或变现资产，不会无限制地永续使用下去。

其成立条件是：①净收益按等差级数递减；②净收益逐年递减额为 B；③收益年期有限为 n；④$r>0$。

4. 净收益按等比级数变化

（1）在净收益按等比级数递增，收益年期无限的条件下，其计算公式为

$$P=\frac{A}{r-s}$$

其成立条件是：①净收益按等比级数递增；②净收益逐年递增比率为 s；③收益年期无限；④$r>0$；⑤$r>s>0$。

（2）在净收益按等比级数递增，收益年期有限的条件下，其计算公式为

$$P=\frac{A}{r-s}\left[1-\left(\frac{1+s}{1+r}\right)^n\right]$$

其成立条件是：①净收益按等比级数递增；②净收益逐年递增比率为 s；③收益年期有限；④$r>0$；⑤$r>s>0$。

（3）在净收益按等比级数递减，收益年期无限的条件下，其计算公式为

$$P=\frac{A}{r+s}$$

其成立条件是：①净收益按等比级数递减；②净收益逐年递减比率为 s；③收益年期无限；④$r>0$；⑤$r>s>0$。

（4）在净收益按等比级数递减，收益年期有限的条件下，其计算公式为

$$P=\frac{A}{r+s}\left[1-\left(\frac{1-s}{1+r}\right)^n\right]$$

其成立条件是：①净收益按等比级数递减；②净收益逐年递减比率为 s；③收益年期有限为 n；④$r>0$；⑤$0<s\leqslant 1$。

5. 已知未来若干年后资产价格

其计算公式为

$$P=\frac{A}{r}\left[1-\frac{1}{(1+r)^n}\right]+\frac{P_n}{(1+r)^n}$$

其成立条件是：①净收益在第 n 年（含 n 年）前保持不变；②预知资产在第 n 年的价格为 P_n；③$r>0$。

6. 资产未来收益有期限，且不等值

其计算公式为

$$P = \sum_{i=1}^{n} \frac{R_i}{(1+r)^i}$$

其成立条件是：①每年预期收益不等额；②预期收益有期限 n；③r 大于 0 且固定。

采用收益法对 REITs 进行估值，需要特别关注以下事项：一是预测未来现金流时，需要以项目合同为基础。除了考虑宏观和区域经济因素、所在行业现状及发展前景的影响，还需要关注项目合同中约定的违约条款、赔偿条款、担保条款、提前终止条款对净现金流的影响。二是折现率的确定，需要基于未来净现金流的不确定程度，并考虑项目合同、风险分配方案、评估基准日的利率水平、市场投资收益率以及所在行业、被评估单位的特定风险等因素的影响。三是项目的收益期通常是有限的。对最后一期的净现金流进行预测，需要考虑项目合同的移交约定、可收回的营运资金、未偿还的借款以及移交过程中的成本费用等因素的影响。对于项目公司或项目中可使用期限或者经济寿命长于收益期限且无须移交或有偿移交的资产，将此类资产在收益期结束时的价值纳入最后一期的净现金流之中。

6.1.5 收益法在基础设施公募 REITs 估值中的应用

按照国家发展改革委最新 REITs 项目申报要求，基础设施项目要求具有成熟稳定、运营时间原则上不低于 3 年和项目现金流投资回报良好等条件。基础设施资产比较适合于收益法估值，目前前两批 REITs 均采用了收益法进行资产估值。

公募 REITs 估值的核心在于基础设施底层资产的估值，而基础设施底层资产估值的核心则在于收益法下具体细分估值模式的选择、每年预期收入增长率等相关估值参数是否相对合理、内部收益率的计算以及收益期限的确定。

1. 收益法具体估值细分方法的选择

根据我国前两批 REITs 试点，我们可以初步把目前 REITs 项目底层资产

区分为特许经营权（即收费型基础设施）和不动产经营（即租赁型基础设施）两大类型。

收费型基础设施主要包括收费公路等交通设施、水电气热等市政设施、城镇污水等垃圾处理、固废危废处理。对于收费型的公募 REITs，所参考的评估准则主要包含财政部印发的《资产评估基本准则》以及中国资产评估协会印发的各项资产评估准则，包括但不限于《资产评估职业道德准则》《资产评估执业准则——资产评估方法》《资产评估执业准则——不动产》《资产评估执业准则——无形资产》等，具体可采用全剩余寿命周期模式收益法进行估值。

租赁型基础设施（主要包括仓储物流、产业园区、数据中心），估价时可参考住建部印发的 GB/T 50291—2015《房地产估价规范》及 GB/T 50899—2013《房地产估价基本术语标准》等行业准则，此外还可依据中国房地产估价师与房地产经纪人学会于 2015 年 9 月发布的《房地产投资信托基金物业评估指引（试行）》开展尽职调查工作，可考虑采用持有加转售模式收益法进行估值测算。

总结来说，基础设施底层资产有差异，选择具体估值细分方法也有部分差异，特殊经营权 REITs 项目底层资产均是采用了全剩余寿命模式收益法进行估值测算；而产权类 REITs 项目底层资产则大都采用了持有加转售模式收益法进行估值测算。

（1）全剩余寿命周期模式收益法。特许经营权 REITs 是通过特许经营权获取现金流，在会计处理方式上，特许经营权每年计提折旧，计入营业成本，净利润较其实际现金流大幅减少；无形资产随时间递减直至残值为 0 或 5%。基金的期限即为特许经营权的剩余期限，到期时特许经营权不续。类特许经营权（如垃圾处理项目）多是 0 元回购，所以此类公募 REITs 到期无剩余价值，且资产几乎不存在增值的可能，针对此类公募 REITs，目前大都采用全剩余寿命周期模式进行估值，其具体计算公式为

$$p = \sum_{i=1}^{n} \frac{CF_i}{(1+r)^i}$$

其中，p 为当前资产价格，n 为资产使用期限，CF_i 为第 i 年产生的净现金收入，r 为折现率（内部收益率）。对特许经营权项目来说，n 为特许经营权到期年限，能够具体确定，且项目到期后资产价值为零，符合上述计算公式适

用条件。前两批 REITs 中采用全剩余寿命周期模式收益法估值如表 6－1 所示。

表 6－1 采用全剩余寿命周期模式收益法估值的 REITs 项目

项目	预期收入增长率	折现率（%）	全剩余寿命周期（年）
浙商沪杭甬	年平均增长 4.4%	8.31	9
首钢绿能	未披露	未披露	21
华安张江光大	年平均增长 3%	6	35
广州广河	年平均增长 6.5%	8	15.96
富国首创水务	未披露	未披露	13
华夏越秀	未披露	6.8	15

（2）持有加转售模式收益法。底层为不动产项目的公募 REITs，其经营模式是出租并管理不动产获得租金和物业管理费，会计处理上是计入不动产投资性房地产科目，以公允价值入账，每年随评估价值的增减变动，变化部分计入公允价值变动进入利润表，但也有以成本法入账的项目，每年计提折旧。此类公募 REITs 大都采用持有加转售模式收益法进行估值测算。具体计算公式为

$$p = \sum_{i=1}^{n} \frac{CF_i}{(1+r)^i} + \frac{p_t}{(1+r)^t}$$

其中，t 为持有期，一般选择 10 年，p_t 为 t 期末转售价格，售价依据第 $t+1$ 年预测的现金流收入按照适当折现率计算得到，也称为直接资本化法，计算公式为

$$p_t = \frac{CF_{t+1}}{R}$$

其中，R 为资本化率，是直接将资产未来预期收益转换为价值的比率。最常见的 R 的计算方法是租售比价，通过参考市场上同类型资产的租售比价来确定 R 的具体数值。在前两批 REITs 业务中，采用持有加转售模式收益法进行估值测算的产品主要有 5 只（见表 6－2）。

表6-2　　采用持有加转售模式收益法估值的REITs项目

项目	预期收入增长率	折现率(%)	持有期限(年)
中金普洛斯	一线城市的未来是10年增长率5%，剩余期限为4%；二线城市未来10年增长率为4%，剩余期限为3%	7.5~8.5	10
东吴苏园产业	未来10年3%~5%，剩余期限2%	6.5	10
盐港	未来10年3%	7	10
蛇口产园	未来10年3%~4%	6	10
建信中关村	最初两年不增长，3~10年增长率为3%，剩余期限为2.5%	6	42.17

全剩余寿命周期模式和持有加转售模式与本节第六部分收益法中的主要技术方法中介绍的第六种情形“资产未来收益有期限，且不等值”原理相同。

2. 收益法下三个主要参数的确定

在确定收益额时，应结合底层资产特点，着重关注现有收入水平（以充分了解已签约租金水平或收费水平）、未来收入水平（合理判断续约租金水平或未来市场化收费水平）、预期增长率（合理审慎地估计未来经营期内收入增长率）、运营成本及运营净收益（全面考虑未来经营期内各项费用或资本性支出）。根据不同的评估价值目标，用于资产评估的收益额有不同的口径，例如利润总额（税前）、净利润（税后）、息税前收益（税前）和息税后收益（税后）、自由现金流等。前两批REITs结合实际情况确定的预期收入增长率详见表6-1和表6-2，主要收益来源如表6-3所示。

表6-3　　REITs项目主要收益来源

项目简称	资产类型	类别	底层资产	主要收益来源
博时蛇口产园REIT	产业园	产权类	万融大厦、万海大厦	租金、基础设施管理及服务收入、不动产增值
平安广州广河REIT	高速公路	特许经营权	广河高速广州段	高速通行费
红土盐田港REIT	仓储物流	产权类	深圳盐田区物流中心	租金、管理费、不动产增值
中航首钢绿能REIT	污染治理	特许经营权	首钢生物质、残渣暂存物等	垃圾处理服务费、发电收入及餐厨垃圾收运、处置费

续表

项目简称	资产类型	类别	底层资产	主要收益来源
华安张江光大 REIT	产业园	产权类	张江光大产业园	租赁及物业管理费收入、不动产增值
浙商沪杭甬 REIT	高速公路	特许经营权	沪杭甬高速浙江段	高速通行费
富国首创水务 REIT	污染治理	特许经营权	合肥深圳污水净化项目	污水处理业务收入
东吴苏园产业 REIT	产业园	产权类	国际科技园五期 B 区	租金、物业费、停车费、不动产增值
中金普洛斯 REIT	仓储物流	产权类	普洛斯物流园	租金、管理费收入、不动产增值
华夏越秀高速 REIT	高速公路	特许经营权	汉孝高速（主路线和机场北连接线）	高速通行费
建信中关村 REIT	产业园	产权类	互联网创新中心 5 号楼、协同中心 4 号楼、孵化加速器	租金、物业费、不动产增值

在确定折现率时，须论证折现率取值依据和合理性。前两批 REITs 采用收益法进行估值，折现率基本上位于 6.0%～8.5%。全剩余寿命周期估值过程中折现率的选取一般可采用资本资产定价模型（CAPM）、加权平均资本成本（WACC）及风险累加法计算；持有加转售模式收益法进行估值测算，折现率一般可采用市场提取法、累加法及投资报酬率排序倒插法加以确定。前两批 REITs 结合实际情况确定的折现率见表 6－1 和表 6－2。

在实操估值过程中，对于收益期限的评估，应结合 REITs 项目特点着重关注剩余土地使用权或经营权剩余期限。预测采用的收益年期一般要根据资产截至评估基准日的剩余可经营年限确定，在此之前应结合项目类型查询相应存续经营年限，并结合项目具体情况计算剩余年限。通常情况下，高速公路、产业园等项目的经营年限如表 6－4 所示，前两批 REITs 项目确定的收益年限见表 6－1 和表 6－2。

表 6-4　传统基础设施项目经营年限

项目类型	年限决定因素	经营年限
收费公路等基础设施	特许经营协议约定时间	一般为 10 ~ 30 年
水电气热等市政工程	特许经营协议约定时间/土地年限或主体设备年限	一般为 10 ~ 50 年
城镇污水垃圾处理	特许经营协议约定时间	一般为 10 ~ 30 年
固废危废处理等污染治理项目	特许经营协议约定时间	一般为 10 ~ 30 年
仓储物流、产业园、数据中心	土地使用权年限	一般为 50 年

6.1.6 收益法的适用范围与优缺点

1. 适用范围

目前该类方法是监管机构对于公募 REITs 项目评估推荐的最主要的评估方法。

在单项资产评估中，收益法通常被用于以下类型资产的评估：(1) 无形资产。包括专利及专有技术、商标、著作权、客户关系、特许经营权等。(2) 房地产。通常是具有收益性的房产类别，如商铺、酒店、写字楼等。(3) 机器设备。一般情形下，单台机器设备很难独立产生收益，因此该类型资产不宜采用收益法进行评估。对于可出租的机器设备或可独立产生现金流的生产线、成套设备，可以采用收益法进行评估。(4) 其他资产。如非上市交易的股票、债券、长期应收款、长期股权投资等。

收益法在整体资产评估中的应用通常是对企业价值进行评估。企业经营的本质是获得收益，因此，收益法与其他评估方法相比更能体现企业存在和运营的本质特征，也是其价值更为直观的体现。收益法较为真实和准确地体现了企业的资本化价值，也能够为所有者或者潜在投资者提供较为合理的预期，有助于投资决策的正确性，因此，容易被买卖双方接受。对于企业价值评估尤其是轻资产类型的企业价值评估，收益法通常具有很强的适用性。与传统生产性企业相比，轻资产企业所拥有的固定资产、有形资产较少，其获利的主要来源是无法体现在企业财务报表中的大量无形资产。因而，如果采用其他方法对其进行评估，则其作为盈利主体而具有的价值可能无法全面体现出来，企业价值或被严重低估。在此状况下，收益法就成为更合理的方法。

总结来说，收益法主要适用于能独立计算收益额的单项资产的评估或企业价值评估。同时应注意，运用收益法评估资产价值时，是以资产投入使用后连续获利为基础的。资产作为特殊商品，在现实买卖中，人们购买的目的往往并不在于资产本身，而是资产的获利能力。如果在资产上进行投资不是为了获利，进行投资后没有预期收益或预期收益很少而且又很不稳定，则不能采用收益法。

收益法是监管对于公募 REITs 项目评估推荐的最主要的评估方法。原因在于 REITs 的底层资产一般为能独立计算收益额的单项优质资产，能够产生稳定的预期未来收益，这满足了使用收益法的最重要的条件。

2. 收益法的优点

收益法的优点包括以下几点：

第一，较适宜于那些形成资产的成本费用与其获利能力不对称，成本费用无法或难以准确计算，存在无形价值以及具有收益能力的资产。例如，企业价值、无形资产、资源性资产等的价值评估。

第二，收益法从本质上体现了企业作为经营主体的存在目的，并且考虑了资本未来收益和货币的时间价值，较为真实和准确地体现了企业的资本化价值，能够为所有者或潜在投资者提供较为合理的预期，有助于投资决策的正确性，因而容易被买卖双方接受。

第三，能够解决重置成本和市场法所不能解决的问题。

第四，比较全面反映了资产的正常使用收益，符合国际惯例。

3. 收益法的缺点

收益法的缺点包括以下几点：

第一，对于没有独立收益能力、没有连续性收益、收益达不到一定水平、收益无法用货币计量或风险报酬率无法计算的资产，该方法将无法使用。

第二，收益法的操作含有较大成分的主观性，受未来不可预见因素的影响，准确确定预期收益额、折现率、收益年限难度大，从而使评估结果较难把握，所以在评估中适用范围较小，一般适用于企业整体资产和可预测未来收益的单项资产评估。

第三，收益法的运用也需要一定的市场条件，否则一些数据的选取就会存在困难。

第四，虽然从理论上讲收益法的计算公式较完美，但是如果所使用的假设条件和基于假设条件选取的数据存在问题，那么由此进行的预测也不可能准确，评估结果也就没有意义。它既需要评估专业人员具有科学的态度，又需要其掌握预测收益和确定风险报酬率的正确方法。

6.2 市场法

6.2.1 市场法的概念

市场法也称现行市价法、市场比较法，是指通过将被评估资产与可比参照物进行比较，以可比参照物的市场价格为基础确定被评估资产价值的一种评估方法。《国有资产评估管理办法施行细则》第四十条规定，现行市价法是指“通过市场调查，选择一个或几个与评估对象相同或相似的资产作为比较对象，分析比较对象的成交价格和交易条件，进行对比调整，估算出资产价值的方法”。

市场法的理论基础是替代原理，采用比较或类比的思路及方法估测资产价值的评估技术方法。因为任何一个正常的投资者在购置某项资产时，所愿意支付的价格不会高于市场上具有相同效用的替代品的现行市价。在我国，随着社会主义市场经济的建立和完善，为市场法提供了巨大的应用空间，市场法日益成为一种重要的资产评估方法。

6.2.2 市场法的应用前提

市场法的应用需要两个基本前提：一是要有一个活跃的公开市场；二是公开市场上要有可参照的资产及其交易活动。公开的市场是指一个充分竞争的市场，市场上有自愿的买者和卖者，在交易信息充分交换或者交易信息公开的前提下，买卖双方进行平等交易，排除了个别交易的偶然性，市场成交价格基本上可以反映市场行情。在公开市场中的交易行为越活跃，与被评估资产相同或相类似的资产价格越容易获得，按市场行情估测被评估资产价值，评估结果会更贴近市场，更容易被资产交易各方接受。

由于我国基础设施类资产在公开交易市场的交易案例数量很少，很难找到足够数量的可比参照物，也就是说基础设施类资产不满足使用市场法的前提条件。因此实际操作中对于传统基础设施资产很少采用该评估方法进行估值，但可以将其作为一种辅助方法对收益法的评估结果进行校验。

6.2.3 市场法的基本步骤

1. 选择参照物

不论被评估资产是单项资产还是整体资产，运用市场法评估时都首先需要选择参照物。对参照物的选取关键是资产的可比性问题，包括功能、市场条件及成交时间等。另外，与被评估资产相同或相类似的参照物越多，越能够充分和全面反映资产的市场价值。按市场行情估测被评估资产价值，评估结果会更贴近市场。运用市场法评估资产价值时，参照物成交价高低会影响被评估资产的评估值。而参照物成交价又不仅仅是参照物自身功能的市场表现，它还受买卖双方交易地位、交易动机、交易时限等因素的影响。为了避免某个参照物个别交易中的特殊因素和偶然因素对成交价及评估值的影响，运用市场法评估资产时应尽可能选择多个参照物。

2. 在被评估资产与参照物之间选择比较因素

宏观来看，影响资产价值的基本因素大致相同，如资产性质、市场条件等。但具体到每一种资产时，影响资产价值的因素又各有侧重。如影响房地产价值的主要是地理位置因素，而技术水平则在机器设备评估中起主导作用。所以，应根据不同种类资产价值形成的特点，选择对资产价值形成影响较大的因素作为对比指标，在参照物与被评估资产之间进行比较。

3. 指标对比和量化差异

根据前面所选定的对比指标，在参照物及被评估资产之间进行比较，并将两者的差异进行量化。例如，在不动产评估中要求参照物与被评估资产应在同一供需圈内、处于相同区域或近邻地区等，但其交易情形、交易时间、建筑特征等方面可能存在差异。运用市场法的一个重要环节就是将参照物与被评估资产对比指标之间的上述差异数量化和货币化。

4. 在各参照物成交价格的基础上调整已经量化的对比指标差异

市场法是以参照物的成交价格作为评定估算被评估资产价值的基础。在这个基础上将已经量化的参照物与被评估资产对比指标差异进行调增或调减，就可以得到以每个参照物为基础的被评估资产的初步评估结果。初步评估结果与所选择的参照物个数密切相关。

5. 综合分析确定评估结果

运用市场法评估资产时应尽可能选择多个参照物，如果选择多个参照物，对参照物进行指标对比和差异量化后，对应各参照物会形成多个初步评估结果。但是对于一项资产，通常应以一个结果来进行表示，最终的评估结果为一个确定数值，因此最终的评估值有赖于评估专业人员对若干评估初步结果进行综合分析。确定最终的评估值，主要取决于评估专业人员对参照物的把握和对被评估资产的认识。如果参照物与被评估资产可比性都很好，评估过程中没有明显的遗漏或疏忽，评估专业人员可以采用算术平均法或加权平均法等方法将初步结果转换成最终评估结果。

采用市场法对 REITs 进行评估，主要关注评估案例和交易案例的可比性。在选择可比交易案例及价值比率调整过程中，需要特别关注评估对象与可比交易案例在基础设施项目合同的约定、项目公司协议与章程的规定、风险分配方案、合作期等方面存在的差异以及可能产生的影响。

6.2.4 市场法常用的具体评估方法

市场法中的具体方法可以根据不同的划分标准进行分类。按照参照物与被评估资产的相近相似程度，市场法中的具体方法可以分为直接比较法和间接比较法两大类。

直接比较法是指利用参照物的交易价格，以被评估资产的某一或若干特征与参照物的同一及若干特征直接进行比较，得到两者的特征修正系数或特征差额，在参照物交易价格的基础上进行修正从而得到被评估资产价值的方法。

直接比较法直观简洁、便于操作，但通常对参照物与被评估资产之间的可比性要求较高。参照物与被评估资产要达到相同或基本相同的程度，或参照物与被评估资产的差异主要体现在某几项明显的因素上，例如新旧程度、交易时间、功能、交易条件等。根据存在差异因素的不同，直接比较法的具体技术方法也不相同。

间接比较法是利用资产的国家标准、行业标准或市场标准（标准可以是综合标准，也可以是分项标准）作为基准，分别将被评估资产和参照物整体或分项对比打分，从而得到被评估资产和参照物各自的分值。再利用参照物的市场交易价格以及被评估资产的分值与参照物的分值的比值（系数）求得被评估资产价值的一类评估方法。该方法并不要求参照物与被评估资产必须一样或者基本一样。只要参照物与被评估资产在大的方面基本相同或相似，通过被评估资产和参照物与国家、行业或市场标准的对比分析，掌握参照物与被评估资产之间的差异，在参照物成交价格的基础上调整就可以估算被评估资产的价值。

由于间接比较法需要利用国家、行业或市场标准，应用起来有较多的局限，在资产评估实践中应用并不广泛。本节重点介绍直接比较法的具体方法。

1. 现行市价法

当被评估资产本身具有现行市场价格或与被评估资产基本相同的参照物具有现行市场价格的时候，可以直接利用被评估资产或参照物在评估基准日的现行市场价格作为被评估资产的评估价值。例如，可上市流通的股票和债券可按其在评估基准日的收盘价作为评估价值，批量生产的设备、汽车等可按同品牌、同型号、同规格、同厂家、同批量的设备、汽车等的现行市场价格作为评估价值。

2. 市价折扣法

市价折扣法是以参照物成交价格为基础，考虑到被评估资产在销售条件、销售时限等方面的不利因素，凭评估人员的经验或有关部门的规定，设定一个价格折扣率来估算被评估资产价值的方法。其计算公式为

$$资产评估价值 = 参照物成交价格 \times (1 - 价格折扣率)$$

此方法一般只适用于评估对象与参照物之间仅存在交易条件方面差异的情况。

3. 功能价值类比法

功能价值类比法以参照物的成交价格为基础，考虑参照物与被评估资产之间的功能差异，以此来估算被评估资产价值的方法。换句话说，功能指的是生产能力，生产能力越大，则价值就越大。

根据资产的功能与其价值之间的关系可分为线性关系和指数关系两种情况。

（1）资产价值与其功能呈线性关系的情况，通常被称作生产能力比例法。其计算公式为

$$\text{被评估资产评估价值} = \text{参照物成交价格} \times \frac{\text{被评估资产生产能力}}{\text{参照物生产能力}}$$

（2）资产价值与其功能呈指数关系的情况，通常被称作规模经济效益指数法。其计算公式为

$$\text{被评估资产评估价值} = \text{参照物成交价格} \times \left[\frac{\text{被评估资产生产能力}}{\text{参照物生产能力}}\right]^x$$

4. 价格指数法

价格指数法（亦称物价指数法）是基于参照物的成交时间与被评估资产的评估基准日之间的时间间隔引起的价格变动对资产价值的影响，以参照物成交价格为基础，利用价格变动指数（或价格指数）调整参照物成交价，从而得到被评估资产价值的方法。其计算公式如下：

（1）资产评估价值 = 参照物成交价格 ×（1 + 价格变动指数）

① 运用定基价格变动指数修正。如果能够获得参照物和被评估资产的定基价格变动指数，价格指数法的公式为

$$\text{资产评估价值} = \text{参照物资产交易价格} \times \frac{1 + \text{评估基准日资产定基价格变动指数}}{1 + \text{参照物交易日资产定基价格变动指数}}$$

② 运用环比价格变动指数修正。如果能够获得参照物和被评估资产的环比价格变动指数，价格指数法的公式为

$$\text{资产评估价值} = \text{参照物成交价格} \times \Pi[\text{参照物交易日至评估基准日各期}(1 + \text{环比价格变动指数})]$$

（2）资产评估价值 = 参照物成交价格 × 价格指数

① 运用定基指数修正。如果能够获得参照物和被评估资产的定基价格指数，价格指数法的数学式可以概括为

$$资产评估价值 = 参照物资产交易价格 \times \frac{评估基准日资产定基价格指数}{参照物交易日资产定基价格指数}$$

② 运用环比指数修正。如果能够获得参照物和被评估资产的环比价格指数，价格指数法的数学式可以概括为

$$\begin{matrix}资产评估\\价值\end{matrix} = \begin{matrix}参照物交易\\价格\end{matrix} \times \begin{matrix}参照物交易日至评估基准日\\各期环比价格指数乘积\end{matrix}$$

价格指数法一般只运用于被评估资产与参照物之间仅有时间因素存在差异的情形，且时间差异不能过长。

5. 成新率价格调整法

成新率价格调整法是以参照物的成交价格为基础，考虑参照物与被评估资产新旧程度上的差异，通过成新率调整估算出被评估资产的价值。其计算公式为

$$资产评估价值 = 参照物成交价格 \times \frac{评估对象成新率}{参照物成新率}$$

其中，

$$资产的成新率 = \frac{资产的尚可使用年限}{资产的已使用年限 + 资产的尚可使用年限} \times 100\%$$

此方法一般只运用于被评估资产与参照物之间仅有成新程度差异的情形。当然，此方法略加改造也可以作为计算被评估资产与参照物成新程度差异调整率和差异调整值的方法。

6. 市场售价类比法

市场售价类比法是以参照物的成交价格为基础，考虑参照物与被评估资产在功能、市场条件和销售时间等方面的差异，通过对比分析和量化差异，调整估算出被评估资产价值的一种方法。其计算公式为

$$资产评估价值 = 参照物售价 + 功能差异值 + 时间差异值 + \cdots + 交易情形差异值$$

或

$$资产评估价值=参照物售价\times功能价值修正系数\times交易时间修正系数\times\cdots\times交易情形修正系数$$

当参照物与被评估资产的差异不仅仅体现在某一特征上的时候，上述评估方法，如现行市价法、市价折扣法、功能价值类比法、价格指数法和成新率价格调整法等的运用就可以演变成参照物与被评估资产各个特征修正系数的计算，如交易情形修正系数$\left(\frac{正常交易情形}{参照物交易情形}\right)$、功能价值修正系数$\left(\frac{评估对象生产能力}{参照物生产能力}\right)$、交易时间修正系数$\left(\frac{评估对象的定基价格指数}{参照物的定基价格指数}\right)$等。

7. 价值比率法

价值比率法，是指利用参照物的市场交易价格，其与交易某一经济参数或经济指标相比较形成的价值比率作为乘数或倍数，乘以被评估资产的同一类经济参数或经济指标，从而得到被评估资产价值的一种具体评估方法。

下面介绍两种简单的价值比率及其相应的具体评估方法。

（1）成本市价法。成本市价法是以被评估资产的现行合理成本为基础，利用参照物的成本市价比率来估算被评估资产价值的方法。其计算公式为

$$资产评估价值=参照物成交价\times\frac{被评估资产现行合理成本}{参照物现行合理成本}$$

（2）市盈率倍数法。市盈率倍数法主要适用于企业价值的评估。市盈率倍数法是以参照物（企业）的市盈率作为乘数（倍数），以此乘数与被评估企业相同口径的收益额相乘估算被评估企业价值的方法。其计算公式为

$$企业评估价值=被评估企业相同口径收益额\times参照物(企业)市盈率$$

直接比较法具有适用性强、应用广泛的特点。虽然比较直观、简单明了，但此方法强调参照对象与被评估资产之间的可比性。影响评估对象价值的因素较多，如可能同时有时间因素、价格因素、功能因素、交易条件等因素存在。另外，该法对信息资料的数量和质量要求较高，而且要求评估专业人员要有较丰富的评估经验、市场阅历和评估技巧。因为，直接比较法可能要对参照物与被评估资产的若干可比因素进行对比分析和差异调整。没有足够的数据资料以及对资产功能、市场行情的充分了解和把握，很难准确地评定估算出评估对象的价值。当然，上述具体方法只是市场法中一些经常使用的方

法，市场法中的具体方法还有许多，在此不一一赘述。

6.2.5 市场法的适用范围与优缺点

1. 市场法的适用范围

市场法通常被用于评估具有活跃公开市场且具有可比成交案例的资产。例如二手机器设备和房地产以及部分软件著作权等。通常二手设备市场可以成为机器设备评估的重要参照物选取市场；房地产评估则更多地选取其所在区域范围内的类似资产。

市场法被用于评估整体资产价值时，通常是用来评估企业价值。其中，最常用的是价值比率法，以参照企业的价值比率作为调整手段，以此比率与被评估企业的相关财务指标（如利润、息税前利润、销售收入）相乘估算被评估企业价值。除了经常使用的市盈率外，用来评估企业价值的乘数还有很多种类。在实务中，评估专业人员通常根据被评估企业自身和所在行业特征综合判断采用一种或几种价值比率进行评估。

由于市场法通常被用于评估具有活跃公开市场且具有可比成交案例的资产，而公开交易市场关于基础设施类资产可比交易案例数量较少，项目资产同质性较弱，实际操作中对于传统基础设施资产较少采用该评估方法进行估值，但保障性租赁住房公募 REITs 的资产评估，市场法则是比较适用的方法。

2. 市场法的优点

第一，如果不存在资产的成本和效用以及市场对其价值的认知严重偏离的情形下，市场法通常是三种方法中较为有效、可理解、客观的方法。

第二，市场法是国际公认的资产评估三大基本方法之一，直观明了，人们对其基本原理与概念较易理解和掌握，便于在评估实务中推广。

第三，市场法充分考虑了现时市场的变化因素，符合实际情况。

第四，市场法能够客观反映资产目前的市场情况，具有相对较强的客观性，其评估的参数、指标可直接从市场获得，评估值更能反映市场现实价格，比较容易被交易双方所理解和接受。

3. 市场法的缺点

一是使用前提严格，运用市场法评估资产价值必须具备一个公平、活跃的交易市场，这使得该方法的运用受到一定的局限。正因适用范围有限，该方法不适用于专用设备、机器、大部分无形资产以及一些受到地区、环境等因素严格限制的资产的评估。

二是有时缺少可对比数据及资料而难以应用。另外，确定比较项目的差异难度较大，在很多情况下难以用数学公式进行量化，往往要靠评估人员的经验判断，从而影响评估结果的准确性。

6.3 成本法

6.3.1 成本法的概念

1. 含义

成本法，也称重置成本法或重置价值法，是指从待评估资产在评估基准日的复原重置成本或更新重置成本中，扣减其各项损耗价值来确定被评估资产价值的方法。由于被评估资产的再取得成本的有关数据和信息来源较广泛，并且资产重置成本与资产的现行市价及收益现值也存在着内在联系和替代关系，因此，成本法也是一种被广泛应用的评估方法。

2. 基本思路

成本法的基本思路是重新建造或购置被评估资产的成本，以此作为被评估资产的价值。如果该资产是旧的，按照该重置成本扣除使用损耗等贬值因素作为该资产的评估价值，即如果投资对象并非全新，投资者所愿意支付的价格会在投资对象全新的购建成本的基础上扣除其实体性贬值；如果投资对象还存在因功能、技术落后，造成产能较低、成本较高，则还要扣除功能性贬值；如果投资对象还存在因环境因素造成的收益降低，则还要扣除经济性贬值。

3. 基本公式

成本法的计算公式为

资产评估价值 = 重置成本 − 实体性贬值 − 功能性贬值 − 经济性贬值

6.3.2 成本法的应用前提

成本法从再取得资产的角度反映资产价值，即通过资产的重置成本扣减各种贬值来反映资产价值。只有当被评估资产处于继续使用状态下，再取得被评估资产的全部费用才能构成其价值的内容。资产的继续使用不仅是一个物理上的概念，还包含着有效使用资产的经济意义。只有当资产能够继续使用并且在持续使用中为潜在所有者或控制者带来经济利益时，资产的重置成本才能为潜在投资者和市场所承认和接受。从这个意义上讲，成本法主要适用于继续使用前提下的资产评估。对于非继续使用前提下的资产，如果运用成本法进行评估，需对成本法的基本要素做必要的调整。从相对准确合理、减少风险和提高评估效率的角度来看，把继续使用作为运用成本法的前提是有积极意义的。

成本法评估资产必须具备以下前提条件：

（1）被评估资产处于继续使用状态或被假定处于继续使用状态。

（2）应当具备可利用的历史资料。成本法的应用是建立在历史资料的基础上的，许多信息资料、指标需要通过历史资料获得。同时，现时资产与历史资产应具有相同性或可比性。

（3）形成资产价值的耗费是必需的。耗费是形成资产价值的基础，但耗费包括有效耗费和无效耗费。采用成本法评估资产，首先要确定这些耗费是必需的，而且应体现社会或行业平均水平。

（4）被评估资产的实体特征、内部结构及其功能必须与假设的重置全新资产具有可比性。

（5）被评估资产必须是可以再生的，或可以复制的。不能再生或复制的评估资产，一般不适用重置成本法。

（6）被评估资产必须是随着时间的推移，具有贬值特性的资产。随着时间的推移价值不降反升的资产，如古董、文物等不能采用重置成本法。

6.3.3 成本法的基本步骤

采用成本法评估资产包括以下基本步骤。

（1）确定被评估资产，收集与被评估资产有关的重置成本资料和历史资料；

（2）确定被评估资产的重置成本；

（3）确定被评估资产的使用年限；

（4）测算被评估资产的各项损耗或贬值；

（5）测算评估对象的价值；

（6）分析并确定评估结果。

采用成本法对REITs进行评估，需要特别关注项目合同的约定、项目公司协议与章程的规定以及合作期等因素对资产价值产生的限制或者影响。

6.3.4 成本法的相关参数及其估算

1. 重置成本及其估算

资产的重置成本是指资产的现行再取得成本。资产重置成本以功能重置为基本参照，但由于对现行条件的参照要素不同，又可分为复原重置成本和更新重置成本。

（1）复原重置成本：是指采用与被评估资产相同的材料、建筑或制造标准、设计、规格及技术等，以现时价格水平重新购建与被评估资产相同的全新资产所发生的费用。

（2）更新重置成本：是指使用新型材料并根据先进标准和设计，在现时价格条件下购建与现有资产功能相同或相似的全新资产所需的成本。

由于新技术、新材料的采用，技术的进步，总是使资产的建造投资成本更低，使更新重置成本总是小于复原重置成本，二者的差额，构成超额建造成本。超额建造成本是功能性贬值的一部分。复原重置成本与更新重置成本二者关系可表示为

$$复原重置成本 = 更新重置成本 + 超额建造成本$$

在选择重置成本时，若可同时选择复原重置成本和更新重置成本，应优先选择更新重置成本；在无更新重置成本时可采用复原重置成本。原因在于，一方面，随着科学技术的进步、劳动生产率的提高，新工艺、新设计被社会普遍接受；另一方面，新型设计、工艺制造的资产无论从其使用性能还是成本耗用方面，都会优于旧的资产。

重置成本的估算可以采取以下方法：

（1）重置成本法。重置核算法亦称细节分析法，是利用现行市价直接估算建造资产的直接成本和间接成本，然后加总估算出资产的重置成本。

直接成本是指购建全新资产的全部支出中可直接计入购建成本的那一部分支出。如果是自制资产，则其直接成本包括生产过程的费用、安装费用和按成本利润率计算的利润三部分。如果是外购资产，直接成本包括该资产的购置费用、运输费用、安装调试的材料和人工费用等可以直接归集的费用。

间接成本是不能直接列入购建成本，而需采用分摊办法列入购建成本的部分。如购置资产所发生的管理费、总体设计制图费、前期准备费、维修费等间接成本，其通常以直接成本为基础加以确定。在实际经济生活中，机器设备等固定资产的间接成本一般是按其占直接成本的百分比来计算的。

运用重置核算法估算重置成本一般较准确，但是由于成本组成的内容较多，估算时费工费时。

（2）价格指数法。价格指数法是以参照物价格为基础，考虑参照物的成交时间与被评估资产的评估基准日之间的时间间隔对资产价值的影响，利用价格指数调整估算被评估资产价值的方法。价格指数又分为定基物价指数和环比物价指数。

① 定基物价指数，是以固定时期为基期的指数，通常用百分比来表示。以 100% 为基础，当物价指数大于 100%，表明物价上涨；物价指数在 100% 以下，表明物价下跌。

② 环比物价指数，又称“连比物价指数”，主要是反映物价逐期的变化情况，是各时期的商品价格都同它前一时期的商品价格对比而编制的指数。

（3）功能价值类比法。功能价值类比法，也称生产能力比例法。这种方法是寻找一个与被评估资产相同或相似的资产为参照物，根据参照资产的重置成本及参照物与被评估资产生产能力的比例，估算被评估资产的重置成本。计算公式为

$$\text{被评估资产重置成本}=\frac{\text{被评估资产年产量}}{\text{参照物年产量}}\times\text{参照物重置成本}$$

这种方法运用的前提条件和假设是资产的成本与其生产能力呈线性关系，

生产能力越大，成本越高，而且是呈正比例变化。应用这种方法估算重置成本时，首先应分析资产成本与生产能力之间是否存在这种线性关系，如果不存在这种关系，这种方法就不可以采用。

（4）统计分析法。在用成本法对企业整体资产及某一相同类型资产进行评估时，为了简化评估业务、节省评估时间，还可以采用统计分析法确定某类资产的重置成本。统计分析法是应用统计学原理估算重置成本价的一种方法，这种方法包括以下步骤：

① 在核实资产数量的基础上，把全部资产按照适当标准划分为若干类型，如房屋建筑物按结构划分为钢结构、钢筋混凝土结构等；机器设备按有关规定划分为专用设备、通用设备、运输设备、仪器、仪表等。

② 在各类资产中抽样选择适量具有代表性的资产，应用功能价值法、物价指数法、重置核算法或规模经济效益指数法等方法估算其重置成本。

③ 依据分类抽样估算资产的重置成本额与账面历史成本，计算出分类资产的调整系数。其计算公式为

$$K = R'/R$$

其中，K 表示资产重置成本与历史成本的调整系数；R' 表示某类抽样资产的重置成本；R 表示某类抽样资产的历史成本。

根据调整系数 K 估算被评估资产的重置成本，其计算公式为

$$\text{被评估资产重置成本} = \sum \text{某类资产账面历史成本} \times K$$

其中，某类资产账面历史成本可从会计记录中取得。

上述四种方法均可用于确定成本法中的重置成本。至于具体选用哪种方法，应根据具体的被评估资产和可以找到的资料确定。这些方法中，对某项资产可能同时都能用，有的则不行，应用时必须注意分析方法运用的前提条件，否则将得出错误的结论。

2. 实体性贬值及其估算

实体性贬值是指由于资产使用磨损和自然损耗造成的贬值。由于被评估资产一般都不是全新状态的资产，因此大多存在实体性贬值。实体性贬值，通常依据新旧程度包括表体及内部构件、部件的损耗程度来确定。

应该注意的是，由于固定资产在具体使用过程中，受维护保养的好坏、

运用时间的长短以及负荷量的大小等因素的影响，实际的磨损程度和速度不一定与法定的折旧率和折旧年限一致。因此，在进行资产评估时，不能照搬会计账面上的累计折旧额作为实体性贬值，也不能以固定资产账面净值作为评估值，而应通过实地勘察，检测固定资产的实际磨损程度，确定实体性贬值。

实体性贬值的估算可以采取以下方法：

（1）观察法，也称新率法，是指由具有专业知识和丰富经验的工程技术人员对资产实体各主要部位进行技术鉴定，并综合分析资产的设计、制造、使用、磨损、维护、修理、大修改造情况和物理寿命等因素，将被评估资产与其全新状态相比较，考察成新率，从而估算出实体性贬值。其计算公式为

$$\text{资产的实体性贬值} = \text{重置成本} \times (1 - \text{成新率})$$

（2）使用年限法，或称年限法，是利用被评估资产的实际已使用年限与其总使用年限的比值来判断其实体贬值率，进而估测资产的实体性贬值。使用年限法的数学表达式为

$$\text{资产实体性贬值率} = \frac{\text{实际已使用年限}}{\text{总使用年限}} \times 100\%$$

$$\text{资产实体性贬值} = \text{重置成本} \times \text{资产实体性贬值率}$$

其中，总使用年限指的是实际已使用年限与尚可使用年限之和。其计算公式为

$$\text{总使用年限} = \text{实际已使用年限} + \text{尚可使用年限}$$

$$\text{实际已使用年限} = \text{名义已使用年限} \times \text{资产利用率}$$

尚可使用年限是根据资产的有形损耗因素，预计资产的继续使用年限。名义已使用年限是指资产从购进使用到评估时的年限。名义已使用年限可以通过会计记录、资产登记簿、登记卡片查询确定。实际已使用年限是指资产在使用中实际损耗的年限。实际已使用年限与名义已使用年限的差异，可以通过资产利用率来调整。资产利用率的公式为

$$\text{资产利用率} = \frac{\text{截至评估日资产累计实际利用时间}}{\text{截至评估日资产累计法定利用时间}} \times 100\%$$

当资产利用率 >1 时，表示资产超负荷运转，资产实际已使用年限比名义已使用年限要长；

当资产利用率=1时，表示资产满负荷运转，资产实际已使用年限等于名义已使用年限；

当资产利用率<1时，表示开工不足，资产实际已使用年限小于名义已使用年限。

在评估实践中，资产利用率需要根据资产开工情形、修理间隔时间、工作班次等方面进行确定。

（3）修复费用法，是利用恢复资产功能所支出的费用金额来直接估算资产实体性贬值的一种方法。这种方法适用于可以恢复功能的资产的实体性贬值的估测。

可修复部分是指修复其功能技术上可行，且经济上合理的部分资产。不可修复部分是指修复其功能技术上不可行，且经济上不合理或技术上虽可行，但经济上不合理的部分资产。

通常资产的实体性贬值同时具有可恢复的实体性贬值和不可恢复的实体性贬值，不可恢复部分的实体性贬值可以采用年限法等方法估测。如果部分资产可以通过修复恢复到其全新状态，可以认为该部分资产的实体性损耗等于修复费用。修复费用包括资产主要零部件的更换或者修复、改造、停工损失等费用支出。

3. 功能性贬值及其估算

功能性贬值是指由于技术进步引起的资产功能相对落后而造成的资产价值的贬损。资产的功能性贬值包括超额建造功能性贬值和超额运营功能性贬值两部分。超额建造功能性贬值是指由于新工艺、新材料和新技术的采用，而使原有资产的建造成本超过同类资产的建造成本的超支额。超额运营功能性贬值是指由于新工艺、新材料和新技术的采用，而使原有资产的运营成本超过现行的同类资产的运营成本的超支额。

通常情况下，功能性贬值的估算可以按以下步骤进行：

（1）将被评估资产的年运营成本与功能相同但性能更好的新资产的年运营成本进行比较。

（2）计算二者的差异，确定净超额运营成本。由于企业支付的运营成本是在税前扣除的，因此企业支付的超额运营成本会导致税前利润额下降，所得税额降低，使得企业负担的运营成本低于其实际支付额。因此，净超额运营成本是超额运营成本扣除其抵减的所得税以后的余额。

（3）估计被评估资产的剩余寿命。

（4）以适当的折现率将被评估资产在剩余寿命内每年的净超额运营成本折现，这些折现值之和就是被评估资产的功能性损耗。

完成上述步骤后，按以下公式计算：

$$功能性贬值 = 年超额运营成本 \times (1 - 所得税率) \times (P/A, r, n)$$

4. 经济性贬值及其估算

资产的经济性贬值是指由于外部条件的变化引起资产闲置、收益下降等而造成的资产价值的贬损。如市场供求、价格的变化、经济发展状况变化、国家产业政策调整等外部条件的变化引起资产闲置、资产收益下降而带来资产价值的贬损。计算经济性贬值时，主要是根据由于产品销售困难而开工不足或停止生产而形成资产的闲置、价值得不到实现等因素，确定贬值额。评估人员应根据资产的具体情况加以分析确定，当资产使用基本正常时，不计算经济性贬值。其计算公式为

$$经济性贬值 = \left[1 - \left(\frac{现时利用生产能力}{原有生产能力}\right)^n\right] \times 被评估资产重置成本$$

其中，指数 n 称为生产能力指数，是指在购买该项资产后，剩余生产能力还有被利用的可能。n 的取值范围一般为 0.4～0.9。

6.3.5 成本法的适用范围与优缺点

1. 成本法的适用范围

成本法一般用于评估对象正常在用，且可以通过重置途径获得，同时重置成本和相关贬值可以合理估算，如对于自有产权的基础设施资产等。也就是说，成本法适用于资产的功能作用具有可替代性、资产重置没有法律和技术障碍、重置资产所需要的物化劳动易于计量的评估对象。

对于那些既无公开市场、又无综合获利能力的评估项目，市场法和收益法都无法解决，而成本法却能迎刃而解。在我国对国企改革初期，成本法曾被广泛应用于对国有资产的评估。

基础设施类资产即使采用成本法进行估值，也不应作为主要定价方法，只能被用于校验。当然，现在我们的基础设施公募 REITs 市场还不够成熟，

也许在不久的将来国内 REITs 交易的底层资产丰富以后，市场法和成本法也可作为主要的基础设施项目的估值方法。

2. 成本法的优点

成本法的优点包括以下几点：

一是成本法比较充分考虑了资产的损耗，使得评估结果能反映市场对于获得某单项资产愿意付出的平均价格，有利于评估单项资产和具有特定用途的资产。

二是在无法预测资产未来收益和市场交易活动不频繁的情形下，成本法给出了比较客观可行的测算思路和方法，从一定程度上弥补了收益法和市场法的不足。

三是成本法评估企业价值为可能的破产清算、资产分割提供了一定的价值参考。

四是成本法的适用范围广泛。由于它比较充分地考虑了资产的重置全价和应计损耗，因而成本法对于一切以资产重置、补偿为目的的资产业务都是适用的。

3. 成本法的缺点

成本法的缺点包括以下几点：

一是工作量较大。成本法涉及的经济参数很多，如物价变动指数、成新率、功能成本系数等，因而其具体运用和操作难度较大。

二是成本法主要以历史资料为依据确定目前价值，必须充分分析这种假定的可行性。

三是经济参数的可靠性和合理性较难把握，经济性贬值不易全面计算，因而评估结果往往较高。

四是由于运用成本法评估资产价值时没有与资产的使用效益相联系，因而很容易将无形资产漏掉。

五是成本法所评估的企业价值很难直接为投资者提供价值参考，这是因为测算出的企业价值无法从未来收益的角度反映企业真实能为其投资者或所有者带来的收益。尤其对于轻资产企业来说，使用成本法进行评估通常很难将账面没有记载的各类无形资产算入评估资产的价值之中，因此成本法评估值与收益法或市场法得出的结果可能差异极大。

根据基础设施公募 REITs 发行定价机制，监管部门核准基金发行份额后，基金管理人以标的基础设施项目估值为基础向机构投资人询价获取发行价格区间，由基金管理人和财务顾问最终确定单位基金份额的发行价格，发行过程中底层资产的评估价值决定了产品发行定价基础。在产品存续期间，底层资产估值则贯穿于基金运营全程，基金管理人每年至少聘请评估机构对基础设施资产进行 1 次评估，底层资产的估值变化将直接影响产品二级市场交易价格的变动。

第7章

基础设施公募 REITs 的申报、上市与管理

本章主要介绍基础设施项目申报发行公募 REITs 的基本要求、申报审批的流程、申报所需的材料以及审查的要点，以指导基础设施项目所有人将其持有的基础设施项目上市融资。

7.1 基础设施公募 REITs 上市的基本要求

7.1.1 底层资产要求

国家发展改革委、中国证监会、上交所和深交所均对基础设施公募 REITs 底层资产的区域、行业、项目条件等提出了具体要求，只有符合要求的资产才可以申报发行基础设施公募 REITs，相关要求已在第 5 章进行介绍，不再赘述。

7.1.2 中介机构要求

基础设施公募 REITs 对中介机构有以下要求：

(1) 为项目申报提供服务的中介机构，包括法律顾问、财务顾问、评估机构、税务咨询顾问、审计机构等，应依法依规履行相关

职责，保证出具的相关材料科学、合规、真实、全面、准确。

（2）发起人（原始权益人）选择的律师事务所和会计师事务所近 3 年未发生重大违法违规事件，未受到国家行政机关或监管机构行政处罚。律师事务所出具法律意见书应经律师事务所负责人及承办律师签字。会计师事务所出具审计报告应经有关注册会计师签字和盖章。

（3）如相关中介机构对项目合法合规性等重大问题应发现而未发现，或与发起人（原始权益人）、基金管理人等串通、隐瞒相关情况，或出具法律意见书、审计报告、资产评估报告或其他相关报告有虚假记载、误导性陈述、重大遗漏，或不符合上述相关要求而故意隐瞒等，国家发展改革委不予推荐，已推荐的建议取消，并将相关情况反馈中介机构主管部门。

7.1.3 其他要求

申报发行基础设施公募 REITs 的其他工作还包括以下要求：

（1）发起人（原始权益人）、基金管理人应按照有关规定和要求，对如实办理相关事项的承诺、并表或出表管理的情况说明、拟纳税方案向税务部门书面报告情况（如需）、需说明的重大问题等进行准确完整的信息披露。

（2）向省级发展改革委报送项目申报材料之日起一年内拟进行改建扩建的，应说明具体计划、进展情况及保障项目持续运营的相关措施。

（3）基础设施 REITs 扩募有关项目申报工作也应符合本申报要求相关规定，可根据项目具体情况适当简化。

（4）项目由国家发展改革委推荐至中国证监会后，如需更换基金管理人、律师事务所、会计师事务所等机构，发起人（原始权益人）须按本申报要求，及时将机构更换涉及的项目申报材料相关内容报送国家发展改革委备案和复核，并说明更换原因。国家发展改革委将以适当方式向中国证监会反馈有关复核意见。

（5）各省级发展改革委与当地中国证监会派出机构等协商一致，并经国家发展改革委和中国证监会初步同意，可按程序上报其他对盘活存量资产、促进投资良性循环、加强基础设施领域补短板、推动经济社会高质量发展具有特殊示范意义的项目。

（6）项目还应满足国家发展改革委和中国证监会提出的其他工作要求。

7.2 基础设施公募REITs的申报与审批流程

基础设施公募REITs的申报与审批包括了项目准入与推荐、基金审批与注册、基金发售与上市三个主要环节，如图7-1所示。

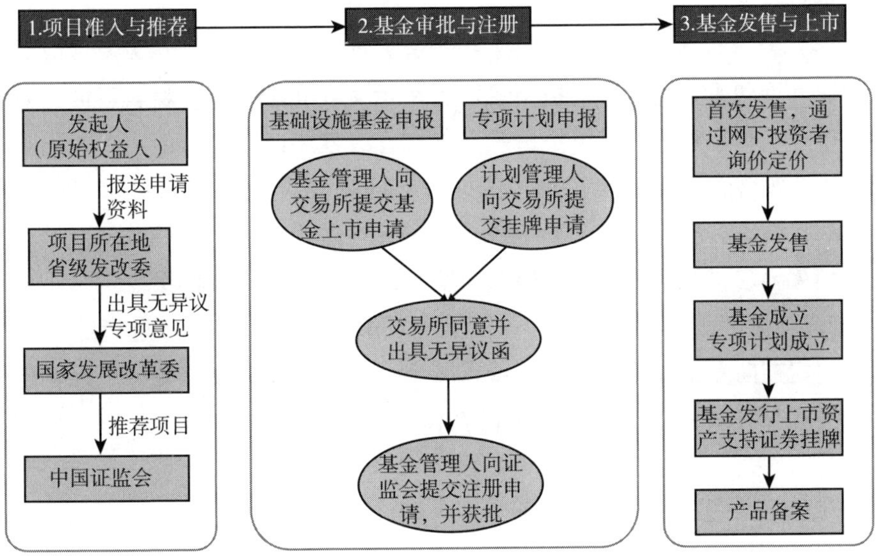

图7-1 基础设施公募REITs申报审批流程

7.2.1 项目准入与推荐

项目准入与推荐是指各地选择优质底层资产项目，逐级报送至国家发展改革委和中国证监会审批的环节，具体包括以下要求及流程：

（1）各地发展改革委组织发起人（原始权益人）等有关方面选择优质项目，纳入全国基础设施REITs试点项目库。

（2）发起人（原始权益人）选择符合条件的入库项目，向项目所在地省级发展改革委报送试点项目申报材料。未纳入全国基础设施REITs试点项目库的项目不得申报。

（3）发起人（原始权益人）拟整合跨地区的多个项目一次性发行基础设施REITs产品的，应向注册地省级发展改革委报送完整的项目申报材料，并分别向相关省级发展改革委报送涉及该地区的项目材料；发起人（原始权益人）注册地省级发展改革委对本地区项目和基础设施 REITs 发行总体方案审查把关，其他相关省级发展改革委对本地区项目审查把关。发起人（原始权益人）为中央企业的跨地区打包项目，有关中央企业可将申报请示文件和项目申报材料直接报送国家发展和改革委员会，同时须附项目所在地省级发展改革委意见。对于项目收益是否满足试点基本条件，需要以打包后项目整体收益进行判断。

（4）对本地区符合相关条件、拟推荐开展试点的项目，省级发展改革委向国家发展和改革委员会上报项目申报请示文件和项目申报材料，或为有关中央企业出具意见。项目申报请示文件或省级发展改革委为中央企业出具的意见中，须包含"经初步评估，所推荐项目符合国家重大战略、发展规划、宏观调控政策、产业政策、固定资产投资管理法规制度，以及试点区域、行业等相关要求，推荐该项目开展基础设施 REITs 试点"的表述。

（5）国家发展和改革委员会根据项目申报材料，对项目进行综合评估后，确定拟向中国证监会推荐的项目名单。国家发展和改革委员会推荐项目时一并将有关项目材料转送中国证监会。

7.2.2 基金审批与注册

基金审批注册是指将底层资产进行资产证券化、申请审批上市注册的过程，具体包括以下要求及流程：

（1）基础设施基金拟在交易所上市，基金管理人应当向拟上市交易所提交基础设施基金上市申请，由交易所审核是否具备上市条件；资产支持证券管理人应当同时向交易所提交基础设施资产支持证券挂牌申请，由交易所确认是否符合相关条件；基础设施基金申请在交易所上市的，应当符合《基础设施基金指引》和交易所规定的条件；基础设施资产支持证券申请在交易所挂牌的，应当符合《基础设施基金指引》《资产证券化业务管理规定》及交易所资产证券化相关业务规则等规定的条件。

（2）基金管理人、资产支持证券管理人应当聘请符合规定的专业机构提供评估、法律、审计等专业服务，对拟持有的基础设施项目进行全面尽职调查。基金管理人拟委托运营管理机构运营管理基础设施项目的，应当对拟接受委托的运营管理机构进行充分的尽职调查，确保其在专业资质（如有）、人员配备、公司治理等方面符合规定的要求，具备充分的履职能力。

基金管理人与资产支持证券管理人聘请的专业机构可以为同一机构。资产支持证券管理人聘请资产服务机构的，资产服务机构可以与运营管理机构为同一机构。基金管理人可以依据《基础设施基金指引》聘请财务顾问开展尽职调查，也可以与资产支持证券管理人联合开展尽职调查，但应当各自依法承担相应的责任。

（3）基金管理人、资产支持证券管理人提交申请文件，申请文件一经受理，基金管理人、资产支持证券管理人等业务参与机构及其人员，以及为基础设施基金提供服务的专业机构及其人员即须承担相应的法律责任。未经交易所同意，不得对申请文件进行修改（详见本章7.2.1节）。

（4）交易所比照公开发行证券要求建立基础设施资产支持证券挂牌及基金上市审查制度。相关工作流程信息对外披露，接受社会监督。

（5）交易所接收申请文件后，在5个工作日内对申请文件是否齐备和符合形式要求进行形式审核。文件齐备的，予以受理；文件不齐备或不符合形式要求的，一次性告知补正。

（6）交易所受理申请后确定审核人员对申请材料进行审核。自受理之日起30个工作日内出具首次书面反馈意见；无须出具反馈意见的，应当通知基金管理人、资产支持证券管理人。

基金管理人、资产支持证券管理人应当在收到书面反馈意见后30个工作日内予以书面回复。基金管理人、资产支持证券管理人不能在规定期限内予以回复的，应当向交易所提出延期回复申请，并说明理由和拟回复时间，延期时间不得超过30个工作日。

交易所对回复意见文件进行审核，不符合要求的，可再次出具反馈意见；不需要基金管理人和资产支持证券管理人进一步落实或反馈的，依程序进行评议。

（7）交易所根据评议结果出具基础设施资产支持证券挂牌和基础设施基金在交易所上市的无异议函或者作出终止审核的决定，并通知基金管理人和资产支持证券管理人。

（8）交易所出具无异议函后至基础设施基金上市前，发生可能对基础设施基金投资价值及投资决策判断有重大影响的事项的，基金管理人、资产支持证券管理人等相关业务参与机构应当及时向交易所报告，必要时应当聘请专业机构进行核查，交易所依相关程序处理，并视情况向中国证监会报告。

7.2.3 基金发售与上市

基础设施基金份额的发售，分为战略配售、网下询价并定价、网下配售、公众投资者认购等环节。基金管理人应当按照《基础设施基金指引》及交易所基础设施基金发售业务的有关规定办理基础设施基金份额发售的相关业务活动，具体包括以下要求及流程：

（1）参与基金份额战略配售的投资者（以下简称战略投资者）应当满足《基础设施基金指引》规定的要求，不得接受他人委托或者委托他人参与，但依法设立并符合特定投资目的的证券投资基金、公募理财产品和其他资产管理产品，以及全国社会保障基金、基本养老保险基金、年金基金等除外。

基础设施项目原始权益人或其同一控制下的关联方参与基础设施基金份额战略配售的比例合计不得低于本次基金份额发售总量的20%，其中基金份额发售总量的20%持有期自上市之日起不少于60个月，超过20%部分持有期自上市之日起不少于36个月，基金份额持有期间不允许质押。设置原始权益人战略配售的要求，是为了防止原始权益人利用REITs完全退出项目，以切实保护投资者利益。

基础设施项目控股股东或实际控制人，或其同一控制下的关联方，原则上还应当单独适用前款规定。

（2）基础设施基金首次发售的，基金管理人或者财务顾问应当通过向网下投资者询价的方式确定基础设施基金份额认购价格；交易所为基础设施基金份额询价提供网下发行电子平台服务；网下投资者及配售对象的信息以中国证券业协会注册的信息为准。

（3）网下投资者通过交易所网下发行电子平台参与基金份额的网下配售。基金管理人或财务顾问按照询价确定的认购价格办理网下投资者的网下基金份额的认购和配售；公众投资者可以通过场内证券经营机构或者基金管理人及其委托的场外销售机构认购基础设施基金。

（4）基础设施基金完成资金募集后，应当按照约定将80%以上基金资产用于投资基础设施资产支持证券的全部份额。

（5）基础设施基金符合交易所《证券投资基金上市规则》规定的上市条件的，基金管理人向交易所申请基金上市，应提交以下文件。

① 交易所《证券投资基金上市规则》要求的基金上市申请文件；

② 已生效的基础设施基金认购基础设施资产支持证券的认购协议；

③ 基础设施基金所投资专项计划的成立公告；

④ 基础设施基金所投资专项计划的已生效的基础资产买卖协议；

⑤ 交易所要求的其他文件。

（6）基础设施基金符合上市条件的，交易所向基金管理人出具上市通知书。基金管理人应当在基金份额上市交易的 3 个工作日前，公告上市交易公告书。上市交易公告书除应披露中国证监会《证券投资基金信息披露内容与格式准则第 1 号〈上市交易公告书的内容与格式〉》规定的内容外，还应披露下列内容：

① 基础设施基金发售情况；

② 基础设施项目原始权益人或其同一控制下的关联方、其他战略投资者参与本次基金战略配售的具体情况及限售安排；

③ 基础设施基金投资运作、交易等环节的主要风险；

④ 基础设施基金认购基础设施资产支持证券以及基础设施基金所投资专项计划投资的基础资产的情况；

⑤ 交易所要求的其他内容。

（7）基础设施基金的开盘价为当日该证券的第一笔成交价格，收盘价为当日该证券最后一笔交易前一分钟所有交易的成交量加权平均价（含最后一笔交易）。基础设施基金份额上市首日，其即时行情显示的前收盘价为基础设施基金发售价格。

（8）战略投资者持有的基础设施基金战略配售份额应当按照《基础设施基金指引》的规定以及相关约定进行限售管理。基金管理人应当制定专项制度，加强对战略投资者持有基金份额的限售管理。

（9）战略投资者持有的基础设施基金战略配售份额符合解除限售条件的，可以通过基金管理人在限售解除前 5 个交易日披露解除限售安排。申请解除限售时，基金管理人应当向交易所提交以下文件。

① 基金份额解除限售申请；

② 全部或者部分解除限售的理由和相关证明文件（如适用）；

③ 基金份额解除限售的提示性公告；

④ 交易所要求的其他文件。

基金管理人应当披露战略投资者履行限售承诺的情况以及律师的核查意

见（如需）。

（10）普通投资者首次认购或买入基础设施基金份额前，基金管理人、交易所会员应当要求其以纸质或者电子形式签署风险揭示书，确认其了解基础设施基金产品特征及主要风险。

（11）资产支持证券管理人应按照交易所资产证券化相关业务规则向交易所申请基础设施资产支持证券挂牌。挂牌申请文件完备的，交易所向资产支持证券管理人出具接受挂牌通知书。

（12）基础设施基金可以采用竞价、大宗、报价、询价、指定对手方和协议交易等交易所认可的交易方式交易。基础设施基金竞价、大宗交易适用基金交易的相关规定，报价、询价、指定对手方和协议交易等参照适用债券交易的相关规定，交易所另有规定的除外。

（13）交易所对基础设施基金交易实行价格涨跌幅限制，基础设施基金上市首日涨跌幅限制比例为30%，非上市首日涨跌幅限制比例为10%，交易所另有规定的除外。基础设施基金涨跌幅价格的计算公式为：涨跌幅价格 = 前收盘价 ×（1 ± 涨跌幅比例）。

（14）交易所在交易时间内通过交易系统或交易所网站即时公布基础设施基金以下信息：证券代码、证券简称、申报类型、买卖方向、数量、价格、收益率等。

（15）基础设施基金采用竞价交易的，单笔申报的最大数量应当不超过1亿份；基础设施基金采用询价和大宗交易的，单笔申报数量应当为1000份或者其整数倍。交易所可以根据市场发展需要，调整基础设施基金交易申报数量。

（16）基础设施基金申报价格最小变动单位为0.001元。

（17）基础设施基金可作为质押券按照交易所规定参与质押式协议回购、质押式三方回购等业务。原始权益人或其同一控制下的关联方在限售届满后参与上述业务的，质押的战略配售取得的基础设施基金份额累计不得超过其所持全部该类份额的50%，交易所另有规定除外。

（18）基础设施基金上市期间，基金管理人原则上应当选定不少于1家流动性服务商为基础设施基金提供双边报价等服务。基础设施基金管理人及流动性服务商开展基金流动性服务业务，按照《上海证券交易所上市基金流动性服务业务指引》及其他相关规定执行。

7.3 基础设施公募REITs的申报材料与审查

7.3.1 项目准入的申报材料要求

基础设施项目申报发行基础设施公募REITs，其申报材料应符合以下基本要求：

（1）项目申报材料须包含基础设施REITs设立方案等项目基本情况、依法依规取得固定资产投资管理手续等项目合规情况，以及产权证书、政府批复文件或无异议函、相关方承诺函等项目证明材料。

（2）发起人（原始权益人）应严格按照本申报要求准备项目申报材料。国家发展改革委向中国证监会推荐项目时，将以适当方式一并转送项目申报材料中的有关内容。

（3）发起人（原始权益人）对材料真实性、有效性、合规性、完备性负责。对缺少相关材料、未办理相关手续，以及需要说明的重大问题等，发起人（原始权益人）要在项目申报材料中对有关情况和原因进行详细说明。

7.3.2 项目准入的审查内容

针对拟发行基础设施公募REITs的基础设施项目，地方发展改革委、国家发展改革委、中国证监会主要从以下方面对相关材料进行审查，以决定项目是否准入。

1. 符合宏观管理政策要求

（1）符合国家重大战略、国家宏观调控政策有关要求。

（2）符合国民经济和社会发展总体规划、有关专项规划和区域规划（实施方案）要求。

（3）符合《产业结构调整指导目录》和相关行业政策规定，符合行业发展相关要求。

（4）外商投资项目还须符合外商投资管理有关要求。

2. 依法依规取得固定资产投资管理相关手续

（1）项目审批、核准或备案手续。

（2）规划、用地、环评、施工许可手续。

（3）竣工验收报告（或建设、勘察、设计、施工、监理“五方验收单”，或政府批复的项目转入商运文件）。

（4）外商投资项目应取得国家利用外资有关手续。

（5）依据相关法律法规应办理的其他必要手续。

项目投资管理手续的合法合规性，应以办理时的法律法规、规章制度、国家政策等为判定依据。项目无须办理上述手续的，应说明有关情况，并提供证明材料。项目投资管理手续缺失的，应依法依规补办相关手续，或以适当方式取得相关部门认可；如现行法律法规、规章制度、政策文件等明确无须办理的，应对有关情况作出详细说明，并提供项目所在地相关部门或机构出具的证明材料。

3. PPP（含特许经营）类项目还需要满足的条件

（1）2015 年 6 月以前采用 BOT、TOT、股权投资等模式实施的特许经营类项目，应符合当时国家关于特许经营管理相关规定。2015 年 6 月以后批复实施的特许经营类项目，应符合《基础设施和公用事业特许经营管理办法》（国家发展和改革委员会等 6 部委第 25 号令）有关规定。

（2）2015 年 6 月以后批复实施的非特许经营类 PPP 项目，应符合国家关于规范有序推广 PPP 模式的规定，已批复 PPP 项目实施方案，通过公开招标等竞争方式确定社会资本方，并依照法定程序规范签订 PPP 合同。

（3）收入来源以使用者付费（包括按照穿透原则实质为使用者支付费用）为主。收入来源含地方政府补贴的，需要在依法依规签订的 PPP 合同或特许经营协议中有明确约定。

（4）项目运营稳健、正常，未出现暂停运营等重大问题或重大合同纠纷。

4. 鼓励将回收资金用于基础设施补短板项目建设

（1）回收资金应明确具体用途，包括具体项目、使用方式和预计使用规模等。在符合国家政策及企业主营业务要求的条件下，回收资金可跨区域、跨行业使用。

（2）90%（含）以上的净回收资金（指扣除用于偿还相关债务、缴纳税费、按规则参与战略配售等资金后的回收资金）应当用于在建项目或前期工作成熟的新项目。

（3）鼓励以资本金注入方式将回收资金用于项目建设。

5. 促进基础设施持续健康平稳运营

（1）基础设施运营管理机构具备丰富的项目运营管理经验，配备充足的运营管理人员，公司治理与财务状况良好，具有持续经营能力。

（2）基金管理人与运营管理机构之间建立合理的激励和约束机制，明确奖惩标准。

（3）明确界定运营管理权责利关系，并约定解聘、更换运营管理机构的条件和程序。

7.3.3 基金审批注册的申报文件及要求

基础设施公募 REITs 申请上市，上交所与深交所的规定申报材料一致，申请文件的内容应当真实、准确、完整，简明清晰、通俗易懂，具体文件如下所示：

（1）基金管理人申请基础设施基金上市，应当向交易所提交以下文件。

① 上市申请；

② 基金合同草案；

③ 基金托管协议草案；

④ 招募说明书草案；

⑤ 律师事务所对基金出具的法律意见书；

⑥ 基金管理人及资产支持证券管理人相关说明材料，包括但不限于：投资管理、项目运营、风险控制制度和流程，部门设置与人员配备，同类产品与业务管理情况等；

⑦ 拟投资基础设施资产支持证券认购协议；

⑧ 基金管理人与主要参与机构签订的协议文件；

⑨ 交易所要求的其他材料。

（2）资产支持证券管理人申请基础设施资产支持证券挂牌条件确认，应当向交易所提交以下文件：

① 挂牌条件确认申请；

② 资产支持证券管理人合规审查意见；

③ 基础设施资产支持专项计划说明书、标准条款（如有）；

④ 基础资产买卖协议、托管协议、监管协议（如有）、资产服务协议（如有）等主要交易合同文本；

⑤ 律师事务所对专项计划出具的法律意见书；

⑥ 基础设施项目最近 3 年及一期的财务报告及审计报告，如无法提供，应当提供最近 1 年及一期的财务报告及审计报告，相关材料仍无法提供的，应当至少提供最近 1 年及一期经审计的备考财务报表；

⑦ 基础设施项目评估报告；

⑧ 专项计划尽职调查报告；

⑨ 关于专项计划相关会计处理意见的说明（如有）；

⑩ 法律法规或原始权益人公司章程规定的有权机构作出的关于开展资产证券化融资相关事宜的决议；

⑪ 交易所要求的其他材料。

7.4 基础设施公募 REITs 的基金管理

传统公募基金是先面向公众募集资金，再结合基金经理的判断买入股票、债券等证券产品，传统公募基金的管理工作主要是投资管理。而基础设施公募 REITs 是基金经理先选定好拟投资的基础设施资产，再去进行公开募资，所以基础设施公募 REITs 的发行更像是一个 IPO 的过程，基础设施公募 REITs 的基金管理更加注重的是基础设施资产运营管理。

基础设施公募 REITs 上市后存续期内的资产管理是全面、主动的资产管理，同时具备金融和不动产的双层属性，既包括募资、投资、风控，也包括基础设施项目不动产的改造、出租、运营和维护等。在基础设施公募 REITs 运作过程中，基金管理人应当按照法律法规规定和基金合同约定，主动履行基础设施项目运营管理职责，并配备具有项目投资管理或运营经验的人员。基金管理人以主动管理的方式参与底层资产的投资管理与项目运营管理，是 REITs 与传统公募基金在运作模式上的显著差别，也体现了基础设施公募 REITS 运作管理的专业性。

7.4.1 基础设施公募REITs三级管理体系

在基础设施公募REITs发行前，基金公司的主要工作集中在尽职调查、项目质量把控方面，基金公司和中介机构要确保原始权益人的基础资产合规性、完整性没有问题，且项目现金流稳定可预期。基础设施公募REITs发行后的工作主要是基础资产的运营。因此，基础设施公募REITs基金管理形成了由基金份额持有人大会、运营管理委员会和运营管理机构所组成的独特的三级管理体系。

1. 基金份额持有人大会

基金份额持有人大会由全体基金份额持有人组成。按照《中华人民共和国基金法》的规定，基金份额持有人享有以下权益：①分享基金财产收益；②参与分配清算后的剩余基金财产；③依法转让或者申请赎回其持有的基金份额；④按照规定要求召开基金份额持有人大会；⑤对基金份额持有人大会审议事项行使表决权；⑥查阅或者复制公开披露的基金信息资料；⑦对基金管理人、基金托管人、基金份额发售机构损害其合法权益的行为依法提起诉讼；⑧基金合同约定的其他权利。

基金份额持有人大会是指当发生影响基金当事人的权益或其他重大事项需要商讨和解决时，按照《基金合同》有关规定召集、召开并由基金份额持有人进行表决的会议。与股票类似的，基础设施公募REITs是一种长期存续的投资产品。而基金份额持有人大会也和上市公司的股东大会具有相似的职责，是一项有利于保护投资者权益的治理机制。基金合同应当约定基金份额持有人大会的会议规则，包括审议事项范围、召集程序、表决机制等。为充分保障投资者权益，基础设施公募REITs相关规则对重大事项及其表决比例进行了规定。

（1）基础设施公募REITs基金份额持有人大会的一般表决事项。

除《中华人民共和国证券投资基金法》（以下简称《证券投资基金法》）规定的情形，下列事项应经参加大会的基金份额持有人所持表决权的1/2以上表决通过：①金额超过基金净资产20%且低于基金净资产50%的基础设施项目购入或出售；②金额低于基金净资产50%的基础设施基金扩募；③基础设施基金成立后发生的金额超过基金净资产5%且低于基金净资产20%的关联交易；④除基金合同约定解聘外部管理机构的法定情形外，基金管理人解聘外部管理机构的。

（2）基础设施公募 REITs 基金份额持有人大会的特殊表决事项。

除《证券投资基金法》规定的情形，下列事项应经参加大会的基金份额持有人所持表决权的2/3 以上表决通过：①对基础设施基金的投资目标、投资策略等作出重大调整；②金额占基金净资产 50% 及以上的基础设施项目购入或出售；③金额占基金净资产 50% 及以上的扩募；④基础设施基金成立后发生的金额占基金净资产 20% 及以上的关联交易。

2. 运营管理委员会

由于基金管理人通常不具备足够的运营管理能力，因此，基础设施公募 REITs 基金管理人设立运营管理机构和运营管理委员会，这两层管理体系对基础设施公募 REITs 基金管理至关重要，这是与传统公募基金管理的显著区别。

基础设施公募 REITs 基金运营管理委员会的组成成员包括各领域专业人员、熟悉项目的原始权益人推荐的专家委员及基金管理人提名选聘的行业专家，能从各个方面提升项目运营、把控运营管理风险，人员构成具有合理性。

基础设施公募 REITs 基金运营管理委员会负责基础设施项目公司重大运营事项的管理与决策。运营管理委员会的职责包括但不限于：①决定项目公司的经营方式和投资计划；②选举和更换董事、监事；③审议批准项目公司财务预算和决算方案等。

3. 运营管理机构

运营管理机构是基础设施公募 REITs 产品结构的重要组成部分，负责基础设施资产的日常运营、管理与维护。

基础设施公募 REITs 虽然在合约层面由基金管理人负责项目管理工作，但对不动产特别是基础设施的管理并非基金公司所长，因此政策架构预留了外聘运营管理机构的安排。熟悉地方情况和资产状况的原始权益人是目前最具可行性的选择。从已上市的 11 个 REITs 项目看，基金管理人均外聘了运营管理机构，而运营管理机构均为原始权益人或其关联方。

在这样的安排下，原始权益人不仅通过 REITs 实现了融资、改善了资本结构财务状况，在提高自身生存能力基础上，还增加了新的、稳定的收入渠道，以“轻资本”模式进行项目投融资循环，实现“项目开发—建设—交付—REITs上市—运营”的闭环可持续发展。

7.4.2 基金管理参与机构

1. 基金管理人及资产支持证券管理人

基础设施公募的基金管理人应当符合条件的取得公募基金管理资格的证券公司或基金管理公司，资产支持征求管理人应当为具备客户资产业务管理资格的证券公司或基金公司子公司。在基础设施REITs产品下，核心管理职责将由公募基金管理人担任，专项计划管理人作为辅助方提供配合。

沪深交所发布的《审核关注事项》明确要求，拟任基金管理人应当符合《证券投资基金法》《公开募集证券投资基金运作管理办法》《基础设施基金指引》规定的相关条件；拟任资产支持证券管理人应当符合《资产证券化业务管理规定》规定的相关条件，且与拟任基金管理人存在实际控制关系或受同一控制人控制。相关法律法规对基金管理人的具体要求如表7-1所示。

表7-1 基金管理人的合规要求

事项	具体要求	适用规范
一般条件	**第十二条** 基金管理人由依法设立的公司或者合伙企业担任。 公开募集基金的基金管理人，由基金管理公司或者经国务院证券监督管理机构按照规定核准的其他机构担任。 **第十三条** 设立管理公开募集基金的基金管理公司，应当具备下列条件，并经国务院证券监督管理机构批准： （一）有符合本法和《中华人民共和国公司法》规定的章程； （二）注册资本不低于一亿元人民币，且必须为实缴货币资本； （三）主要股东应当具有经营金融业务或者管理金融机构的良好业绩、良好的财务状况和社会信誉，资产规模达到国务院规定的标准，最近三年没有违法记录； （四）取得基金从业资格的人员达到法定人数； （五）董事、监事、高级管理人员具备相应的任职条件； （六）有符合要求的营业场所、安全防范设施和与基金管理业务有关的其他设施； （七）有良好的内部治理结构、完善的内部稽核监控制度、风险控制制度； （八）法律、行政法规规定的和经国务院批准的国务院证券监督管理机构规定的其他条件	《中华人民共和国证券投资基金法》

续表

事项	具体要求	适用规范
一般条件	**第六条** 申请募集基金，拟任基金管理人、基金托管人应当具备下列条件： （一）拟任基金管理人为依法设立的基金管理公司或者经中国证监会核准的其他机构，拟任基金托管人为具有基金托管资格的商业银行或者经中国证监会核准的其他金融机构； （二）有符合中国证监会规定的、与管理和托管拟募集基金相适应的基金经理等业务人员； （三）最近一年内没有因重大违法违规行为、重大失信行为受到行政处罚或者刑事处罚； （四）没有因违法违规行为、失信行为正在被监管机构立案调查、司法机关立案侦查，或者正处于整改期间； （五）最近一年内向中国证监会提交的注册基金申请材料不存在虚假记载、误导性陈述或者重大遗漏； （六）不存在对基金运作已经造成或者可能造成不良影响的重大变更事项，或者诉讼、仲裁等其他重大事项； （七）不存在治理结构不健全、经营管理混乱、内部控制和风险管理制度无法得到有效执行、财务状况恶化等重大经营风险； （八）中国证监会根据审慎监管原则规定的其他条件	《公开募集证券投资基金运作管理办法》
特定条件	**第五条** 申请募集基础设施基金，拟任基金管理人应当符合《证券投资基金法》《公开募集证券投资基金运作管理办法》规定的相关条件，并满足下列要求： （一）公司成立满3年，资产管理经验丰富，公司治理健全，内控制度完善； （二）设置独立的基础设施基金投资管理部门，配备不少于3名具有5年以上基础设施项目运营或基础设施项目投资管理经验的主要负责人员，其中至少2名具备5年以上基础设施项目运营经验； （三）财务状况良好，能满足公司持续运营、业务发展和风险防范的需要； （四）具有良好的社会声誉，在金融监管、工商、税务等方面不存在重大不良记录； （五）具备健全有效的基础设施基金投资管理、项目运营、内部控制与风险管理制度和流程； （六）中国证监会规定的其他要求。 拟任基金管理人或其同一控制下的关联方应当具有不动产研究经验，配备充足的专业研究人员；具有同类产品或业务投资管理或运营专业经验，且同类产品或业务不存在重大未决风险事项	《公开募集基础设施证券投资基金指引（试行）》

续表

事项	具体要求	适用规范
主要职责	**第十九条** 公开募集基金的基金管理人应当履行下列职责： （一）依法募集资金，办理基金份额的发售和登记事宜； （二）办理基金备案手续； （三）对所管理的不同基金财产分别管理、分别记账，进行证券投资； （四）按照基金合同的约定确定基金收益分配方案，及时向基金份额持有人分配收益； （五）进行基金会计核算并编制基金财务会计报告； （六）编制中期和年度基金报告； （七）计算并公告基金资产净值，确定基金份额申购、赎回价格； （八）办理与基金财产管理业务活动有关的信息披露事项； （九）按照规定召集基金份额持有人大会； （十）保存基金财产管理业务活动的记录、账册、报表和其他相关资料； （十一）以基金管理人名义，代表基金份额持有人利益行使诉讼权利或者实施其他法律行为； （十二）国务院证券监督管理机构规定的其他职责	《中华人民共和国证券投资基金法》
	第三十八条 基础设施基金运作过程中，基金管理人应当按照法律法规规定和基金合同约定主动履行基础设施项目运营管理职责，包括： （一）及时办理基础设施项目、印章证照、账册合同、账户管理权限交割等； （二）建立账户和现金流管理机制，有效管理基础设施项目租赁、运营等产生的现金流，防止现金流流失、挪用等； （三）建立印章管理、使用机制，妥善管理基础设施项目各种印章； （四）为基础设施项目购买足够的财产保险和公众责任保险； （五）制定及落实基础设施项目运营策略； （六）签署并执行基础设施项目运营的相关协议； （七）收取基础设施项目租赁、运营等产生的收益，追收欠缴款项等； （八）执行日常运营服务，如安保、消防、通讯及紧急事故管理等； （九）实施基础设施项目维修、改造等； （十）基础设施项目档案归集管理等； （十一）按照本指引要求聘请评估机构、审计机构进行评估与审计； （十二）依法披露基础设施项目运营情况； （十三）提供公共产品和服务的基础设施资产的运营管理，应符合国家有关监管要求，严格履行运营管理义务，保障公共利益； （十四）建立相关机制防范外部管理机构的履约风险、基础设施项目经营风险、关联交易及利益冲突风险、利益输送和内部人控制风险等基础设施项目运营过程中的风险； （十五）按照基金合同约定和持有人利益优先的原则，专业审慎处置资产； （十六）中国证监会规定的其他职责	《公开募集基础设施证券投资基金指引（试行）》

续表

<table>
<tr><th>事项</th><th colspan="2">具体要求</th><th>适用规范</th></tr>
<tr><td rowspan="6">对外委托</td><td>委托事项</td><td>基金管理人可以设立专门的子公司承担基础设施项目运营管理职责，也可以委托外部管理机构负责《基础设施基金指引》第三十八条第（四）至（九）项运营管理职责</td><td rowspan="6">《公开募集基础设施证券投资基金指引（试行）》</td></tr>
<tr><td>责任保留</td><td>基金管理人委托外部管理机构运营管理基础设施项目的，应当自行派员负责基础设施项目公司财务管理</td></tr>
<tr><td>外部管理机构的选聘</td><td>（1）外部管理机构应经中国证监会备案，并持续符合下列要求：
①具有符合国家规定的不动产运营管理资质（如有）；
②具备丰富的基础设施项目运营管理经验，配备充足的具有基础设施项目运营经验的专业人员，其中具有 5 年以上基础设施项目运营经验的专业人员不少于 2 名；
③公司治理与财务状况良好；
④中国证监会规定的其他要求。
（2）基金管理人应当对接受委托的外部管理机构进行充分的尽职调查，确保其在专业资质（如有）、人员配备、公司治理等方面符合法律法规要求，具备充分的履职能力。
（3）基金管理人与资产支持证券管理人聘请的专业机构可以为同一机构。资产支持证券管理人聘请资产服务机构的，资产服务机构可以与运营管理机构为同一机构</td></tr>
<tr><td>委托手续</td><td>（1）基金管理人与外部管理机构应当签订基础设施项目运营管理服务协议，明确双方的权利义务、费用收取、外部管理机构考核安排、外部管理机构解聘情形和程序、协议终止情形和程序等事项。
（2）基金管理人委托外部管理机构运营管理基础设施项目的，应该明确并披露外部管理机构的解聘、更换条件和流程、履职情况评估、激励机制等安排。
（3）存在外部管理机构同时向基金管理人以外的其他机构提供同类基础设施项目运营管理服务情形或可能的，基金管理人应当进行核查，说明其合理性、必要性以及避免同业竞争及可能出现的利益冲突的措施，该等措施应当合理和充分</td></tr>
<tr><td>工作规范</td><td>外部管理机构应当采取充分、适当的措施避免可能出现的利益冲突，应当配合基金管理人等机构履行信息批露义务，不得泄露因职务便利获取的未公开信息，不得利用该信息从事或者明示、暗示他人从事相关交易活动，不得将受委托运营管理基础设施的主要职责转委托给其他机构</td></tr>
<tr><td>检查监督</td><td>（1）基金管理人应当持续加强对外部管理机构履职情况的监督，至少每年对其履职情况进行评估，确保其勤勉尽责履行运营管理职责。
（2）基金管理人应当定期检查外部管理机构就其获委托从事基础设施项目运营管理活动而保存的记录、合同等文件，检查频率不少于每半年 1 次</td></tr>
</table>

续表

事项	具体要求			适用规范
对外委托	外部管理机构的解聘	法定情形	（1）发生下列情形之一的，基金管理人应当解聘外部管理机构： ①外部管理机构因故意或重大过失给基础设施基金造成重大损失； ②外部管理机构依法解散、被依法撤销、被依法宣告破产或者出现重大违法违规行为； ③外部管理机构专业资质、人员配备等发生重大不利变化已无法继续履职。 （2）基金管理人应当在基金合同等法律文件中明确约定上述解聘外部管理机构的法定情形	《公开募集基础设施证券投资基金指引（试行）》
		其他情形	（1）除上述法定情形外，基金管理人解聘、更换外部管理机构的，应当提交基金份额持有人大会投票表决。 （2）基金管理人根据规定或约定解聘运营管理机构的，且该运营管理机构为资产支持证券管理人聘请的资产服务机构，资产支持证券管理人应当同步解除与该机构的资产服务协议	

资料来源：笔者根据相关法律法规整理。

根据基金业协会发布的《关于开展公募基础设施证券投资基金的基金经理注册登记的通知》，REITs 基金经理注册、变更流程与其他类型基金经理的注册、变更流程相同，根据《基金经理注册登记规则》提交注册、变更申请材料。相关法律法规对基金管理人工作人员的具体要求如表 7－2 所示。

表 7－2　对基金管理人工作人员的合规要求

事项	主要要求	适用规范
常规要求	**第十六条**　公开募集基金的基金管理人的董事、监事和高级管理人员，应当熟悉证券投资方面的法律、行政法规，具有三年以上与其所任职务相关的工作经历；高级管理人员还应当具备基金从业资格。 **第十八条**　公开募集基金的基金管理人的董事、监事、高级管理人员和其他从业人员，其本人、配偶、利害关系人进行证券投资，应当事先向基金管理人申报，并不得与基金份额持有人发生利益冲突。 公开募集基金的基金管理人应当建立前款规定人员进行证券投资的申报、登记、审查、处置等管理制度，并报国务院证券监督管理机构备案。 **第十五条**　有下列情形之一的，不得担任公开募集基金的基金管理人的董事、监事、高级管理人员和其他从业人员： （一）因犯有贪污贿赂、渎职、侵犯财产罪或者破坏社会主义市场经济秩序罪，被判处刑罚的； （二）对所任职的公司、企业因经营不善破产清算或者因违法被吊销营业执照负有个人责任的董事、监事、厂长、高级管理人员，自该公司、企业破产清算终结或者被吊销营业执照之日起未逾五年的； （三）个人所负债务数额较大，到期未清偿的； （四）因违法行为被开除的基金管理人、基金托管人、证券交易所、证券公司、证券登记结算机构、期货交易所、期货公司及其他机构的从业人员和国家机关工作人员； （五）因违法行为被吊销执业证书或者被取消资格的律师、注册会计师和资产评估机构、验证机构的从业人员、投资咨询从业人员； （六）法律、行政法规规定不得从事基金业务的其他人员	《中华人民共和国证券投资基金法》

续表

事项	主要要求	适用规范
特别要求	根据《公开募集基础设施证券投资基金指引（试行）》及《基金经理注册登记规则》有关规定，REITs 基金经理的任职条件为： （一）取得基金从业资格； （二）具备 5 年以上基础设施项目运营或基础设施项目投资管理经验，且最近 1 年从事上述有关工作； （三）没有《公司法》《证券投资基金法》等法律、行政法规规定的不得担任公司董事、监事、经理和基金从业人员的情形； （四）具备良好的诚信记录及职业操守，且最近 3 年没有受到证券、银行、保险等行业的监管部门以及工商、税务等行政管理部门的行政处罚； （五）通过协会组织的基金经理证券投资法律知识考试（REITs 类）； （六）法律法规规定的其他条件	《关于开展公募基础设施证券投资基金的基金经理注册登记的通知》
禁止行为	**第十九条** 公开募集基金的基金管理人的董事、监事、高级管理人员和其他从业人员，不得担任基金托管人或者其他基金管理人的任何职务，不得从事损害基金财产和基金份额持有人利益的证券交易及其他活动。 **第二十一条** 公开募集基金的基金管理人及其董事、监事、高级管理人员和其他从业人员不得有下列行为： （一）将其固有财产或者他人财产混同于基金财产从事证券投资； （二）不公平地对待其管理的不同基金财产； （三）利用基金财产或者职务之便为基金份额持有人以外的人牟取利益； （四）向基金份额持有人违规承诺收益或者承担损失； （五）侵占、挪用基金财产； （六）泄露因职务便利获取的未公开信息、利用该信息从事或者明示、暗示他人从事相关的交易活动； （七）玩忽职守，不按照规定履行职责； （八）法律、行政法规和国务院证券监督管理机构规定禁止的其他行为	《中华人民共和国证券投资基金法》

资料来源：笔者根据相关法律法规整理。

2. 基金托管人及资产支持证券托管人

基础设施基金托管人及资产支持证券托管人原则上应为同一个主体。

托管人应当财务状况及社会声誉良好，具有基础设施领域资产管理产品托管经验，并为开展基础设施基金托管业务配备充足的专业人员。

托管人的主要职责为监督账户及资金流向，监督并复核投资运作、信息披露等，需要持续监督项目运营现金流并关注底层资产安全。

相关法律法规对基金托管人的具体要求如表 7－3 所示。

表7-3　对基金托管人的合规要求

事项	主要要求	适用规范
一般条件	**第三十三条**　基金托管人由依法设立的商业银行或者其他金融机构担任。 商业银行担任基金托管人的，由国务院证券监督管理机构会同国务院银行业监督管理机构核准；其他金融机构担任基金托管人的，由国务院证券监督管理机构核准。 **第三十四条**　担任基金托管人，应当具备下列条件： （一）净资产和风险控制指标符合有关规定； （二）设有专门的基金托管部门； （三）取得基金从业资格的专职人员达到法定人数； （四）有安全保管基金财产的条件； （五）有安全高效的清算、交割系统； （六）有符合要求的营业场所、安全防范设施和与基金托管业务有关的其他设施； （七）有完善的内部稽核监控制度和风险控制制度； （八）法律、行政法规规定的和经国务院批准的国务院证券监督管理机构、国务院银行业监督管理机构规定的其他条件	《中华人民共和国证券投资基金法》
	第六条　申请募集基金，拟任基金管理人、基金托管人应当具备下列条件： （一）拟任基金管理人为依法设立的基金管理公司或者经中国证监会核准的其他机构，拟任基金托管人为具有基金托管资格的商业银行或者经中国证监会核准的其他金融机构； （二）有符合中国证监会规定的、与管理和托管拟募集基金相适应的基金经理等业务人员； （三）最近一年内没有因重大违法违规行为、重大失信行为受到行政处罚或者刑事处罚； （四）没有因违法违规行为、失信行为正在被监管机构立案调查、司法机关立案侦查，或者正处于整改期间； （五）最近一年内向中国证监会提交的注册基金申请材料不存在虚假记载、误导性陈述或者重大遗漏； （六）不存在对基金运作已经造成或者可能造成不良影响的重大变更事项，或者诉讼、仲裁等其他重大事项； （七）不存在治理结构不健全、经营管理混乱、内部控制和风险管理制度无法得到有效执行、财务状况恶化等重大经营风险； （八）中国证监会根据审慎监管原则规定的其他条件	《公开募集证券投资基金运作管理办法》
特定条件	**第六条**　申请募集基础设施基金，拟任基金托管人应当符合《证券投资基金法》《公开募集证券投资基金运作管理办法》规定的相关条件，并满足下列要求： （一）财务状况良好，风险控制指标符合监管部门相关规定； （二）具有良好的社会声誉，在金融监管、工商、税务等方面不存在重大不良记录； （三）具有基础设施领域资产管理产品托管经验； （四）为开展基础设施基金托管业务配备充足的专业人员； （五）中国证监会规定的其他要求。 基础设施基金托管人与基础设施资产支持证券托管人应当为同一人	《公开募集基础设施证券投资基金指引（试行）》

续表

事项	主要要求	适用规范
主要职责	**第三十七条** 基金托管人应当履行下列职责： （一）安全保管基金财产； （二）按照规定开设基金财产的资金账户和证券账户； （三）对所托管的不同基金财产分别设置账户，确保基金财产的完整与独立； （四）保存基金托管业务活动的记录、账册、报表和其他相关资料； （五）按照基金合同的约定，根据基金管理人的投资指令，及时办理清算、交割事宜； （六）办理与基金托管业务活动有关的信息披露事项； （七）对基金财务会计报告、中期和年度基金报告出具意见； （八）复核、审查基金管理人计算的基金资产净值和基金份额申购、赎回价格； （九）按照规定召集基金份额持有人大会； （十）按照规定监督基金管理人的投资运作； （十一）国务院证券监督管理机构规定的其他职责	《中华人民共和国证券投资基金法》
	第四十四条 基金托管人应当依照法律法规规定、基金合同和托管协议约定履行下列职责： （一）安全保管基础设施基金财产、权属证书及相关文件； （二）监督基础设施基金资金账户、基础设施项目运营收支账户等重要资金账户及资金流向，确保符合法律法规规定和基金合同约定，保证基金资产在监督账户内封闭运行； （三）监督、复核基金管理人按照法律法规规定和基金合同约定进行投资运作、收益分配、信息披露等； （四）监督基金管理人为基础设施项目购买足够的保险； （五）监督基础设施项目公司借入款项安排，确保符合法律法规规定及约定用途； （六）法律法规及中国证监会规定的其他职责	《公开募集基础设施证券投资基金指引（试行）》

资料来源：笔者根据相关法律法规整理。

相关法律法规对基金托管人工作人员的具体要求如表 7－4 所示。

表 7－4　　对基金托管人工作人员的合规要求

事项	主要要求	适用规范
一般条件	**第三十五条** 本法第十五条、第十八条、第十九条的规定，适用于基金托管人的专门基金托管部门的高级管理人员和其他从业人员。 本法第十六条的规定，适用于基金托管人的专门基金托管部门的高级管理人员。 **第三十六条** 基金托管人与基金管理人不得为同一机构，不得相互出资或者持有股份	《中华人民共和国证券投资基金法》

资料来源：笔者根据相关法律法规整理。

3. 其他参与机构

中国证监会提出“参照公开发行证券相关要求强化对基础设施资产支持证券发行等环节相关参与主体的监督管理，压实中介机构责任，落实各项监管要求”，对中介机构等其他参与机构的主体责任提出了更高要求。相关法律法规对其他参与机构的具体要求如表7－5所示。

表7－5　对其他参与机构的合规要求

参与主体	主要要求	适用规范
原始权益人	原始权益人应当满足下列要求： （一）依法设立且合法存续； （二）享有基础设施项目完全所有权或者经营权利，不存在重大经济或法律纠纷； （三）信用稳健，内部控制制度健全，具有持续经营能力； （四）最近3年（未满3年的自成立之日起，下同）不存在重大违法违规记录，不存在因严重违法失信行为被有权部门认定为失信被执行人、失信生产经营单位或者其他失信单位并被暂停或者限制进行融资的情形； （五）中国证监会和本所规定的其他要求	《公开募集基础设施证券投资基金指引（试行）》
财务顾问	财务顾问由取得保荐机构资格的证券公司担任，按照法律法规及中国证监会有关保荐机构尽职调查要求，对基础设施项目进行尽职调查，充分了解基础设施项目的经营状况及其面临的风险和问题，并出具财务顾问报告。	《公开募集基础设施证券投资基金指引（试行）》
外部管理机构	外部管理机构应当符合《基础设施基金指引》规定的相关条件，并满足下列要求： （一）具有持续经营能力； （二）最近3年不存在重大违法违规记录； （三）中国证监会和交易所规定的其他要求	《公开募集基础设施证券投资基金配套业务规则》
资产服务机构	资产服务机构可以与基金管理人聘请的运营管理机构为同一机构	《公开募集基础设施证券投资基金指引（试行）》
评估机构 律师事务所 会计师事务所	**第一百六十条**　会计师事务所、律师事务所以及从事证券投资咨询、资产评估、资信评级、财务顾问、信息技术系统服务的证券服务机构，应当勤勉尽责、恪尽职守，按照相关业务规则为证券的交易及相关活动提供服务。 从事证券投资咨询服务业务，应当经国务院证券监督管理机构核准；未经核准，不得为证券的交易及相关活动提供服务。从事其他证券服务业务，应当报国务院证券监督管理机构和国务院有关主管部门备案	《中华人民共和国证券法》

资料来源：笔者根据相关法律法规整理。

7.4.3 基金存续期管理

1. 基金停牌、复牌、终止上市及清算

在基础设施公募 REITs 上市交易之后的基金存续期内，与传统的公募基金相似，也存在停牌、复牌、终止上市、基金清算等情形。上交所、深交所对各类情形具有明确的规定和要求。

(1) 停牌及复牌。

按照上海证券交易所的规定，出现下列之一的情况，交易所可以对基金的交易实施停牌及复牌：①任何公共媒体出现或者在市场上流传可能对基金交易价格产生误导性影响或者引起较大波动的消息，交易所可以对该基金的交易实施停牌，至相关信息披露义务人对该消息作出公开说明或澄清公告当日复牌（如公告日为非交易日，公告后第一个交易日复牌）；②交易出现异常波动的，交易所可以对该基金的交易实施停牌，至相关信息披露义务人作出公告当日复牌（如公告日为非交易日，公告后第一个交易日复牌）；③在交易期间因出现异常情况或停市而暂停接受交易型开放式指数基金的申购、赎回申报的，交易型开放式指数基金的交易同时停牌，至恢复申购、赎回申报时复牌；④基金管理人申请基金停牌、复牌的情形；⑤中国证监会、交易所认为应当停牌、复牌的其他情形。

按照深圳证券交易所的规定，基金出现下列情形之一时，基金管理人应当向交易所申请对其例行停牌及复牌：①于交易日公布收益分配公告或者预告的，该基金自当日上午开市起停牌一小时，上午 10: 30 复牌；②以现场方式召开基金份额持有人大会，会议时间为交易所交易时间的，该基金自持有人大会召开当日起停牌，直至公布持有人大会决议当日上午 10: 30 复牌（如持有人大会决议公布日为非交易日，则公布后首个交易日开市时复牌）。

基金出现下列情形之一时，深圳证券交易所对其予以停牌及复牌：①在任何公共媒体出现的或者在市场上流传的消息，可能对基金的交易价格产生误导性影响或者引起较大波动的，交易所可对该基金实施停牌。直至相关信息披露义务人披露相关公告的当日上午 10: 30 复牌；②信息披露不充分、不完整或者可能误导公众，信息披露义务人不按照交易所要求作出修改的，交易所可对该基金实施停牌，直至相关信息披露义务人披露补充或者更正公告的当日上午 10: 30 复牌；③延迟公布年度报告或者半年度报告的，交易所可

对该基金实施停牌，直至该年度报告或者半年度报告公告当日上午10∶30复牌（如果公告日为非交易日，则于公告后首个交易日开市时复牌）；④基金管理人在基金运作和信息披露方面违反国家有关法律、行政法规、部门规章及交易所业务规则的规定，情节严重，被有关部门调查，可能对基金交易价格引起较大波动的，交易所可对该基金实施停牌，待有关处理决定公告后另行决定复牌时间；⑤在交易时间内因出现异常情况、临时停市而暂停接受交易型开放式指数基金的申购、赎回申报的，交易所对交易型开放式指数基金同时实施停牌，至恢复接受申购、赎回申报时复牌；⑥在交易时间内因出现异常情况而暂停接受上市开放式基金的赎回申报的，交易所对上市开放式基金同时实施停牌，至恢复接受赎回申报时复牌；⑦交易所认定的其他情形。

（2）终止上市。

按照上海证券交易所的规定，基金上市期间出现下列情况之一时，交易所将终止其上市：①不再具备本规则第四条规定的上市条件；②基金合同期限届满未获准续期的；③基金份额持有人大会决定提前终止上市；④基金合同约定的终止上市的其他情形；⑤交易所认为应当终止上市的其他情形。

按照深圳证券交易所的规定，基金出现下列情形之一的，交易所决定其终止上市：①自暂停上市之日起半年内未能消除暂停上市原因的；②基金合同期限届满未获准续期的；③基金份额持有人大会决定提前终止上市；④基金合同约定的终止上市的其他情形；⑤交易所认为应当终止上市的其他情形。

（3）基金清算。

按照沪深交易所规定，基金管理人应当根据基础设施基金的特点，在基金合同中明确约定包括但不限于基础设施项目无法维持正常、持续运营，难以再产生持续、稳定现金流等基金合同终止情形。触发基金合同终止情形的，基金管理人应当按照法律、行政法规等规定和基金合同约定办理基金清算。

基金合同终止或基金清算涉及基础设施项目处置的。基金管理人和资产支持证券管理人应当在相关文件中明确并披露基础设施项目处置的触发情形、决策程序、处置方式和流程以及相关信息披露安排等。

涉及基础设施项目处置的，应当遵循份额持有人利益优先的原则，资产支持证券管理人应当配合基金管理人按照有关规定和约定进行资产处置，并尽快完成剩余财产分配。

资产处置期间，基金管理人、资产支持证券管理人应当按照有关规定和约定履行信息披露义务。

2. 新购入基础资产

基金管理人作出拟购入基础设施项目决定时，应当发布临时公告披露拟购入基础设施项目的相关情况及安排。上述首次临时公告发布后，基金管理人还应当定期发布进展公告，说明本次购入基础设施项目的具体进展情况。若本次购入基础设施项目发生重大进展或重大变化，基金管理人也应当及时发布临时公告予以披露。

基础设施基金存续期间拟购入基础设施项目，基金管理人按照规定向中国证监会申请基础设施基金变更注册的，基金管理人和资产支持证券管理人应当同时向交易所提交基金产品变更申请和基础设施资产支持证券相关申请，由交易所确认是否符合相关条件。

3. 权益变动及要约收购

基础设施公募REITs超5%权益变动、要约收购等相关业务规则，参照了《上市公司收购管理办法》、沪深交易所《股票上市规则》等上市公司监管规则。按照《公开募集基础设施证券投资基金（REITs）业务办法（试行）》等的规定，基础设施基金的收购及份额权益变动活动，当事人应当参照前述文件规定履行相应的程序或者义务；对于确不适用的事项，当事人可以说明理由，免除履行相关程序或者义务。具体来说，基础设施公募REITs的收购及份额权益变动要求如表7－6所示。

表7－6　　基础设施公募REITs的收购及份额权益变动要求

<table>
<tr><th>适用情形</th><th>操作指引</th><th>特别要求</th><th>信息披露</th></tr>
<tr><td>投资者及其一致行动人拥有权益的基金份额达到一只基础设施基金份额的5%</td><td>自上述事实发生之日起至当事人编制权益变动报告书并公告的期限内，不得再行买卖该基础设施基金的份额</td><td rowspan="3">基金合同中应当约定，投资者及其一致行动人同意在拥有基金份额时即视为承诺，若违反前述规定买入在基础设施基金中拥有权益的基金份额的，在买入后的36个月内，对该超过规定比例部分的基金份额不行使表决权</td><td>当事人应当在该事实发生之日起3日内编制权益变动报告书，通知该基金管理人，并予公告</td></tr>
<tr><td>投资者及其一致行动人拥有权益的基金份额达到一只基础设施基金份额的达到或者超过该基础设施基金份额的10%但未达到30%</td><td rowspan="2">当事人通过交易所交易拥有权益的基金份额占该基础设施基金份额的比例每增加或者减少5%，应当依照前款规定进行通知和公告。在该事实发生之日起至公告后3日内，不得再行买卖该基础设施基金的份额。</td><td>当事人应当参照《上市公司收购管理办法》第十六条规定编制权益变动报告书</td></tr>
<tr><td>投资者及其一致行动人拥有权益的基础设施基金份额达到或者超过该基础设施基金份额的30%但未达到50%</td><td>当事人应当参照《上市公司收购管理办法》第十七条规定编制权益变动报告书</td></tr>
</table>

续表

适用情形	操作指引	特别要求	信息披露
投资者及其一致行动人拥有权益的基金份额达到基础设施基金份额的 50%	继续增持该基础设施基金份额的，应当参照《上市公司收购管理办法》以及其他有关上市公司收购及股份权益变动的有关规定，采取要约方式进行并履行相应的程序或者义务，但符合交易所《基础设施基金业务办法》规定情形的可免除发出要约	投资者及其一致行动人通过首次发售方式拥有权益的基金份额达到或超过基础设施基金份额 50%，继续增持该基础设施基金份额的，参照适用前述规定	被收购基础设施基金的管理人应当参照《上市公司收购管理办法》的规定，编制并公告管理人报告书，聘请独立财务顾问出具专业意见并予公告
投资者及其一致行动人拥有权益的基础设施基金份额达到或者超过基础设施基金份额的 2/3	继续增持该基础设施基金份额的，可免于发出要约		
投资者及其一致行动人拥有权益的基础设施基金份额达到或者超过基础设施基金份额的 50% 的，且符合《上市公司收购管理办法》第六十三条列举情形之一	可免于发出要约		
符合《上市公司收购管理办法》第六十二条列举情形之一	投资者可以免于以要约方式增持基础设施基金份额		

资料来源：笔者根据相关法律法规整理。

7.5 基础设施公募 REITs 的扩募

2022 年 5 月 31 日，上交所和深交所同时发布了《公开募集基础设施证券投资基金（REITs）规则适用指引第 3 号——新购入基础设施项目（试行)》(以下简称《REITs 扩募细则》)，标志着市场期盼已久的公募 REITs 扩募细则正式出台。参照国外成熟 REITs 市场发展状况，扩募是公募 REITs 市场扩容的主要渠道，也是单只公募 REITs 具有“生命力”的体现。《REITs 扩募细则》的出台，在公募 REITs 市场发展历程中具有里程碑的意义，对市场扩容推动和健康发展将产生显著的促进效果。

7.5.1 扩募的条件与要求

对于拟通过新购入基础设施项目进行基金扩募的，《REITs扩募细则》对REITs基金、新购入基础设施项目、相关参与主体均有明确的要求和规定。

1. 拟扩募REITs基金的基本要求

申请新购入基础设施项目的基础设施公募REITs基金，应当符合下列条件：(1) 符合《中华人民共和国证券投资基金法》《公开募集证券投资基金运作管理办法》《基础设施基金指引》《基础设施基金业务办法》及相关规定的要求；(2) 基础设施基金投资运作稳健，上市之日至提交基金变更注册申请之日原则上满12个月，运营业绩良好，治理结构健全，不存在运营管理混乱、内部控制和风险管理制度无法得到有效执行、财务状况恶化等重大经营风险；(3) 持有的基础设施项目运营状况良好，现金流稳定，不存在对持续经营有重大不利影响的情形；(4) 会计基础工作规范，最近1年财务报表的编制和披露符合企业会计准则或者相关信息披露规则的规定，最近1年财务会计报告未被出具否定意见或者无法表示意见的审计报告；最近1年财务会计报告被出具保留意见审计报告的，保留意见所涉及事项对基金的重大不利影响已经消除；(5) 中国证券监督管理委员会和本所规定的其他条件。

2. 新购入基础设施项目的要求

基础设施公募REITs基金存续期间，新购入基础设施项目的标准和要求与基础设施基金首次发售一致，除此之外，还应当满足下列条件和要求：(1) 符合国家重大战略、发展规划、产业政策、投资管理法规、反垄断等法律法规的规定；(2) 不会导致基础设施基金不符合基金上市条件；(3) 拟购入的基础设施项目原则上与基础设施基金当前持有基础设施项目为同一类型；(4) 有利于基础设施基金形成或者保持良好的基础设施项目投资组合，不损害基金份额持有人合法权益；(5) 有利于基础设施基金增强持续运作水平，提升综合竞争力和吸引力；(6) 拟购入基础设施项目涉及扩募份额导致基础设施基金持有人结构发生重大变化的，相关变化不影响基金保持健全有效的治理结构；(7) 拟购入基础设施项目涉及主要参与机构发生变化的，相关变化不会对基础设施基金当前持有的基础设施项目运营产生不利影响。

3. 相关主体的条件与要求

申请新购入基础设施项目，基金管理人、基金托管人、持有份额不低于20%的第一大基础设施公募 REITs 基金持有人等主体除应当符合《基础设施基金指引》《基础设施基金业务办法》等相关规定外，还应当符合下列条件：(1) 基金管理人具备与拟购入基础设施项目相适应的专业胜任能力与风险控制安排；(2) 基金管理人最近 2 年内没有因重大违法违规行为受到行政处罚或者刑事处罚，最近 12 个月未受到重大行政监管措施；(3) 基金管理人最近 12 个月内未受到证券交易所公开谴责，不存在其他重大失信行为；(4) 基金管理人现任相关主要负责人员不存在最近两年受到中国证监会行政处罚，或者最近 1 年受到证券交易所公开谴责，或者因涉嫌犯罪正在被司法机关立案侦查或者涉嫌违法违规被中国证监会立案调查的情形；(5) 基金管理人不存在擅自改变基础设施基金前次募集资金用途未作纠正的情形；(6) 基金管理人、持有份额不低于 20% 的第一大基础设施基金持有人最近 1 年不存在未履行向本基金投资者作出的公开承诺的情形；(7) 基金管理人、持有份额不低于 20% 的第一大基础设施基金持有人最近 3 年不存在严重损害基础设施基金利益、投资者合法权益、社会公共利益的重大违法行为；(8) 中国证监会和本所规定的其他条件。

基金管理人应当综合考虑现有基础设施基金规模、自身管理能力、持有人结构、二级市场流动性等因素，合理确定新购入基础设施项目类型、规模、融资方式和结构等。

基金管理人应当遵循基金份额持有人利益优先的原则，根据拟购入基础设施项目评估值及其市场公允价值等有关因素，合理确定拟购入基础设施项目的交易价格或价格区间，按照规定履行必要决策程序。交易价格应当公允，不存在损害基金份额持有人合法权益的情形。

基础设施基金新购入基础设施项目的，可以单独或同时以留存资金、对外借款或者扩募资金等作为资金来源。基金管理人应当遵循公平、公正、基金份额持有人利益优先的原则，在有效保障基础设施基金可供分配现金流充裕性及分红稳定性前提下，合理确定拟购入基础设施项目的资金来源，按照规定履行必要决策程序。

7.5.2 扩募的流程

基础设施公募 REITs 的扩募流程如图 7 - 2 所示。

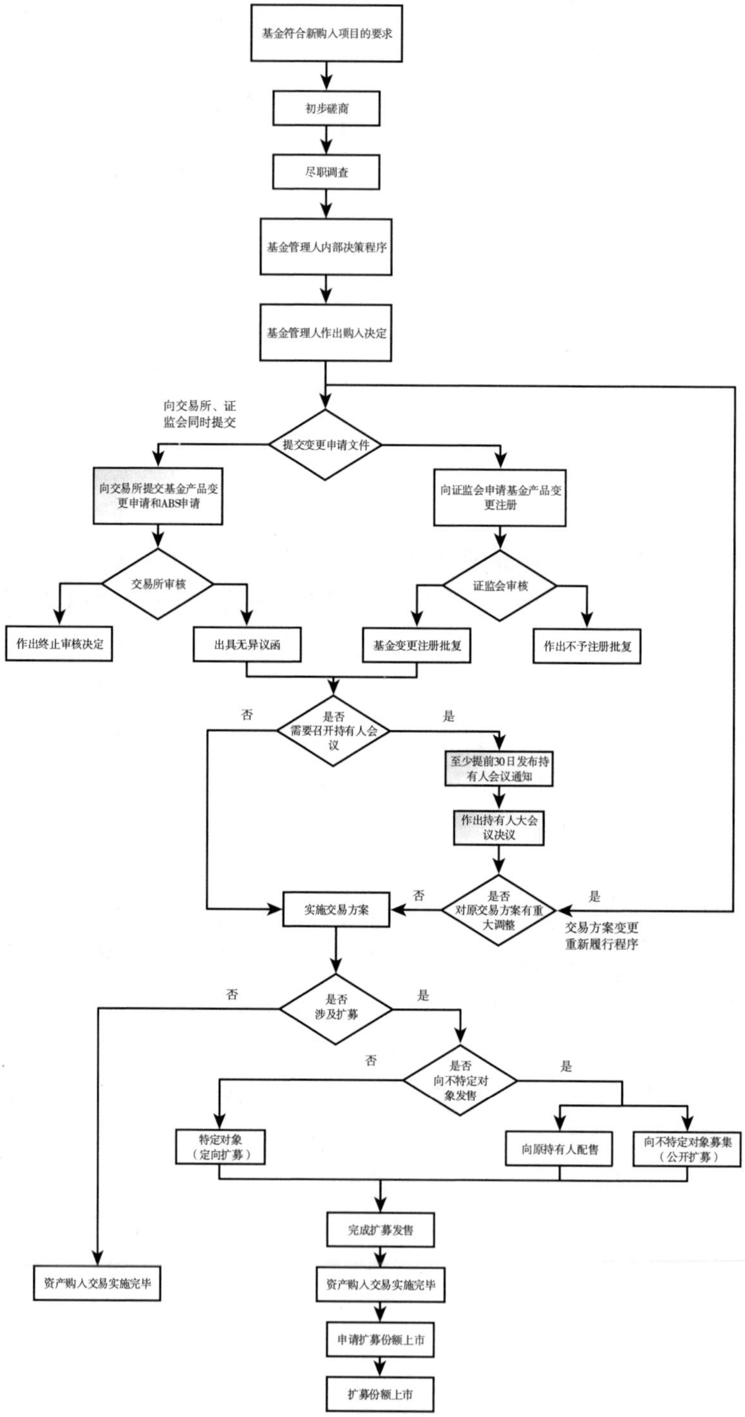
基金符合新购入项目的要求
初步磋商
尽职调查
基金管理人内部决策程序
基金管理人作出购入决定
向交易所、证
监会同时提交
提交变更申请文件
向交易所提交基金产品变更申请和ABS申请
向证监会申请基金产品变更注册
交易所审核
证监会审核
作出终止审核决定
出具无异议函
基金变更注册批复
作出不予注册批复
否
是否
需要召开持有人会议
是
至少提前30日发布持有人会议通知
作出持有人大会议决议
否
是否
对原交易方案有重大调整
是
实施交易方案
交易方案变更
重新履行程序
否
是否
涉及扩募
是
否
是否
向不特定对象发售
是
特定对象
（定向扩募）
向原持有人配售
向不特定对象募集
（公开扩募）
完成扩募发售
资产购入交易实施完毕
资产购入交易实施完毕
申请扩募份额上市
扩募份额上市

图 7－2　基础设施公募 REITs 的扩募流程

基础设施公募REITs的扩募流程具体包括以下步骤：

在基础设施公募REITs基金符合新购入项目要求的基础上，基金管理人与交易对方就基础设施项目购入进行初步磋商。

基金管理人按照《基础设施基金指引》等相关规定对拟购入的基础设施项目进行全面尽职调查，基金管理人可以与资产支持证券管理人联合开展尽职调查，必要时还可以聘请财务顾问开展尽职调查。同时，基金管理人应当聘请符合法律法规规定的律师事务所、评估机构、会计师事务所等专业机构就新购入基础设施项目出具意见。

基金管理人应当在作出拟购入基础设施项目决定前履行必要内部决策程序。基金管理人依法作出拟购入基础设施项目决定的，应当履行中国证监会变更注册、本所基础设施基金产品变更和基础设施资产支持证券相关申请确认程序。对于基础设施项目交易金额超过基金净资产20%的或者涉及扩募安排的，基金管理人应当在履行变更注册程序后提交基金份额持有人大会批准。

基金管理人向中国证监会申请基础设施基金产品变更注册的，基金管理人和资产支持证券管理人应当同时向交易所提交相关申请。交易所对基础设施基金产品变更和基础设施资产支持证券相关申请是否符合条件进行审核，出具无异议函或作出终止审核的决定，并通知基金管理人、资产支持证券管理人。

基金份额持有人大会按照《基础设施基金指引》就新购入基础设施项目、扩募（如有）进行表决，并公告该决议，律师事务所出具法律意见书。

基础设施基金履行完毕变更注册程序后，基金管理人拟对交易对方、拟购入的基础设施项目、交易价格、资金来源等作出变更，构成对原交易方案重大调整的，应当重新履行变更注册程序并及时公告相关文件。需提交基金份额持有人大会投票表决的，应当在重新履行完毕变更注册程序后再次召开基金份额持有人大会进行表决。

基础设施基金拟购入基础设施项目完成相关变更注册程序并经基金份额持有人大会表决通过（如需）后，应当及时实施交易方案，并于实施完毕之日起3个工作日内编制交易实施情况报告书予以公告。

新购入基础设施项目实施过程涉及扩募且向不特定对象发售的，基金管理人应当在发售首日的3日前将招募说明书等刊登在交易所网站和符合中国证监会规定条件的网站，供公众查阅。新购入基础设施项目实施过程涉及扩募且向特定对象发售的，基金管理人应当在发售前将招募说明书等刊登在交易所网站和符合中国证监会规定条件的网站，供公众查阅；在发售验资完成后的两个工作日内，将发行情况报告书刊登在交易所网站和符合中国证监会规定条件的网站，供公众查阅。

扩募发售完成后，基金管理人向交易所申请扩募份额上市，完成扩募。

7.5.3 扩募的发售

基础设施公募 REITs 基金扩募的，可以向不特定对象发售，也可以向特定对象发售（以下简称“定向扩募”）。其中，向不特定对象发售包括向原基础设施基金持有人配售份额（以下简称“向原持有人配售”）和向不特定对象募集（以下简称“公开扩募”）两种。

1. 定向扩募

基础设施公募 REITs 基金定向扩募的，发售对象应当符合基金份额持有人大会决议规定的条件，且每次发售对象不超过 35 名。定向扩募的发售价格应当不低于定价基准日前 20 个交易日基础设施公募 REITs 基金交易均价的 90%。

定向扩募的定价基准日为基金发售期首日。基金份额持有人大会决议提前确定全部发售对象，且发售对象属于下列情形之一的，定价基准日可以为本次扩募的基金产品变更草案公告日、基金份额持有人大会决议公告日或者发售期首日：①持有份额超过 20% 的第一大基础设施基金持有人或者通过认购本次发售份额成为持有份额超过 20% 的第一大基础设施基金持有人的投资者；②新购入基础设施项目的原始权益人或者其同一控制下的关联方；③通过本次扩募拟引入的战略投资者。

基金份额持有人大会决议确定部分发售对象的，确定的发售对象不得参与竞价，且应当接受竞价结果，并明确在通过竞价方式未能产生发售价格的情况下，是否继续参与认购、价格确定原则及认购数量。

定向扩募的基金份额，自上市之日起 6 个月内不得转让；发售对象新购入基础设施项目的原始权益人或者其同一控制下的关联方的，其认购的基金份额自上市之日起 18 个月内不得转让。

2. 向原持有人配售

向原持有人配售的，基金管理人应当在提交变更注册申请的招募说明书中披露持有份额不低于20%的第一大基础设施基金持有人、新购入基础设施项目的原始权益人或者其同一控制下的关联方认购基金份额数量的承诺文件。持有份额不低于20%的第一大基础设施基金持有人、新购入基础设施项目的原始权益人或者其同一控制下的关联方不履行认购基金份额的承诺，或者募集期限届满后原基础设施基金持有人认购的数量未达到拟配售数量80%的，基金管理人应当在募集期届满后30日内返还已认购投资者缴纳的款项，并加计银行同期存款利息。

向原持有人配售的，应当向权益登记日登记在册的持有人配售，且配售比例应当相同。

基金管理人、财务顾问（如有）应当遵循基金份额持有人利益优先的原则，根据基础设施公募 REITs 基金二级市场交易价格和新购入基础设施项目的市场价值等有关因素，合理确定配售价格。

3. 公开扩募

基础设施公募 REITs 基金公开扩募的，可以全部或者部分向权益登记日登记在册的原基础设施公募 REITs 基金份额持有人优先配售，优先配售比例应当在发售公告中披露。

网下机构投资者、参与优先配售的原基础设施基金份额持有人以及其他投资者，可以参与优先配售后的余额认购。

基金管理人、财务顾问（如有）应当遵循基金份额持有人利益优先的原则，根据基础设施基金二级市场交易价格和新购入基础设施项目的市场价值等有关因素，合理确定公开扩募的发售价格。

公开扩募的发售价格应当不低于发售阶段公告招募说明书前20个交易日或者前1个交易日的基础设施基金交易均价。

第 8 章

基础设施公募 REITs 的投资交易

在完成申报、审批、注册等流程之后，基础设施公募 REITs 就成了在交易所公开交易的金融产品，无论是机构投资者还是自然人投资者，都可以公开交易 REITs 产品。作为一种中等收益、中等风险的金融产品，基础设施公募 REITs 是可供投资者投资的金融产品体系的有效补充，对于拓宽社会资本投资渠道、提升直接融资比重、盘活社会可投资资金、完善储蓄转化投资机制亦具有重要的推动作用。本章详细介绍基础设施公募 REITs 的投资价值与特点、投资风险、投资流程和投资收益观测指标，以指导投资者参与基础设施公募 REITs 投资。

8.1 基础设施公募 REITs 的投资价值与特点

8.1.1 投资价值

基础设施公募 REITs 兼具利润分红的债性和价格波动的股性，且基础设施公募 REITs 与股票、债券等其他金融资产关联性低，风险分散效果也较好，长期来看，基础设施公募 REITs 是比较稳定的资产，能为投资者带来稳定、良好的长期回报。投资者投资基础设施公募 REITs 的主要收益是不动产的营运收入（租金收入或是高速收费等）和资产增值的收益。

REITs 是一种收益性、安全性、稳定性、长期性和增值性都比较好的金融产品，基础设施公募 REITs 的投资价值主要体现在以下几个方面。

（1）长期投资收益。基础设施公募 REITs 的底层资产是长期运行的基础设施，投资公募 REITs，获得的是基础设施的长期投资价值，是现有金融产品体系的有益补充。

（2）高固定收益率。基础设施公募 REITs 具有"强制分红"的要求，其固定收益率远高于普通资产，源源不断的分红成为稳定收益的保障。

（3）高流动性。基础设施公募 REITs 把高价值的基础设施拆分成流动股份并在交易所公开上市，降低了投资门槛，拥有较好的市场流动性。

（4）专业管理。基础设施公募 REITs 的基金公司和资产运营公司拥有基础设施资产管理的专业能力和丰富经验。

（5）良好的法律制约。基础设施公募 REITs 产品规则透明健全，比照公开发行证券要求建立上市审查制度，制定了完备的发售、上市、交易、收购、信息披露、退市等具体业务规则，并对产品形成了独立的管理、分析、审计，亦有定期对外披露的义务，使得 REITs 产品拥有较高的信息透明程度和法律保障。

8.1.2 投资特点

从作为金融产品的投资角度而言，基础设施公募 REITs 有以下两个方面的突出特点。

1. 收益性兼具债性和股性的特征

基础设施公募 REITs 的收益性兼具债性和股性的特征，分别体现来自资产的现金分派和价值变动。

基础设施公募 REITs 的债性体现为：基于强制分红的设置，在符合条件的前提下，基础设施公募 REITs 基金应将可供分配金额的 90% 以上强制分配给投资人，其稳定性类似于债券，作为投资者，可以享受基金分红的债性收益。在投资回报指标方面，股息率（分红金额/市价）可以反映基础设施公募 REITs 的债性收益状况。

基础设施公募 REITs 的股性体现为：基础设施公募 REITs 产品上市后，资产价值提升会带来基金份额价值增长，表现为产品在二级市场的价格上升，作为投资者，可以进行低买高卖的操作获取价差的股性收益。在投资回报指标方面，涨跌幅[(卖出价－买入价)/买入价]可以反映基础设施公募 REITs 的股性收益状况。

从底层资产的类型区分来看，特许经营权基础设施公募 REITs 更偏债性，如高速公路 REITs、垃圾污水处理 REITs 等，其收入来源主要是车辆通行费用、固定的污水处理费及垃圾处理费，未来现金流相对比较稳定固定。由于此类 REITs 的未来现金流整体可估，因此 REITs 的债性更强，体现出来其预期分派收益率较高。然而对于此类项目，也要关注其不确定因素，例如未来补贴收入、改建计划等，此类不确定因素是区分特许经营权项目的重点，以此出发来分析特许经营项目未来现金流的稳定性的差异。

而产权类基础设施 REITs 则更偏股性，未来的增长性将是综合实力的体现。据海外成功 REITs 的经验来看，较为成功的 REITs 的增值能力主要还是靠其本身的运营能力，不断提高底层资产的质量和价值，同时收购优质的同类型底层资产，从而实现租金水平的增长以及稳定的出租率。因此在评估此类产品时，除了4%左右的预期分派收益率，更重要的在于其内生性增长和外延性增长。内生性增长包括已签约的租金增长率，租约更新与市场可比租金，增值服务，物业改造提升，品质及经营面积。外延增长性包括发起人的资产储备和扩募计划，扩募的资本市场环境及可行性等。除此之外，也需要关注底层资产所在的地域、租户类型等信息。总体而言，此类产品股性更强，其增长能力是一个综合实力的体现，因而在市场中的表现更加考验基金管理人、运营商的管理能力。

从全球 REITs 市场的统计来看，美国 REITs 市场的年化收益达到了13.33%，其中分红的债性收益贡献了7.51%，价格上涨的股性收益贡献了5.82%。

2. 流动性兼具公募基金和股票市场的特点

公募基金是基础设施公募 REITs 的载体，因此在交易方面沿用了交易所对上市基金的管理体系。与股票市场相似的是，基础设施公募 REITs 的现金流同样会受到经济周期、具体运营情况等影响。

一般而言，REITs 市场越成熟，流动性表现越好。对比美国、中国香港、新加坡和中国内地四地上市 REITs 的换手率，在美国上市的基础设施 REITs 的加权日均换手率为 0.518%，高于在中国香港 REITs 的日均换手率（0.262%）和新加坡 REITs 的日均换手率（0.241%）。国内基础设施公募 REITs 的市场成熟度虽然还有待提升，但是由于上市之初投资参与热度高、总体交易规模小、同期股票市场表现欠佳等因素，导致公募 REITs 的流动性表现非常好，截至 2022 年 3 月底，11 只上市 REITs 的换手率达到了 2.295%，远远高于其他 REITs 市场的流动性。随着上市交易 REITs 产品的丰富、做市制度的完善和投资者教育的深入，预计 REITs 的交易将会更加活跃、成熟，成为普通投资者的重要金融资产配置选择。

8.2 投资风险

任何金融资产投资都存在一定的投资风险。在稳健的收益预期、较为火爆的投资热情面前，投资者在合理判断另类投资收益的同时，应认清有可能出现的风险点，主要体现在底层资产运营风险和金融市场交易风险两个方面。

8.2.1 底层资产及其运维风险

投资基础设施公募 REITs 的本质是投资底层资产及其运维和增值能力，因此，投资基础设施公募 REITs 首要关注的应是底层资产及其运维中潜在的风险，具体包括以下风险。

（1）经营风险。基础设施底层资产的经营风险主要来自自身主营业务的风险，包括：对基础设施资产的运营能力，资产项目所处的经济、行业、政策、竞争结构等变化。基础设施公募 REITs 的市值和分红都高度依赖于底层资产的盈利能力，现金流的稳定性依赖于对基础设施项目的经营能力，正常经营基础设施项目是基础资产现金流实现的基本条件。一般而言，基础设施项目的期限越长，基础设施运营管理面临的风险则会越大，公募 REITs 投资面临的风险也就越高。

（2）市场风险。无论是产权类基础设施还是特许经营权类基础设施，都面临着需求不足或价格下跌的风险，如高速公路车流量不足、产业园区租金下降等，都可能对基础设施公募 REITs 的盈利性产生影响。因此，投资者在进行基础设施公募 REITs 的投资决策时，应当充分研究底层资产可能面临的市场风险。

（3）信用风险。基础设施项目运行过程中参与者众多，这些参与者是否有效履行自己的职责，是否能按照协议规定的内容完成本职工作，政府部门承诺的补贴是否具有可持续性，这些信用因素都会对整个项目的经营状况产生影响，使其可能面临信用风险。

（4）政策风险。政策风险是指政府有关基础设施行业或企业的政策发生重大变化或是有重要的举措、法规出台，引起市场的波动，从而给投资者带来的风险。主要包括针对基础设施领域的反向性政策风险和突变性政策风险，如能源结构调整、交通业发展格局转变、补贴政策废止等，都会对特定行业下的基础设施项目造成重大的影响。

（5）其他风险。对于投资者而言，基础资产的现金流预测的可靠性、基础资产破产隔离的有效性、增信措施及其有效性等风险也都是不可忽视的。不过，在基础设施公募 REITs 的试点阶段，相关部门对底层资产优中选优，且在产品设计方面普遍进行了周全的考虑和设计，与此相关的风险程度还普遍相对较低，但未来随着 REITs 的扩募，这些风险也应当引起投资者关注。

8.2.2 金融市场交易风险

作为一种特殊的金融产品，基础设施公募 REITs 的金融交易风险体现在以下几个方面。

（1）底层资产波动风险。基础设施公募 REITs 兼具股性、债性的双重收益特征，须关注两者的不确定因素，包括但不限于未来补贴收入、改建计划等方面的变化，有可能会影响项目未来现金流的稳定性。

（2）REITs 流动性风险。基础设施公募 REITs 尚在试点阶段，无论是产品规模还是投资者认知，尚属初期阶段，可能出现交投不活跃，场内流动性不足的情况，持有人面临折价交易变现的风险。若部分炒作资金进场，也可能引发公募 REITs 产品流动性过高，从而出现场内净值大幅度波动等情况。

（3）REITs 收益风险。在基础设施公募 REITs 的投资回报方面，投资者需要正确理解“强制分红”的概念。一方面，基础设施公募 REITs 具有强制分红的要求，但其根本也是一种权益类金融产品，也就意味着 REITs 产品并无保本承诺；另一方面，尽管基础设施公募 REITs 产品在公告中披露了未来的分红额度，但并不是业绩承诺。

（4）其他风险。宏观经济环境变化、利率波动等也会对基础设施公募REITs的投资带来不确定性。

从产品投资目标来看，基础设施公募REITs做长期资产配置，其内涵价值不会有特别大的波动。尤其是公众投资者，要和自己的投资目标以及风险属性相匹配，不应抱有不切实际的投资期望。

8.3 交易规则与投资流程

由于基础设施REITs基金是公募性质，且在证券交易所公开交易，因此普通投资者也可以通过证券公司等场内证券经营机构、基金管理人及其委托的银行等场外销售机构申购基础设施公募REITs，参与投资。基础设施公募REITs的交易规则和投资参与流程介绍如下。

8.3.1 交易规则

1. 交易账户

如果投资者是场内认购、买卖，则需要开立A股账户或封闭式基金账户。

如果投资者是场外认购，则需要开立中国结算开放式基金账户（沪市TA、深市TA账户）。

2. 交易代码

在上海证券交易所交易的基础设施公募REITs，其代码编号为：508000～508099。

在深圳证券交易所交易的基础设施公募REITs，其代码编号为：180101～180999。

3. 适当性要求

普通投资者首次认购或买入基础设施REITs前，应当以纸质或者电子形式签署风险揭示书。

以广发证券为例，客户可以通过“易淘金 APP—我—业务办理—REITs 基金权限设置”开通 REITs 基金场内权限。

4. 交易方式

在上海证券交易所交易的基础设施公募 REITs 可采用竞价、大宗、报价、询价、制定对手方和协议交易等上交所认可的交易方式进行交易。

在深圳证券交易所交易的基础设施公募 REITs 可采用竞价、大宗、询价交易等深交所认可的交易方式进行交易。

其中，竞价、大宗交易适用基金交易的相关规定；报价、询价、指定对手方和协议交易等参照适用债券交易的相关规定，交易所另有规定的除外。

5. 申报时间

沪市竞价交易的申报时间为每个交易日的：9:15—9:25、9:30—11:30、13:00—15:00。

沪市大宗交易的申报时间为：（1）意向申报：9:30—11:30、13:00—15:30；（2）成交申报：15:00—15:30。

深市竞价交易的申报时间为每个交易日的：9:15—9:25、9:30—11:30、13:00—15:00。

深市大宗交易的申报时间为：（1）协议大宗交易：9:15—11:30、13:00—15:00；（2）盘后定价大宗交易：15:05—15:30。

深市询价交易的申报时间为每个交易日的：9:15—11:30、13:00—15:30。

6. 单笔申报数量

对于场内竞价交易：申报数量应当为 100 份或其整数倍，卖出基金时余额不足 100 份部分，应当一次性申报卖出。沪市单笔申报的最大数量不超过 1 亿份；深市单笔申报的最大数量不超过 10 亿份。

对于询价和大宗交易：上交所和深交所单笔申报数量都应当为 1000 份或其整数倍。

7. 涨跌幅限制

基础设施公募 REITs 交易实行价格涨跌幅限制，基金上市首日涨跌幅限制比例为 30%，非上市首日涨跌幅限制比例为 10%。

上市首日前收盘价为基础设施基金发售价格。

8. 交易机制

基础设施公募 REITs 交易实行“T+1”的交易机制，T 日（T 指交易日）买入，T+1 日才能卖出。

9. 转托管机制

由于基础设施公募 REITs 采取封闭式运作，不开放申购与赎回，在证券交易所上市，场外份额持有人须将基金份额转托管至场内方可卖出。

10. 融资融券

在交易所上市的非限售公募 REITs 份额，可以作为融资融券业务的可充抵保证金证券及担保物。具体以交易所及证券公司公布的可充抵保证金证券范围信息为准。

11. 流动性安排

基础设施基金上市期间，基金管理人原则上应当选定不少于 1 家流动性服务商为基础设施基金提供双边报价等服务。

8.3.2 投资流程

基础设施公募 REITs 基金采取封闭式运作，不开放申购与赎回，在证券交易所上市，场外份额持有人须将基金份额转托管至场内方可卖出，公众投资者应在募集期内认购。因此，对于公众投资者来说，要想认购 REITs 产品，可使用人民币普通股票账户、封闭式基金账户，以及开放式基金账户参与认购。

若投资者使用场内证券账户认购基础设施公募 REITs 份额，可以直接参与交易所场内交易；若使用场外基金账户认购，应当先转托管至场内证券经营机构，才能参与交易所场内交易。

投资者参与基础设施公募 REITs 投资包括以下流程。

1. 开立证券账户、开通 REITs 交易权限

投资者首先应开立股票账户或封闭式基金账户，参与基础设施基金场内认购的，应持有沪深交易所普通股票账户或封闭式基金账户。参与基础设施基金场外认购的，应当持有开放式基金账户。投资者需要通过已经开通的股票账户或基金账户，在软件中的“业务办理”功能模块里找到《基础设施基金交易权限开通》，点击进入后，勾选需要开通的账户，签署风险揭示书，正式开通基础设施公募 REITs 的交易权限。

2. 认购基金份额

基础设施公募 REITs 采用类股票 IPO 的询价认购机制，因此投资者可以在基金募集阶段认购一定的基金份额，待上市后继续持有或在交易所转让。公众投资者参与基础设施公募 REITs 的认购方式与上市型开放式基金（LOF）一致，可以通过场内证券经营机构或基金管理人及其委托的场外基金销售机构（基金公司官网、第三方销售机构等）认购基金份额。

网下投资者认购时，应当按照确定的认购价格填报一个认购数量，其填报的认购数量不得低于询价阶段填报的“拟认购数量”，也不得高于基金管理人、财务顾问确定的每个配售对象认购数量上限，且不得高于网下发售份额总量。试点基础设施公募 REITs 对公众投资者的认购份额设了限制，最低门槛大致在 100～1000 元，追加认购金额在 1～1000 元。总体来看，场内认购以及通过基金管理人直销柜台单笔追加认购金额更高。

在基础设施公募 REITs 的募集期认购基金份额，与股票交易中的“打新股”有些相似。而且由于基础设施公募 REITs 尚处于试点阶段，底层资产项目都比较优质，且基金数量和可供普通投资者投资的规模都较小，因此在认购阶段非常火爆。例如，首批试点的首钢绿能 REIT 认购倍数为 11.13 倍，意味着认购成功率只有 8.99%，第二批试点的建信、华夏两只公募 REITs 的网下认购倍数更是分别达到了 56 倍和 44 倍。而且，与上市后的二级市场价格相比，认购价格有显著折价，意味着在认购阶段就买入 REITs 产品可以获得较大的升值空间。但是，未来随着 REITs 市场的扩募和成熟度的提升，未来可能会出现上市之后市场价格低于认购价格的情形，类似于股票市场的“破

发”，投资者应当重视相关风险，理性认购。

认购REITs基金份额并非投资REITs产品的必要步骤，投资者也可以待REITs产品上市后在二级市场买入。

3. 二级市场交易

基础设施REITs上市后，投资者使用场内证券账户的基金份额，输入REITs基金代码即可直接参与场内交易。投资者使用场外证券账户的基金份额，应先转托管至场内证券经营机构后，才可参与场内经营。

需要注意的是，场内的价格是买卖双方交易出来的，相比于基金净值会有折价或溢价，市场价格也存在一定的波动性，投资者应具备一定的风险承受能力，并自行承担全部投资风险。

基础设施基金的风险收益特征与股票、债券等传统金融产品有较大区别，上市后存在基金价格波动等可能的风险，投资者应充分了解公募REITs的产品特性和相关交易机制，理性看待基础设施公募REITs产品的投资价格，合法合规交易，避免追涨杀跌，导致投资损失。

关于REITs基金的法律法规、交易规则、产品相关信息等，投资者还可以登录沪深交易所REITs专题页面查询学习。

8.4 投资收益指标

从海外经验来看，发达市场REITs拥有可观的长期收益率，如美国REITs市场年化收益为13.33%，跑赢标普500、纳斯达克指数和道琼斯指数等主流指数。公募REITs的收益包括分红收益与资本利得两部分，有相应的指标可以分别衡量其债性和股性的收益状况。

8.4.1 现金流分派率

基础设施公募REITs具有“强制分红”要求，即每年给投资者的收益分配比例不得低于合并后基金年度可供分配金额的90%，公募REITs的分红回报收益情况，用“现金流分派率”指标描述。

根据国家发展改革委办公厅《关于做好基础设施领域不动产投资信托基

金（REITs）试点项目申报工作的通知》，试点项目应满足“预计未来 3 年净现金流分派率原则上不低于 4%”。净现金流分派率即 REITs 投资人可预期的年化分红回报率，是监管层衡量试点项目风险收益率的重要指标，也是投资者选择投资标的的参考指标，亦是拟申报公募 REITs 试点项目申报成功与否的核心指标。

预计现金流分派率根据预计的可供分配金额计算得到的，其计算公式为

预计现金流分派率 = 预计年度可分配现金流/目标不动产评估净值

公式的分子是年度可供分配现金流，指一个会计周期内现金流入扣除成本费用后可用于向投资者分配的净值，由当期净利润对部分非经常项、非现金项调整后得到，是一个收付实现制的概念。公募 REITs 产品结构下可供分配现金流可从项目公司和公募基金两个层面理解：（1）项目公司层面。可供分配金额是以净利润为基础进行合理调整后的金额，基础设施行业为资金密集型行业，底层资产多为重资产，由于非付现成本存在，实际现金流入与净利润不符，导致可供分配金额与净利润差异较大。具体来看，计算底层项目公司的可供分配金额时，在净利润的基础上先将折旧摊销加回，调整为税息折旧及摊销前利润，随后再调整营运资本变动及资本性支出，得出自由现金流量，根据项目公司实际需求确定预留费用后，得出可供分配现金流。（2）公募基金层面。公募基金可供分配现金流是以项目公司可供分配现金流为基础扣减相关费用得出的，具体包括管理费、托管费、日常运营中介费用、税费等。根据相关规定，基础设施基金除 80% 以上投资基础设施资产支持证券外，其余基金资产可投资于利率债，AAA 级信用债，或货币市场工具。若公募基金除资产支持证券外还有其他投资，则计算可供分配现金流时应包含该部分收入及费用。此外，公募基金投资多个专项计划，或专项计划投资多个项目公司时，需要整体考虑可供分配现金流情况。

公式的分母是不动产评估净值，资产估值是公募 REITs 产品交易构建的基础，本书第 6 章已详细介绍基础设施项目的资产评估方法，本处不再赘述。从公式可以看到，随着基金交易价格的上涨，基金的估值会提升，则现金流分派率将会出现下降。

举例而言，根据《红土创新盐田港仓储物流封闭式基础设施证券投资基金招募说明书》，红土盐田港 REIT 在 2021 年 7 月 1 日至 2021 年 12 月 31 日期间预期的可供分配金额为 38140408.85 元。基于上述预测数据，如果投资

人在首次发行时买入本基金，买入价格2.300元/份，则此时的年化净现金流分派率计算为

年化净现金流分派率 = 38140408.85 × 2/(2.300 × 800000000) = 4.15%

如果投资人在某日以3.887元/份的价格在二级市场交易买入本基金，则此时的年化现金流分派率计算为

年化净现金流分派率 = 38140408.85 × 2/(3.887 × 800000000) = 2.45%

基于监管角度，预计净现金流分派率是评价项目估值定价合理性的重要指标。《关于做好基础设施领域不动产投资信托基金（REITs）试点项目申报工作的通知》中重点提到了净现金流分派率的最低参考值——4%，若底层资产具有非常好的成长性，投资者未来能获得的综合回报很可能会超过最初的分派率4%。故监管层提出4%的参考值主要是为了衡量底层资产在发行阶段大致的估值水平。从已经上市的11只公募REITs前期的发售公告来看，根据发行价测算的未来两年净现金分派率均超过了4%，均值为6.49%，其中最高现金分派率为浙商证券沪杭甬高速封闭式基础设施证券投资基金的12.40%。

基于投资者角度，公募REITs的净现金流分派率可以类比为投资领域的净资产收益率指标，投资人每年收到的REITs分红可以看作是投资产生的净利润，而投资人购买公募REITs份额的投资成本，可看作是投资人在REITs项目中的净资产。虽然净现金流分派率与净资产收益率在实际计算中差异较大，但通过近似的类比，投资人可以净现金流分派率为基础衡量预期年化收益率，作为投资公募REITs产品的参考指标。

值得说明的是，现金流分派率可能与基础设施项目类型相关，经营权类项目基金分红中包括对投资者初始投资资金的返还，其现金流分派率整体来看也可能略高于产权类项目。

8.4.2 派息收益率

现金流分派率是在预测的假设前提与限制条件下测算而得的，不代表实际分红情况。对于投资者而言，其更关注的是基金的历史分红情况。反映基金实际分红的年化回报率状况是“派息收益率”，也称“分红收益率”，其计算公式为

派息收益率 = 分红总额/总市值 = 每份额基金分红金额/基金现价

如果将派息收益率折合为年化收益率，则计算为

年化派息收益率 =（每份额基金分红金额/基金现价）×（365/基金持有天数）

基础设施公募 REITs 采用现金分红，派息收益率类似于股票市场的分红收益率指标，反映了投资基础设施公募 REITs 的债性收益。从公式可以看到，如果基金的市场交易价格上涨，则派息收益率会出现下降，因此，派息收益率是一个动态指标。

以中航首钢绿能 REIT 为例，按照 2021 年 11 月 12 日发布《中航首钢生物质封闭式基础设施证券投资基金 2021 年分红公告》，将进行 2021 年度的第 1 次分红，收益分配基准日为 2021 年 9 月 30 日，本次分红比例为 42%，分红方案为 5. 1541 元/10 份公募 REITs 份额。权益登记日为 2021 年 11 月 16 日，现金红利发放日为 2021 年 11 月 19 日（场内）和 2021 年 11 月 18 日（场外）。

如果某投资者自中航首钢绿能 REIT 开盘之日以 16. 056 元/份的价格买入，持有至 2021 年 11 月 20 日时，当天的收盘价为 17. 100 元/份，则

派息收益率 =0. 51541/17. 100 =3. 01%

年化派息收益率 =3. 01% ×（365/152）=7. 24%

本书汇总了截至 2022 年 3 月 25 日的 11 只已上市基础设施公募 REITs 的派息收益率情况（见表 8 –1），本书第 9 章将对 11 只基金进行更加详细的介绍。

表 8 –1　已上市基础设施公募 REITs 的派息收益率

基金名称	交易代码	派息收益率（%）	年化派息收益率（%）
博时蛇口产园 REIT	180101	0. 87	2. 09
中航首钢绿能 REIT	180801	1. 07	6. 96
红土盐田港 REIT	180301	—	—
平安广州广河 REIT	180201	4. 55	9. 68
华夏越秀高速 REIT	180202	3. 45	—
东吴苏园产业 REIT	508027	—	—
华安张江光大 REIT	508000	2. 90	—
浙商沪杭甬 REIT	508001	—	8. 28
富国首创水务 REIT	508006	4. 03	10. 93
中金普洛斯 REIT	508056	—	2. 57
建信中关村 REIT	508099	—	—

注：1. 派息收益率数据以 2022 年 3 月 25 日收盘价为计算依据。

2. "—"代表该基金截至 2022 年 3 月 25 日尚未分红。

8.4.3 交易价格涨跌幅度

虽然 REITs 基金产品采取封闭式运作，不开放申购与赎回，但 REITs 产品在证券交易所是公开交易的，其市场价格通过公开交易会出现涨跌变动。投资者可以在交易日买入或卖出 REITs 产品，通过买卖价差获取收益，这与股票投资的低买高卖是一致的。

长期来看，尤其是从发达国家成熟的 REITs 市场来看，买入并长期持有 REITs 产品可以获得比较稳健的增值收益。截至 2022 年 3 月 25 日，与上市发行价相比，11 只 REITs 产品的平均涨幅达到了 19.88%，只有 1 只 REIT 产品价格跌到了发行价以下，体现了较高的长期投资价值。

短期来看，REITs 产品的价格有涨有跌，甚至出现了因价格涨幅过快而导致 2 只公募 REITs 基金（2022 年 3 月 23 日，富国首创水务 REIT、红土盐田港 REIT）紧急停牌的情况。自上市日至 2022 年 3 月 25 日，11 只 REITs 产品的平均振幅达到了 52.57%，平均换手率达到了 2.295%，说明 REITs 产品的交易非常活跃，波动幅度较大，投资者应注意防控投资风险。

本书汇总了截至 2022 年 3 月 25 日的 11 只已上市基础设施公募 REITs 的涨跌情况，见表 8 – 2。

表 8 – 2　　已上市基础设施公募 REITs 的涨跌幅度

基金名称	交易代码	涨跌幅（%）	最大上涨（%）	最大回撤（%）	振幅（%）	平均换手率（%）
博时蛇口产园 REIT	180101	24.12	61.18	–24.97	61.18	2.47
中航首钢绿能 REIT	180801	10.62	55.83	–22.08	55.83	2.08
红土盐田港 REIT	180301	31.30	98.12	–32.70	98.12	1.62
平安广州广河 REIT	180201	–5.14	15.96	–12.54	15.96	1.52
华夏越秀高速 REIT	180202	12.56	27.72	–19.99	27.72	4.41
东吴苏园产业 REIT	508027	16.41	45.91	–21.16	45.91	1.27
华安张江光大 REIT	508000	17.28	54.52	–25.32	54.52	1.92
浙商沪杭甬 REIT	508001	11.99	31.37	–15.01	31.37	1.09
富国首创水务 REIT	508006	59.87	103.22	–33.50	103.22	3.26
中金普洛斯 REIT	508056	24.97	45.01	–19.22	45.01	1.92
建信中关村 REIT	508099	14.71	39.42	–22.76	39.42	3.69

注：统计数据截至 2022 年 3 月 25 日。

8.4.4 综合年化收益率

基础设施公募 REITs 的综合收益率是由代表债性的派息收益率和代表股性的价格涨跌幅共同组成的，因此，综合收益率计算公式为

$$综合收益率 = 涨跌幅 + 派息收益率 = \frac{现价 - 买入价}{买入价} + \frac{分红}{现价}$$

年化收益率则是将上述收益置于一年的周期内折算而得，计算公式为

$$综合年化收益率 = \left(\frac{现价 - 买入价}{买入价} + \frac{分红}{现价}\right) \times \frac{365}{T_{卖出} - T_{买入}}$$

本书计算和汇总了截至 2022 年 3 月 25 日的 11 只已上市基础设施公募 REITs 的综合收益情况，见表 8 -3。

表 8 -3　　已上市基础设施公募 REITs 的综合收益情况

基金名称	交易代码	开盘价（元）	收盘价（元）	涨跌幅（%）	派息收益率（%）	综合年化收益率（%）
博时蛇口产园 REIT	180101	2.541	3.154	24.12	0.87	49.71
中航首钢绿能 REIT	180801	16.056	17.761	10.62	2.90	48.22
红土盐田港 REIT	180301	2.530	3.322	31.30	—	58.55
平安广州广河 REIT	180201	13.790	13.081	-5.14	4.03	5.95
华夏越秀高速 REIT	180202	7.868	8.856	12.56	—	89.38
东吴苏园产业 REIT	508027	3.900	4.540	16.41	—	22.41
华安张江光大 REIT	508000	3.200	3.753	17.28	—	33.63
浙商沪杭甬 REIT	508001	8.750	9.799	11.99	3.45	21.41
富国首创水务 REIT	508006	3.730	5.963	59.87	4.55	90.26
中金普洛斯 REIT	508056	3.920	4.899	24.97	1.07	35.95
建信中关村 REIT	508099	4.160	4.772	14.71	—	182.97

注：1. 统计数据截至 2022 年 3 月 25 日。
2. “—”代表该基金截至 2022 年 3 月 25 日尚未分红。

8.5 估值分析指标

与股票交易相似的是，基础设施公募 REITs 二级市场的交易价格反映的是该基金的估值水平，可供估值 REITs 的指标包括 P/FFO、可供分配金额现

值、内部收益率等。通过对这些高阶估值指标进行深入分析，能够判断当前市场价格的合理性，有助于投资者作出更加合理的投资决策。

8.5.1 REIT价格/营业现金流（P/FFO）

在股票投资中，投资者一般采用市盈率（股价/每股收益，P/E）倍数评估股价水平是否合理。而不同于普通股票的是，产权类基础设施公募REITs因其持有大量的基础设施不动产，这些底层资产实际上并不会如折旧计算那样贬值，部分情况下可能还会升值，也就是REITs底层资产的税息折旧及摊销前利润（EBITDA）与净利润存在差异，因此传统的P/E指标可能会因为折旧带来估值的失真，无法很好地反映REITs运营效益、真实剩余现金流情况和派息能力。为了更真实评价产权类REITs的实际运营能力和市场价格合理性水平，国际上一般采用P/FFO指标。

在P/FFO中，P（Price）是REITs的市场价格；FFO（Funds From Operations，营业现金流）定义为在净收入基础上加回资产折旧摊销，并减去资产处置收益、控制权变动产生损益、资产折旧引起减值减记等非经常性损益项。REITs公司会在财报中定期披露FFO数据。因此，P/FFO计算公式为

$$P/FFO = REIT价格/(净收入 + 折旧 + 摊销 - 非经常性损益)$$

使用P/FFO可更好地反映REITs运营效益、真实剩余现金流情况和派息能力是否合理，尤其对于同类资产的REITs之间的横向对比更为适用。计算出P/FFO后，可以对相似行业或区域的不同产品进行比较，以判断市场价格的合理性。如果PFFO跟同类相比或者和历史相比，数值较大，则可能存在二级市场交易价格高估，反之亦然（见图8－1）。

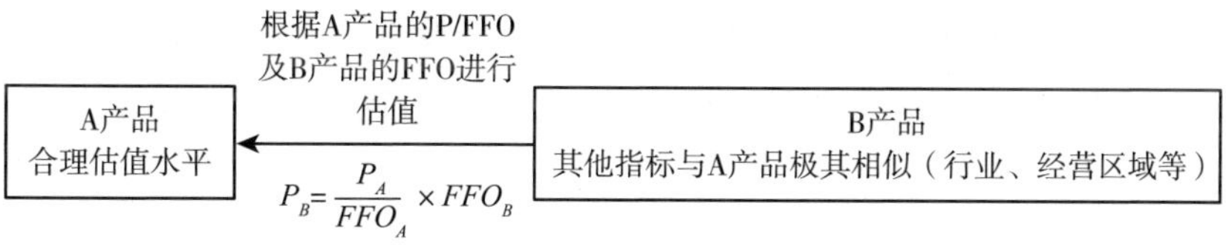

图8－1 P/FFO指标的横向对比

从国外REITs、类REITs的经验来看，波士顿地产（Boston Property）、雷捷斯不动产REG（Regency Centers）、西蒙房地产（Simon Property）2011年

至今的平均 EBITDA/净利润的倍数分别为 3.4 倍、3.7 倍、2.4 倍和 3.0 倍，因此 P/FFO 的 2.4 ~ 3.7 倍才对应到 PE 估值层面。在 P/FFO 指标方面，以亚历山大房地产（ARE）作为园区类 REITs 产品的对标标的进行分析，ARE 创立于 1994 年，系美国首只专注于生命科学行业的 REIT，在 1997 年登陆纽交所，2017 年入选标普 500 指数，是生命科学领域第一家、也是租赁期限最长的不动产运营开发商，2019 年 ARE 营收和市值达到 15.3 亿美元和 264 亿美元。数据显示，ARE 在近 10 年间 P/FFO 从 15.7 倍提升至 2020 年的 17.7 倍，因此一定程度上证明了优质园区资产估值是拥有提升潜力的。总体来看，美国权益型 REITs 的历史 P/FFO 在 8 ~ 22 倍之间，金融危机后的平均 P/FFO 在 15 ~ 19 倍之间。

利用 P/FFO 指标分析估值的合理性情况是一种相对估值法，使用相对估值方法的前提是在一个区域市场内已经形成了相对稳定的估值定价水平。鉴于中国 REITs 市场处于试点起步阶段，合理、稳定的估值定价体系尚处在形成过程中，难以明确一个相对合适的估值参考标杆。因此，P/FFO 等相对估值法指标在当前对我国现阶段基础设施 REITs 市场的适用性还较低。而绝对估值法则只依赖 REITs 产品在各期的可供分配现金流及折现率就可以进行分析，具有更强的现实可行性。绝对估值法的估值指标有可供分配金额现值、内部收益率等。

8.5.2 可供分配金额现值（PDV）

基于基础设施 REITs 底层资产现金流产生的可供分配金额是投资者收益的主要来源，因此，测算每期可供分配金额对于估值模型至关重要。绝对估值法指通过现金流贴现计算未来可供分配金额现值（present discounted value，PDV）的估值方法。由于产权类项目和特许经营类项目在现金流时间序列的分布结构上存在明显差异，因此应用于基础设施 REITs 时两类产品具有不同的计算公式。

1. 产权类 REITs 的未来可供分配金额现值

产权类 REITs 在存续期限和分派方面与股票特征比较相似，参考招募说明书评估报告中的收入及其增长情况，采用两阶段模型对 REITs 产品预期的可供分配金额进行贴现估值模型假定项目收益包含不稳定发展期（观测期）

和稳定发展期（永续期）两阶段，这也符合一般项目的发展规律。产权类 REITs 的累计贴现值计算为

$$PV_0^* = \sum_{i=0}^{N} \frac{D_i}{(1+r)^i} + \frac{D_N(1+g)}{(r-g)/(1+r)^N}$$

其中，PV_0^* 为未来可供分配金额现值；D_i 为第 i 期可供分配金额；r 为折现率，反映的是投资者期望的投资回报水平，一般可参考境外市场对标产品的风险收益情况、按照资本资产定价模型（CAPM）计算确定；N 为资产的观测期；g 表示第 N 期之后可分配金额的平稳增长率。

采用上述模型计算累计贴现值的主要假设包括：

（1）底层资产以外的收入和支出在模型中不予考虑；

（2）公开披露资料中对于未来经营收入的估算合理；

（3）不考虑资本结构对各期现金流带来的所得税影响；

（4）不考虑应付账款和应收账款对各期现金流的影响；

（5）土地年限到期后可顺利续期，不考虑续期成本对当期现金流的影响；

（6）每年分红均在年末时点一次性全部发放；

（7）项目长期持续稳定经营且不扩募。

2. 特许经营类 REITs 的未来可供分配金额现值

特许经营类项目具有明确的运营期限，通常到期后无偿移交至有关部门，因此就特定项目而言，未来收益期限是相对确定的，应在固定期限内对现金流进行折现估值。计算模型为

$$PV_0^* = \sum_{i=0}^{N} \frac{D_i}{(1+r)^i}$$

其中，PV_0^* 为未来可供分配金额现值；D_i 为第 i 期可供分配金额；r 为折现率；N 为特许经营剩余期限。

采用上述模型计算累计贴现值的主要假设包括：

（1）底层资产以外的收入和支出在此模型中不予涵盖；

（2）假设 REITs 产品的评估报告中对于未来现金流的估算基本合理；

（3）不考虑每期资本结构带来的所得税影响；

（4）不考虑应付账款和应收账款对现金流的影响；

（5）假设每年分红均在年末全部发放；

（6）假设项目持续稳定运营且不扩募，在特许经营权到期时停止运营，且到期时项目价值为0。

根据基础设施公募 REITs 的监管规则，募集说明书中仅须披露不超过2个自然年度的可供分配金额。同时，普通投资者对于底层资产和项目公司以及所处行业往往缺乏深入了解，因此，难以自主判断或直接获取未来长期的可供分配金额。对于普通投资者而言，在估算可供分配金额时，可基于一定假设，例如可供分配金额与底层资产收入或现金流的比例相对稳定，以特定专业报告（如资产评估报告）中披露的内容作为参考，结合产品层面费用结构安排，对未来可供分配金额做出一定判断。

8.5.3 内部收益率（IRR）

对于特许经营类基础设施公募 REITs，市盈率 PE 不具有可比性，市净率 PB 具有一定参考价值，但随着时间流逝，账面净资产与公允价值的差异会扩大。我国基础设施项目原则上采用成本模式计量，以购买日的账面价值为基础，对其计提折旧、摊销及减值。购买日的账面价值体现为资产组未来每期现金流现值之和，再减去负债并加回溢余资产；后续计量将按照成本法核算，每期账面价值都将计提摊销费用，账面价值的变化并不反映货币时间价值的变化。假设预测现金流与实际情况一致，随着时间推移，资产组公允价值与账面价值的差异会扩大，这个差异本质上为货币时间价值。对于不同时间上市的 REITs 项目，越接近上市时点的项目 PB 越趋近于1，离上市时点越远的项目 PB 会逐渐提高，到收费期终点时公允价值与账面价值都为零。这只是计量方式引起的 PB 变化，与 REITs 投资回报率的高低并不相关。

因此，特许经营类基础设施公募 REITs 的另外一个合理估值指标之一是内部收益率（Internal Rate of Return，IRR）。内部收益率就是资金流入现值总额与资金流出现值总额相等、净现值等于零时的折现率，是一项投资渴望达到的报酬率，是能使投资项目净现值等于零时的折现率，该指标越大越好。内部收益率的计算公式为

$$\sum_{t=0}^{n} \frac{(CI - CO)_t}{(1 + IRR)^t} = 0$$

内部收益率的计算是基于：(1) 对项目未来现金流进行合理预测；(2) 测算未来现金流贴现到当前市值的贴现率。在考虑不同项目风险差异后，REITs 项目的 IRR 可以进行横向比较。公募 REITs 的风险收益特征介于股债之间，投资者可以将 REITs 的 IRR 与债券回报率进行比较，根据债市波动快速做出是否对 REITs 进行投资的决策。

第9章

基础设施公募 REITs 案例

截至2022年3月25日，我国分2批共有11只基础设施公募REITs上市交易，本章分别从基础资产、交易要素、项目框架结构、治理结构、基金费率、发售情况、上市交易情况等方面依次介绍这11只基础设施公募REITs案例的情况。

9.1 富国首创水务 REIT

富国首创水务封闭式基础设施证券投资基金（以下简称“富国首创水务 REIT”）于2021年6月21日在上海证券交易所正式发行上市，是首批获准发行上市的基础设施公募REITs试点项目之一，属于“环保类”基础设施公募REITs项目。

9.1.1 基础资产

富国首创水务 REIT 募集资金18.5亿元，底层资产是合肥和深圳两地的水务项目，具体包括深圳市福永、松岗、公明水质净化厂BOT特许经营项目及合肥市十五里河污水处理厂PPP项目2个子项目。

1. 深圳项目

深圳项目位于广东省深圳市，属于污水处理类市政基础设施项目。深圳项目为采用建设—运营—移交模式（build-operate-transfer，BOT）的特许经营项目，由首创股份全资设立的深圳首创负责投资建设，包含福永水厂、松岗水厂、公明水厂的特许经营权。其中，福永水厂设计规模为12.5万吨/日；松岗水厂设计规模为15万吨/日；公明水厂设计规模为10万吨/日。深圳项目分为一期BOT模式建设和针对一期建设成果的提标改造。

2009年2月10日，深圳市水务局与深圳首创共同签署《特许经营协议》，明确深圳市水务局经深圳市人民政府授权批准，授予深圳首创在特许经营期内享有独家权利以投融资、建设、运营和维护项目各水厂厂区设施并收取污水处理服务费作为主要收入来源。

2. 合肥项目

合肥项目位于安徽省合肥市，属于污水处理类市政基础设施项目。合肥项目为采用TOT+BOT模式的PPP项目，由首创股份独资设立的合肥首创负责投资建设。合肥项目共分为四期，其中一期项目设计规模为5万吨/日；二期项目设计规模为5万吨/日；三期项目设计规模为10万吨/日；四期项目设计规模为10万吨/日。

2018年9月30日，合肥市城建局与合肥首创共同签署《特许权协议》，明确合肥市城建局经合肥市人民政府授权批准，授予合肥首创在特许经营期内享有独家权利以勘察、设计、投融资和建设合肥项目四期工程，运营管理和维护合肥项目设施，提供污水处理服务并获得污水处理服务费的权利。

合肥项目的一至三期为转让—运营—移交模式（transfer-operate-transfer，TOT），承接存量水厂项目。2018年9月30日合肥市建设投资控股（集团）有限公司与合肥首创签署《合肥市十五里河污水处理厂PPP项目资产转让协议》后，双方将一至三期项目资产的全部权利和权益转让至合肥首创，由合肥首创于2018年11月9日开展运营维护；合肥项目四期为BOT模式的新建项目，由合肥首创投资建设。截至基金尽调基准日，合肥项目一至四期均已完成竣工验收备案工作。首创股份通过全资持股合肥首创而享有合肥项目完全的特许经营权。合肥项目主要收入来源为根据《特许权协议》《合肥市十五里河污水处理厂PPP项目污水处理服务协议》以及《十五里河污水处理厂中水泵站运营管理服务协议》收取的污水处理服务费及中水处理服务费。

合肥项目在正式移交至合肥首创前已分别于 2009 年 12 月、2014 年 10 月、2017 年 8 月开展商业运营，由合肥首创负责投资建设，于 2020 年 7 月 31 日转入商业运行。

9.1.2 交易要素

富国首创水务 REIT 由富国基金管理有限公司负责公开募集。该基金为契约型封闭式，拟在成立后在上海证券交易所上市交易，存续期限为 26 年，首次发售采用向战略投资者定向配售、向网下投资者询价配售和向公众投资者定价发售相结合的方式进行，该基金已交易上市，其交易要素如表 9 - 1 所示。

表 9 - 1　富国首创水务 REIT 交易要素

基金名称	富国首创水务封闭式基础设施证券投资基金			
基金类型	基础设施证券投资基金			
上市场所	上海证券交易所			
基金代码	508006			
投资目标	本基金主要投资于基础设施资产支持证券，并持有其全部份额；通过资产支持证券等特殊目的载体取得基础设施项目公司全部股权，最终取得相关基础设施项目完全经营权；通过主动的投资管理和运营管理，提升基础设施项目的运营收益水平，力争为基金份额持有人提供稳定及长期可持续的收益分配			
初始投资标的	富国首创水务一号基础设施资产支持专项计划的全部资产支持证券份额			
基金初始总规模	5 亿份			
产品期限	2021 年 6 月 7 日至 2047 年 9 月 29 日			
募集方式	公开募集			
运作方式	契约型封闭式			
投资人分类	原始权益人	其他战略投资者	网下投资者	公众投资者
投资人份额占比（%）	51	25	19.20	4.80
发售方式	首次发售将通过向战略投资者定向配售、向网下投资者询价发售及向公众投资者定价发售相结合的方式进行			
项目进展	已交易上市			

资料来源：富国首创水务 REIT 招募说明书。

从交易主体来看，富国首创水务 REIT 涉及的主要交易主体有基金管理人（富国基金管理有限公司）、基金托管人（招商银行股份有限公司）、原始权益人（北京首创股份有限公司），如表9－2所示。

表9－2　　富国首创水务REIT交易主体

公募基金层面	
基金管理人	富国基金管理有限公司
基金托管人	招商银行股份有限公司
发起人、原始权益人	北京首创股份有限公司
基础设施项目运营方	北京首创股份有限公司
专项计划（ABS）层面	
资产支持证券管理人	富国资产管理（上海）有限公司
托管银行	招商银行股份有限公司北京分行
项目公司	深圳首创水务有限责任公司 合肥十五里河首创水务有限责任公司
中介机构	
律师事务所	北京天达共和律师事务所
会计师事务所	致同会计师事务所（特殊普通合伙）
评估机构	北京中同华资产评估有限公司

资料来源：富国首创水务REIT招募说明书。

9.1.3　项目框架结构

富国首创水务REIT的资产支持证券管理人为富国资产管理（上海）有限公司，托管人为招商银行股份有限公司，基金管理人为富国基金管理有限公司。北京首创股份有限公司为运营管理机构提供运营管理服务。上述基础设施基金的整体架构符合《基金指引》的规定。具体产品结构如图9－1所示。

富国首创水务REIT的整体产品架构概述如下。

（1）基金管理人将基础设施基金认购资金以专项资产管理方式委托资产支持证券管理人管理，资产支持证券管理人分别设立并管理富国首创水务一号基础设施资产支持专项计划，基金管理人取得资产支持证券，成为资产支持证券持有人。

（2）资产支持证券管理人代表首创水务一号基础设施资产支持专项计划

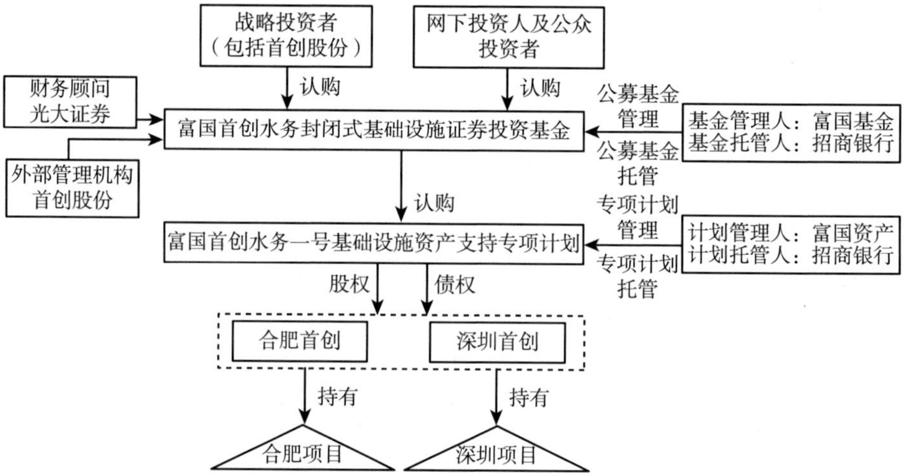

图 9-1　富国首创水务 REIT 产品结构

资料来源：富国首创水务 REIT 招募说明书。

受让合肥首创和深圳首创 100% 股权。

（3）专项计划设立后，资产支持证券管理人将向项目公司提供借款。

（4）基金存续期间，基金管理人、运营管理机构负责基础设施项目的各项运营管理事宜。

（5）项目公司将项目运营过程中产生的项目公司运营收入归集至监管账户。

（6）项目公司向资产支持证券管理人偿还相应借款的本金或利息，并分配股息、红利等股权投资收益（如有）。

（7）专项计划收到项目公司偿还的借款本息和分配的股息、红利等股权投资收益（如有）后，资产支持证券管理人应向资产支持证券持有人（即基金管理人）分配资产支持证券当期收益，基金管理人在取得资产支持证券当期收益后按照基金合同的约定进行基金份额收益分配；该基金 80% 以上的基金资产投资于城镇污水处理类型的基础设施资产支持证券，穿透取得基础设施项目完全经营权利。该基金的其他基金资产可以投资于利率债、AAA 级信用债或货币市场工具等法律法规或中国证监会允许基金投资的其他金融工具。该基金不投资于股票，也不投资于可转换债券（可分离交易可转债的纯债部分除外）、可交换债券。

9.1.4 治理结构

富国首创水务REIT的整体治理结构主要分为基金层面、专项计划层面和基础设施项目运营管理机构层面，其中基金份额持有人大会可理解为“最高权力机构”。当出现基金合同约定的基金份额持有人大会召集事由时，基金管理人、基金托管人、代表基金份额10%以上的基金份额持有人以及基金合同约定的其他主体（如有），可以向基金份额持有人大会提出议案。基金份额持有人大会由基金管理人召集，基金托管人及代表基金份额10%以上（含10%）的基金份额持有人可书面提议召开，大会主要事项如表9－3所示。

表9－3　富国首创水务REIT基金份额持有人大会主要事项

决议类型	通过决议的票数要求	决议事项
一般决议	1/2以上（含1/2）通过	除《证券投资基金法》规定的情形外，以一般决议的方式通过。 （1）发生金额低于基金净资产50%的基础设施项目购入或出售、金额低于基金净资产50%的扩募； （2）基金成立后发生的金额超过基金净资产5%且低于基金净资产20%的关联交易（金额是指连续12个月内累计发生金额）； （3）除基金合同约定解聘运营管理机构的法定情形外基金管理人解聘运营管理机构的等
特别决议	2/3以上（含2/3）通过	除法律法规、监管机构另有规定或基金合同另有约定外，以一般决议的方式通过。 （1）转换基金运作方式； （2）基金与其他基金合并； （3）更换基金管理人或者基金托管人； （4）终止基金合同； （5）对基金的投资目标、投资范围和投资策略等作出重大调整； （6）金额占基金净资产50%及以上的基础设施项目购入或出售、金额占基金净资产50%及以上的扩募； （7）基金成立后发生的金额占基金净资产20%及以上的关联交易（金额是指连续12个月内累计发生金额）以特别决议通过方为有效

资料来源：富国首创水务REIT招募说明书。

9.1.5 基金费率

富国首创水务REIT的费用组成主要为管理费与托管费，管理费分为固定管理费与浮动管理费两个部分，具体计算遵循以下规则。

1. 管理费

（1）固定管理费：每日计提，按自然年度向基金管理人支付。基金管理人与基金托管人双方进行核对，核对无误后，基金托管人按照与基金管理人协商一致的方式于审计报告出具后次月前 5 个工作日内从基金财产中一次性支付给基金管理人。若遇法定节假日、公休假等，支付日期顺延。

（2）浮动管理费：每一个会计年度结束后，基金管理人对项目公司的净收入指标进行考核，根据项目公司年度 EBITDA 完成率确定浮动管理费。

净收入指标 = 净利润 + 所得税费用 + 利息支出 + 折旧与摊销 + 基础设施项目资产减值准备的变动 − 基础设施项目资产的处置利得或损失 + 项目公司直接支出的浮动管理费（如有）

年度 EBITDA 完成率 = 经审计的当期净收入指标/基金初始发行评估预测的当期净收入指标

2. 托管费

基金托管费每日计提，按自然年度支付。基金管理人与基金托管人双方进行核对，核对无误后，基金托管人按照与基金管理人协商一致的方式于审计报告出具后次月前 5 个工作日内从基金财产中一次性支取。若遇法定节假日、公休假等，支付日期顺延（见表 9－4）。

表 9－4 富国首创水务 REIT 各项费用具体费率及计算标准

主体	项目		费率（%）	计算标准
基金管理人	管理费	固定管理费 1	0.1	最近一次经年度审计的基金净资产（E1）×0.1% ÷ 当年天数
		固定管理费 2	0.86	经年度审计的基金营业收入（E2）×0.86% ÷ 当年天数
		每日应计提的固定管理费 = E1 ×0.1% ÷ 当年天数 + E2 ×0.86% ÷ 当年天数		

续表

主体	项目		费率（%）	计算标准
基金管理人	管理费	浮动管理费 1	2.6	（1）EBITDA 完成率≥120%时，浮动管理费＝2.6%×基金初始发行评估预测的当期“净收入指标”+（经审计当期的净收入指标－基金初始发行评估预测的当期净收入指标）×40%； （2）110%≤EBITDA 完成率＜120%时，浮动管理费＝2.6%×基金初始发行评估预测的当期“净收入指标”+（经审计当期的净收入指标－基金初始发行评估预测的当期净收入指标）×30%； （3）105%≤EBITDA 完成率＜110%时，浮动管理费＝2.6%×基金初始发行评估预测的当期“净收入指标”+（经审计当期的净收入指标－基金初始发行评估预测的当期净收入指标）×20%； （4）95%≤EBITDA 完成率＜105%时，浮动管理费＝2.6%×审计的净收入指标； （5）当 85%≤EBITDA 完成率＜95%时，浮动管理费＝2.6%×审计的净收入指标×50%
		浮动管理费 2	0	EBITDA 完成率＜85%时，浮动管理费＝0
基金托管人	托管费		0.01	基金最近一次经年度审计的基金净资产×0.01%÷当年天数

资料来源：富国首创水务 REIT 招募说明书。

9.1.6 发售与上市交易情况

1. 发售规模

富国首创水务 REIT 的基金发售份额总额为 5 亿份。初始战略配售发售份额为 3.80 亿份，为基金份额发售总量的 76%，最终战略配售份额与初始战略配售份额的差额（如有）将根据“回拨机制”的原则进行回拨；网下初始发售份额为 0.96 亿份，占扣除初始战略配售份额数量后发售份额的 80%；公众初始发售份额为 0.24 亿份，占扣除初始战略配售数量后发售份额的 20%。

最终网下发售、公众发售合计份额为发售总份额扣除最终战略配售发售份额，最终网下发售份额、公众发售份额将根据回拨情况确定。

2. 认购价格

基金管理人协商确定基金认购价格为3.700元/份。

3. 回拨机制

发售中，战略投资者将在2021年6月1日（T+1日）17:00前完成缴款，基金管理人将根据战略投资者缴款情况确认战略配售份额是否向网下回拨。网下发售及公众场内发售于2021年6月2日（T+2日）截止。认购结束后，将根据公众和网下认购情况决定是否进一步启动回拨机制，对网下及公众发售的规模进行调节。

2021年6月3日（T+3日）回拨机制的启动将参考公众投资者初步有效认购倍数确定：

公众投资者初步有效认购倍数=公众有效认购份额数量/回拨前公众发售份额

有关回拨机制的具体安排如下：

（1）募集期结束前，基金份额总额未达到募集规模的，应当根据基金管理人事先确定的方式处理，可由做市商等其他主体认购前述差额部分。

（2）最终战略配售数量与初始战略配售数量的差额部分（如有），将首先回拨至网下发售。

（3）若公众发售部分认购不足，可以回拨给网下投资者。在发生回拨的情形下，基金管理人将及时启动回拨机制，并于2021年6月4日（T+4日）在《富国首创水务封闭式基础设施证券投资基金份额回拨公告》中披露。

4. 认购方式

（1）网下投资者：网下投资者需要通过上交所REITs询价与认购系统参与网下发售。

（2）公众投资者：公众投资者可通过场内证券经营机构或基金管理人委托的场外基金销售机构进行认购。个人投资者和机构投资者在场外基金销售机构开立基金账户及认购手续的，以各销售机构的规定为准。

5. 认购费用

（1）认购费率。每一配售对象应缴认购款项=发售价格×拟认购份额数

量 + 认购费用，认购费率如表 9－5 所示。

表 9－5 富国首创水务 REIT 认购费率

费用类型	认购额（M）	费率
场外认购费率	$M<100$ 万元	0.6%
	100 万元 $\leq M<300$ 万元	0.4%
	300 万元 $\leq M<500$ 万元	0.2%
	$M\geq 500$ 万元	1000 元/笔
场内认购费率	参照场外认购费率设定投资者的场内认购费率	

注：以上费用在投资者认购基金过程中收取。
资料来源：富国首创水务 REIT 发售公告说明书。

认购费用不列入基金财产，主要用于基金的市场推广、销售、登记等募集期间发生的各项费用，不足部分在基金管理人的运营成本中列支，投资人重复认购，须按每次认购所对应的费率档次分别计费。上述费率适用于网下投资者和公众投资者，战略配售份额可参照上述费率收取。

（2）认购份额/金额的计算。

① 战略投资者和网下发售认购金额的计算。

基金的网下投资者、战略投资者认购采取份额认购的方式。

a. 认购费用适用比例费率时，认购金额的计算标准为

$$认购金额 = 认购价格 \times 认购份额 \times (1 + 认购费率)$$

$$认购费用 = 认购价格 \times 认购份额 \times 认购费率$$

b. 认购费用适用固定金额时，认购金额的计算标准为

$$认购金额 = 认购价格 \times 认购份额 + 固定费用$$

$$认购费用 = 固定费用$$

认购费用由基金管理人收取，投资者需要以现金方式交纳认购费用。

认购费用、认购金额的计算按四舍五入方法，保留到小数点后两位，由此误差产生的收益或损失由基金资产承担。

② 公众投资者认购的场内和场外份额的计算基金的公众投资者认购采取金额认购的方式。

a. 认购费用适用比例费率时，计算公式为

净认购金额 = 认购金额/(1 + 认购费率)

认购费用 = 认购金额 − 净认购金额

认购份额 = 净认购金额/基金份额认购价格

b. 认购费用适用固定金额时，计算公式为

认购费用 = 固定金额

净认购金额 = 认购金额 − 认购费用

认购份额 = 净认购金额/基金份额认购价格

认购份额的计算中，涉及基金份额的计算结果均保留到整数位，小数位部分舍去。涉及金额的计算结果保留到小数点后两位，小数点后两位以后的部分四舍五入，由此产生的收益或损失由基金财产承担。

6. 基金交易情况

截至2022年3月25日，富国首创水务 REIT 收盘价格为5.963元，从上市日2021年6月21日到2022年3月25日为止，涨跌幅为59.87%，平均换手率为3.26%，成交量为713.15万份，基金走势情况如图9－2所示。

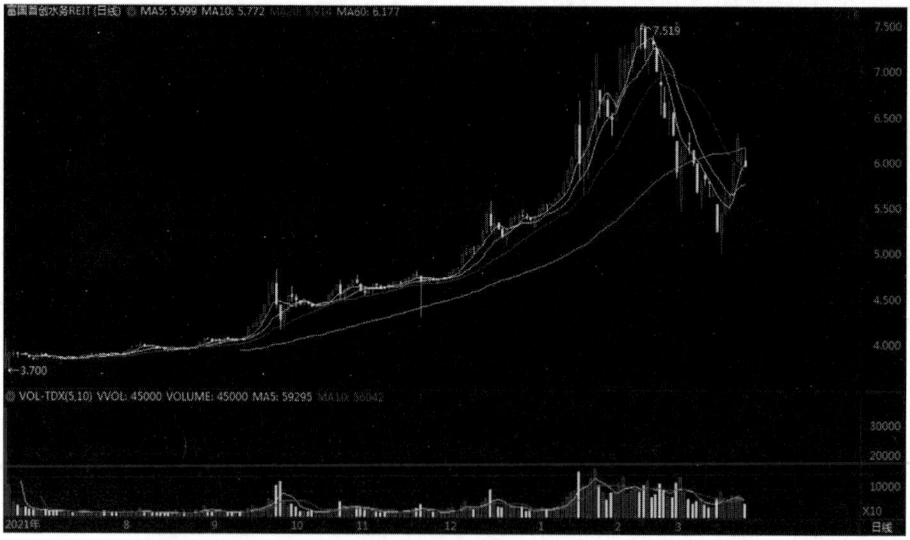

图9－2　富国首创水务 REIT 的 K 线

资料来源：中信证券行情报告。

7. 基金分红情况

该基金于2022年1月20日公告，以现金形式发放红利。本次分红为2021年度第一次分红，共计分配人民币135700000.00元，约占可供分配金额的98.87%，基金收益为2.714元/10份基金份额。

8. 综合年化收益率

按照本书8.4节关于综合年化收益率的计算公式，截至2022年3月25日，该基金的综合年化收益率为90.26%。

表9-6为富国首创水务REIT的主要交易统计数据。

表9-6　富国首创水务REIT主要交易统计数据

发行价（元）	开盘价（元）	统计日收盘价（元）	涨跌幅（%）	振幅（%）	平均换手率（%）	累计成交量(份)	累计成交额(亿元)	分红情况	综合年化收益率（%）
3.70	3.730	5.963	59.87	103.22	3.26	7131458	39.4	已分红	90.26

9.2 浙商沪杭甬REIT

浙商证券沪杭甬高速封闭式基础设施证券投资基金（以下简称“浙商沪杭甬REIT”）于2021年6月21日在上海证券交易所正式发行上市，是首批获准发行上市的基础设施公募REITs试点项目之一，属于“高速公路类”基础设施公募REITs项目。

9.2.1 基础资产

浙商沪杭甬REIT的基础设施项目为杭徽高速公路（浙江段）是国家高速公路网G56杭瑞高速的重要组成部分，也是浙江省公路网规划“两纵两横十八连三绕三通道”的一连。项目公路是连接黄山和杭州两大著名旅游胜地的交通要道，也是连接皖、浙、闽、赣的主干道之一，为安徽南部、杭州本部连接沿海、沿江地区的经济社会交流和资源共享具有重要意义。杭徽高速公路于2006年12月全线建成通车，其中杭徽高速公路（浙江段）包含三段，分别为杭徽高速公路昌化至昱岭关段、杭徽高速公路汪家埠至昌化段和杭徽高速公路留下至汪家埠段。基础设施项目的主要收入来源于高速公路通行费收入。

1. 杭徽高速公路（浙江段）昌昱段

昌昱段所在地为杭州市临安区，由临安区昌化镇为起点，终至为浙皖两省交界昱岭关，全程 36.537 千米的高速公路，于 2002 年 9 月 29 日开工，至 2004 年 12 月 25 日完工，决算总投资为 98718.10 万元，运营开始时间为 2004 年 12 月 26 日，浙江省人民政府批复收费期限为 25 年，从 2004 年 12 月 26 日至 2029 年 12 月 25 日。

2. 杭徽高速公路（浙江段）汪昌段

汪昌段所在地为杭州市临安区，由临安区汪家埠为起点，终至为临安区昌化镇，全程 67.41 千米的高速公路，于 2004 年 12 月 1 日开工，至 2006 年 12 月 23 日完工，决算总投资为 285690.01 万元，运营开始时间为 2004 年 12 月 26 日，浙江省人民政府批复收费期限为 25 年，从 2006 年 12 月 26 日至 2031 年 12 月 25 日。

3. 杭徽高速公路（浙江段）留汪段

留汪段所在地为杭州市余杭区，由杭州市留下镇境内的杭州绕城高速为起点，终至余杭区与临安区交界的汪家埠，全程 18.298 千米的高速公路，于 2004 年 9 月 1 日开工，至 2006 年 12 月 22 日完工，决算总投资 143071.14 万元，运营开始时间为 2006 年 12 月 26 日，浙江省人民政府批复收费期限为 25 年，从 2006 年 12 月 26 日至 2031 年 12 月 25 日。

9.2.2 交易要素

浙商沪杭甬 REIT 由浙江浙商证券资产管理有限公司负责公开募集。该基金为契约型封闭式，拟在成立后在上海证券交易所上市交易，存续期限为 20 年，首次发售采用向战略投资者定向配售、向网下投资者询价配售和向公众投资者定价发售相结合的方式进行，该基金已交易上市，其交易要素如表 9－7 所示。

表 9-7　　浙商沪杭甬 REIT 交易要素

基金名称	浙商证券沪杭甬高速封闭式基础设施证券投资基金			
基金类型	基础设施证券投资基金			
上市场所	上海证券交易所			
基金代码	508001			
投资目标	本基金的主要资产投资于基础设施资产支持证券，并持有其全部份额，通过投资基础设施资产支持证券穿透取得基础设施项目完全所有权或经营权利，基金管理人主动运营管理基础设施项目，以获取基础设施项目运管过程中稳定的现金流			
初始投资标的	杭徽高速资产支持专项计划资产支持证券全部份额			
基金初始总规模	5 亿份			
产品期限	基金存续期限为自 2021 年 6 月 7 日生效起 20 年			
募集方式	公开募集			
运作方式	契约型封闭式			
投资人分类	原始权益人	其他战略投资者	网下投资者	公众投资者
投资人份额占比（%）	58.95	15.35	21.85	3.85
发售方式	首次发售将通过向战略投资者定向配售、向网下投资者询价发售及向公众投资者定价发售相结合的方式进行			
项目进展	已交易上市			

资料来源：浙商沪杭甬 REIT 招募说明书。

从交易主体来看，如表 9-8 所示，浙商沪杭甬 REIT 涉及的主要交易主体有基金管理人（浙江浙商证券资产管理有限公司）、基金托管人（招商银行股份有限公司）、原始权益人（浙江沪杭甬高速公路股份有限公司）。

表 9-8　　浙商沪杭甬 REIT 交易主体

公募基金层面	
基金管理人	浙江浙商证券资产管理有限公司
基金托管人	招商银行股份有限公司
发起人、原始权益人	浙江沪杭甬高速公路股份有限公司
基础设施项目运营方	浙江沪杭甬高速公路股份有限公司
专项计划（ABS）层面	
资产支持证券管理人	浙江浙商证券资产管理有限公司
托管银行	招商银行股份有限公司杭州分行
项目公司	浙江杭徽高速公路有限公司

续表

中介机构	
律师事务所	北京市金杜律师事务所
会计师事务所	天健会计师事务所（特殊普通合伙）
评估机构	天源资产评估有限公司

资料来源：浙商沪杭甬 REIT 招募说明书。

9.2.3 项目框架结构

浙商沪杭甬 REIT 的基金管理人及资产支持证券管理人为浙江浙商证券资产管理有限公司，托管人为招商银行股份有限公司、资产支持证券托管人为招商银行股份有限公司杭州分行。基金管理人为浙江沪杭甬高速公路股份有限公司（以下简称“沪杭甬公司”），沪杭甬公司为运营管理机构，提供运营管理服务。因沪杭甬公司为项目公司现控股股东及基金成立后的运营管理机构，基金管理人为沪杭甬公司的下属控股公司，构成关联关系，聘请中国国际金融股份有限公司为独立财务顾问，出具财务顾问报告。上述基础设施基金的整体架构符合《基金指引》的规定。具体产品结构如图 9－3 所示。

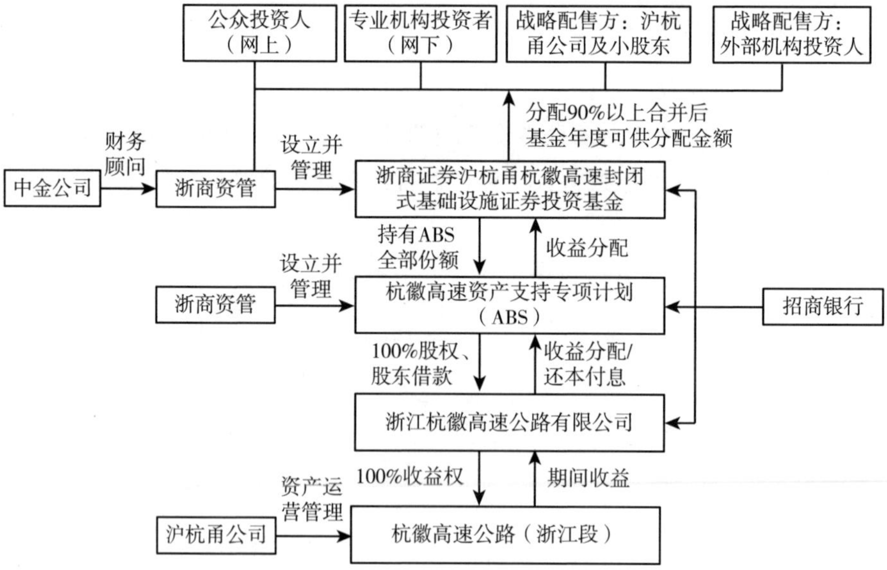

图 9－3 浙商沪杭甬 REIT 产品结构

资料来源：浙商沪杭甬 REIT 招募说明书。

浙商沪杭甬REIT的整体产品架构概述如下。

（1）基金募集达到基金备案条件的，自基金管理人办理完毕基金备案手续并取得中国证监会书面确认之日起，基金成立，《基金合同》生效。浙商沪杭甬REIT的初始主要资产投资于拟成立的目标基础设施资产支持证券，待目标基础设施资产支持证券成立后，持有资产支持证券全部份额，通过投资基础设施资产支持证券穿透取得基础设施项目完全所有权或经营权利，以获取基础设施项目运管过程中稳定现金流为主要目的。基金成立后，若根据本基金相关合同约定进行扩募后，扩募资金可投资于扩募目标基础设施资产支持证券。

（2）根据项目公司2020年度第二次临时股东会决议，项目公司各股东均同意根据持股比例对项目公司同比例减资21亿元，并在最迟不晚于资产支持证券设立日当日向杭州市临安区市场监督管理局递交正式的减资申请相关文件，完成21亿元减资。项目公司没有足够资金支付减资款，形成应付减资款21亿元。

（3）基金初始募集资金全部用于认购目标基础设施资产支持证券，认购完成后，根据资产支持证券相关文件约定完成设立。

（4）目标资产支持证券完成设立后，资产支持证券管理人代表资产支持证券与项目公司原股东签署《关于浙江杭徽高速公路有限公司之股权转让协议》，收购项目公司100%的股权，签署《债权转让协议》，收购项目公司原股东就减资事宜所享有的对项目公司的债权并生效。资产支持证券作为项目公司债权人，与项目公司签署《债权债务确认协议》，确认股东借款，至此完成项目公司股债结构的搭建。

（5）《股权转让协议》约定根据交割审计基准日审计报告中载明的净资产与应付减资款确定标的股权的转让总价款。标的股权转让总价款不得低于经国资委备案的股权评估价值。受让方应向转让方分别支付的标的股权转让价款为标的股权转让总价款乘以截至股权转让协议签订之日转让方所持有的标的公司股权比例。标的股权转让价款已考虑到了截至股权转让基准日转让方在项目公司中与标的股权相关的全部和任何利益和负债［为免疑义，标的股权转让价款不包括主管部门因新冠肺炎疫情防控期间高速公路免费通行政策日后可能延长标的公路收费期限所产生的新增权益（如有）］，包括但不限于截至股权转让基准日为止的项目公司的任何应分配和支付予转让方的应分配红利（如有）以及转让方就标的股权在中国法律下享有的任何权益和负债。

（6）资产支持证券管理人（代表资产支持证券）将于资产支持证券设立日后 1 个工作日向项目公司原股东支付首笔股权转让价款，并于交割审计基准日审计报告出具之日起 5 个工作日内支付剩余股权转让价款。在全部标的股权转让价款支付完毕之日，项目公司应将受让方记载于项目公司的股东名册。受让方自被记载于项目公司的股东名册之日成为项目公司的股东并受让取得自股权转让基准日起的标的股权及其全部权益，项目公司应不迟于该日注销转让方的原出资证明书（如有），并向受让方签发新的出资证明书（如需）。

（7）转让方与项目公司应当配合受让方在全部标的股权转让价款支付完毕、股东名册和出资证明书更新完毕且资产支持证券设立日起 45 个工作日之内完成标的股权的股权转让工商变更登记以完成标的股权的交割（该日为"交割日"）。各方应就该等工商变更登记手续提供协助，包括按登记机关的要求签署登记机关版本的股权转让协议等（如需），并且转让方应向受让方提供项目公司工商变更登记手续所需的全部文件、材料。项目公司的股权转让所涉及的工商变更登记未能于资产支持证券设立日起 45 个工作日内完成，参照《运营管理服务协议》《基金合同》等基础设施基金文件及资产支持证券文件约定处理。

（8）项目公司不涉及资产重组，基金成立后，项目公司的股东变更为目标资产支持证券管理人浙江浙商证券资产管理有限公司（代基础设施资产支持证券）。

9.2.4 治理结构

浙商沪杭甬 REIT 的整体治理结构主要分为基金层面、专项计划层面和基础设施项目运营管理机构层面，其中基金份额持有人大会可理解为"最高权力机构"。当出现基金合同约定的基金份额持有人大会召集事由时，基金管理人、基金托管人、代表基金份额 10% 以上的基金份额持有人以及基金合同约定的其他主体（如有），可以向基金份额持有人大会提出议案。基金份额持有人大会由基金管理人召集，基金托管人及代表基金份额 10% 以上（含 10%）的基金份额持有人可书面提议召开，大会主要事项如表 9 - 9 所示。

表9－9　　浙商沪杭甬REIT基金份额持有人大会主要事项

决议类型	通过决议的票数要求	决议事项
一般决议	1/2以上（含1/2）通过	（1）金额（连续12个月内累计发生金额）超过基金净资产20%且低于基金净资产50%的基础设施项目购入或出售； （2）金额（连续12个月内累计发生金额）低于基金净资产50%的基金扩券； （3）基础设施基金成立后发生的金额（连续12个月内累计发生金额）超过基金净资产5%且低于基金净资产20%的关联交易； （4）除基金合同约定的法定解聘情形外拟解聘运营管理机构、决定更换运营管理机构； （5）调整基金管理人、基金托管人的报酬标准； （6）除基金合同约定的必须以特别决议形式进行审议决策以外的其他事由
特别决议	2/3以上（含2/3）通过	（1）除法律法规另有规定外，变更基金类别、转换基金运作方式、更换基金管理人或者基金托管人、提前终止《基金合同》、本基金与其他基金合并； （2）对基础设施基金的投资目标、投资策略和投资范围等作出重大调整； （3）金额（连续12个月内累计发生金额）占基金净资产50%以上的扩募；金额（连续12个月内累计发生金额）占基金净资产50%以上的基础设施项目购入或出售； （4）基础设施基金成立后发生的金额（连续12个月内累计发生金额）占基金净资产20%以上关联交易

资料来源：浙商沪杭甬REIT招募说明书。

9.2.5　基金费率

浙商沪杭甬REIT的费用组成主要为管理费与托管费，管理费分为固定管理费与浮动管理费两个部分，具体计算规则如下。

1. 管理费

（1）固定管理费：基金管理费每日计算，逐日累计至每季季末，按季支付，由基金托管人根据与基金管理人核对一致的财务数据，自动在次季首月月初五个工作日内、按照指定的账户路径进行资金支付，基金管理人无须再出具资金划拨指令。若遇法定节假日、公休日等，支付日期顺延。固定管理费自动扣划后，基金管理人应进行核对，如发现数据不符，及时联系基金托管人协商解决。

（2）浮动管理费：每一个会计年度结束后，基金管理人计算年度基金可供分配金额。基金管理人在此基础上，测算当年净现金流分派率（净现金流分派率为当年年度可供分配金额/基金设施基金募集资金金额），书面提交给基金托管人复核。

浮动管理费按年支付，由基金托管人根据与基金管理人核对一致的财务数据，自动在当年审计报告出具后第30日前按照指定的账户路径进行资金支付，基金管理人无须再出具资金划拨指令。若遇法定节假日、公休日等，支付日期顺延。浮动管理费自动扣划后，基金管理人应进行核对，如发现数据不符，及时联系基金托管人协商解决。

2. 托管费

基金托管人的托管费按照基金托管协议的约定进行支付（见表9－10）。

表9－10　浙商沪杭甬 REIT 各项费用具体费率及计算标准

<table>
<tr><th>主体</th><th colspan="2">项目</th><th>费率（%）</th><th>计算标准</th></tr>
<tr><td rowspan="5">基金管理人</td><td rowspan="5">管理费</td><td>固定管理费</td><td>0.125</td><td>最近一期经审计的基金净资产或募集规模×0.125%÷当年天数</td></tr>
<tr><td>浮动管理费1</td><td>1.2</td><td>如测算结果显示的基础设施基金净现金流分派率高于10%（含）的，浮动管理费为考核年度当年运营收入的1.2%</td></tr>
<tr><td>浮动管理费2</td><td>1.0</td><td>如测算结果显示的基础设施基金净现金流分派率高于9%（含）的且不足10%的，浮动管理费为考核年度当年运营收入的1%</td></tr>
<tr><td>浮动管理费3</td><td>0.8</td><td>如测算结果显示的基础设施基金净现金流分派率不足9%的，浮动管理费为考核年度当年运营收入的0.8%</td></tr>
<tr><td>浮动管理费4</td><td>其他</td><td>当年运营收入为当年审计报告中的营业收入，基金管理人测算应收取的浮动管理费</td></tr>
<tr><td>基金托管人</td><td colspan="2">托管费</td><td>0.01</td><td>基金最近一次经年度审计的基金净资产×0.01%÷当年天数</td></tr>
</table>

资料来源：浙商沪杭甬 REIT 招募说明书。

9.2.6 发售与上市交易情况

1. 发售规模

浙商沪杭甬 REIT 发售份额总额为 5 亿份。初始战略配售发售份额为 371484163 份，为基金份额发售总量的 74.30%，最终战略配售份额与初始战略配售份额的差额（如有）将根据“发售回拨机制”的原则进行回拨；网下初始发售份额为 109238461 份，占扣除初始战略配售份额数量后发售份额的 85.00%；公众初始发售份额为 19277376 份，占扣除初始战略配售数量后发售份额的 15.00%。

最终网下发售、公众发售合计份额为发售总份额扣除最终战略配售发售份额，最终网下发售份额、公众发售份额将根据回拨情况确定。

2. 认购价格

基金管理人协商确定基金认购价格为 8.720 元/份。

3. 认购费用

（1）认购费率。所有投资者（包括战略投资者、网下投资者和公众投资者）认购基金份额的认购费率按其认购金额的增加而递减。投资者在募集期内可以多次认购基金份额，基金份额的认购费按每笔基金份额认购申请单独计算，认购费率如表 9 – 11 所示。

表 9 – 11　　浙商沪杭甬 REIT 认购费率

单笔认购金额（M）	认购费率
M < 500 万元	0.20%
M ≥ 500 万元	1000 元/笔

注：以上费用在投资者认购基金过程中收取。

资料来源：浙商沪杭甬 REIT 发售公告说明书。

（2）认购份额/金额的计算。同本章 9.1.6 中认购份额/金额的计算。

4. 基金交易情况

截至 2022 年 3 月 25 日，浙商沪杭甬 REIT 收盘价格为 9.799 元，从上市日2021年6月21日到2022年3月25日为止，涨跌幅为11.99%，平均换手率为1.09%，成交量为256.47万份，走势情况如图9－4所示。

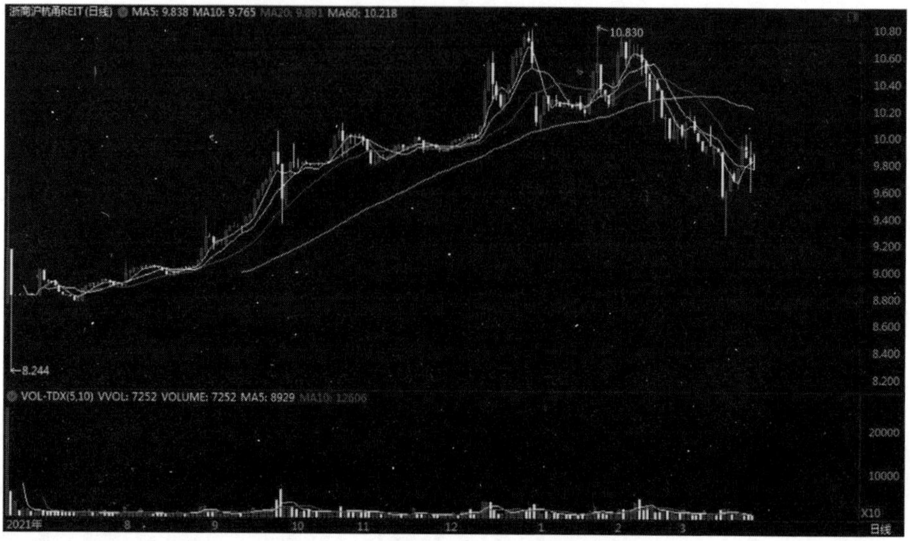

图9－4 浙商沪杭甬REIT基金K线

资料来源：中信证券行情报告。

5. 基金分红情况

该基金于2021年12月28日公告，以现金形式发放红利。本次分红为2021年度第一次分红，共计分配人民币168800000.00元，约占可供分配金额的99.999%，基金收益为3.3760元/10份基金份额。

6. 综合年化收益率

按照本书8.4节关于综合年化收益率的计算公式，截至2022年3月25日，该基金的综合年化收益率为21.41%。

表9－12为浙商沪杭甬REIT的主要交易统计数据。

表9－12 浙商沪杭甬REIT主要交易统计数据

发行价（元）	开盘价（元）	统计日收盘价（元）	涨跌幅（%）	振幅（%）	平均换手率（%）	累计成交量(份)	累计成交额(亿元)	分红情况	综合年化收益率(%)
8.72	8.750	9.799	11.99	31.37	1.09	2564675	25.1	已分红	21.41

9.3 中金普洛斯 REIT

中金普洛斯仓储物流封闭式基础设施证券投资基金（以下简称“中金普洛斯 REIT”）于 2021 年 6 月 21 日在上海证券交易所正式发行上市，是首批获准发行上市的基础设施公募 REITs 试点项目之一，属于“仓储物流类”基础设施公募 REITs 项目。

9.3.1 基础资产

中金普洛斯 REIT 采用“公募基金 + 基础设施 ABS”的产品结构，投资并持有中金—普洛斯仓储物流基础设施资产支持专项计划的全部份额，并通过专项计划投资于位于北京、长三角地区、粤港澳大湾区的 7 个优质现代仓储物流基础设施资产。

项目基础设施资产位于北京市、广东省广州市、佛山市以及江苏省苏州市、昆山市的核心集散地，交通便利，周围工业厂房、物流仓库群聚，产业聚集度高。该项目经营高度市场化，收入来源分散，所在区域仓储物流租赁市场需求旺盛，主要租户包括京东、美团、德邦物流、上海医药、捷豹路虎等。同时，该项目租约结构合理，在租约期限分布方面，按合同租金及管理费金额占比计算，2021 ~ 2023 年到期租约占比分别为 32.44%、29.46%、23.75%；租户行业分布方面，运输业占比 44.83%，商业与专业服务业占比 30.47%，软件与服务业占比 7.80%。截至 2020 年 12 月 31 日，拥有 53 个租户，建筑面积合计约 704988 平方米，合计平均出租率约 98.72%，其中有 5 个处于满租状态，其余 2 个出租率均高于 95%。合同租金及管理费平均约每平方米 40.04 元/月，估值合计约 53.46 亿元。

9.3.2 交易要素

中金普洛斯 REIT 由中金基金管理有限公司负责公开募集。该基金为契约型封闭式，拟在成立后在上海证券交易所上市交易，存续期限为 50 年，首次发售采用向战略投资者定向配售、向网下投资者询价配售和向公众投资者定价发售相结合的方式进行，该基金已交易上市，其交易要素如表 9－13 所示。

表 9－13　　　　中金普洛斯 REIT 交易要素

基金名称	中金普洛斯仓储物流封闭式基础设施证券投资基金			
基金类型	基础设施证券投资基金			
上市场所	上海证券交易所			
基金代码	508056			
投资目标	本基金主要资产投资于基础设施资产支持证券并持有其全部份额，通过基础设施资产支持证券、项目公司等载体穿透取得基础设施项目完全所有权或经营权利。通过主动的投资管理和运营管理，提升基础设施项目的运营收益水平，力争为基金份额持有人提供稳定的收益分配及长期可持续的收益分配增长，并争取提升基础设施项目价值			
初始投资标的	中金—普洛斯仓储物流基础设施资产支持专项计划资产支持证券			
基金初始总规模	15 亿份			
产品期限	基金存续期限为自 2021 年 6 月 7 日生效起 50 年，但基金合同另有约定的除外。存续期限届满后，经基金份额持有人大会决议通过，基金可延长存续期限。否则，基金将终止运作并清算，无须召开基金份额持有人大会			
募集方式	公开募集			
运作方式	契约型封闭式			
投资人分类	原始权益人	其他战略投资者	网下投资者	公众投资者
投资人份额占比（%）	20	52	19.60	8.40
发售方式	首次发售将通过向战略投资者定向配售、向网下投资者询价发售及向公众投资者定价发售相结合的方式进行			
项目进展	已交易上市			

资料来源：中金普洛斯 REIT 招募说明书。

从交易主体来看，中金普洛斯 REIT 涉及的主要交易主体有基金管理人（中金基金管理有限公司）、基金托管人（兴业银行股份有限公司）、原始权益人（普洛斯中国控股有限公司），如表 9－14 所示。

表 9－14　　　　中金普洛斯 REIT 交易主体

公募基金层面	
基金管理人	中金基金管理有限公司
基金托管人	兴业银行股份有限公司

续表

公募基金层面	
发起人、原始权益人	普洛斯中国控股有限公司
基础设施项目运营方	普洛斯中国控股有限公司
专项计划（ABS）层面	
资产支持证券管理人	中国国际金融股份有限公司
托管银行	兴业银行股份有限公司
项目公司	北京普洛斯空港物流发展有限公司 普洛斯（广州）保税仓储有限公司 广州普洛斯仓储设施管理有限公司 佛山市顺德区普顺物流园开发有限公司 苏州普洛斯望亭物流园开发有限公司 昆山普淀仓储有限公司
中介机构	
律师事务所	上海市通力律师事务所（基金） 北京市海问律师事务所（基础设施项目）
会计师事务所	毕马威华振会计师事务所（特殊普通合伙）
评估机构	深圳市戴德梁行土地房地产评估有限公司

资料来源：中金普洛斯 REIT 招募说明书。

9.3.3 项目框架结构

基金合同生效后首次投资的基础设施资产支持证券为“中金—普洛斯仓储物流基础设施资产支持专项计划资产支持证券”，并将通过持有该资产支持证券全部份额，进而持有7处基础设施资产所属的6家项目公司的全部股权和对该等项目公司的全部股东债权。该基金通过资产支持专项计划受让项目公司股权前，上述项目公司均由注册在香港的普洛斯中国间接全资持有，其中广州设管普洛斯为广州保税普洛斯的全资子公司，其余项目公司均为外商独资企业。具体产品结构如图9－5所示。

中金普洛斯 REIT 整体产品架构概述如下：

（1）计划管理人中金公司获得上海证券交易所关于同意基础设施资产支持证券挂牌的无异议函，基金管理人中金基金获得上海证券交易所关于同意基础设施基金上市的无异议函以及中国证监会关于准予基础设施基金注册的批文。

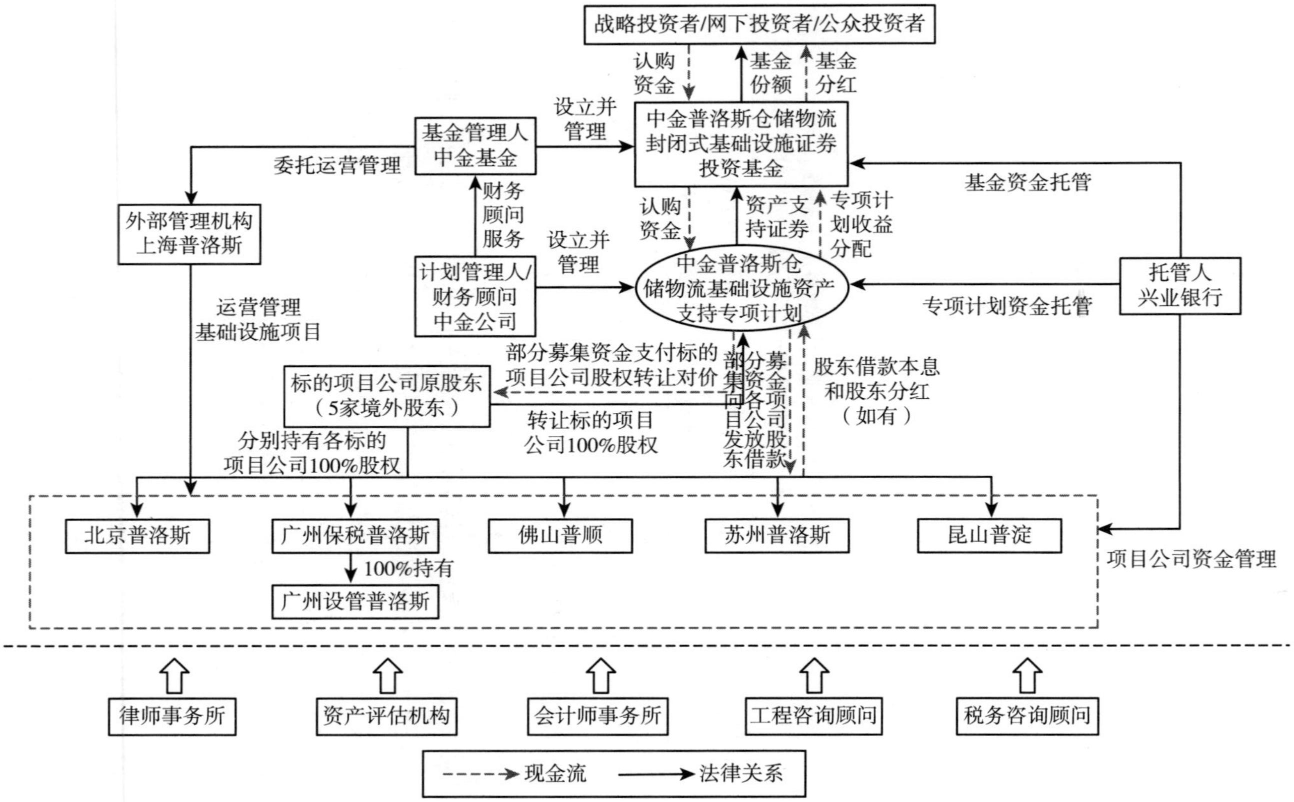

图 9-5 中金普洛斯 REIT 产品结构

资料来源:中金普洛斯 REIT 招募说明书。

（2）基金管理人委托中金公司担任基础设施基金财务顾问，办理基础设施基金份额发售的路演推介、询价、定价、配售等相关业务活动。基础设施基金份额认购价格通过向网下投资者询价的方式确定。网下询价结束后，中金基金向投资者公告基金份额认购价格。投资者以询价确定的认购价格参与基础设施基金份额认购。原始权益人或其受同一实际控制的关联方参与战略配售比例为基金发售数量的20%，持有期自上市之日起不少于60个月。

（3）基金募集达到备案条件后，自基金管理人办理完毕基金备案手续并取得中国证监会书面确认之日起，基金合同生效；基金管理人在收到中国证监会确认文件的次日对基金合同生效事宜予以公告。基金合同生效后，基金募集资金扣除募集期的认购资金利息以及基金成立初期必要税费（如有）外，全部投资于由中金公司作为计划管理人发行的“中金普洛斯仓储物流基础设施资产支持专项计划资产支持证券”，基金管理人（代表基金的利益）成为该基础设施资产支持证券单一持有人。“中金—普洛斯仓储物流基础设施资产支持专项计划”设立之日即发行权利义务转移日，自权利义务转移日起，计划管理人（代表专项计划的利益）即成为标的项目公司的所有权人，即标的项目公司的唯一股东（就广州设管普洛斯而言，系间接唯一股东）。本基金通过基础设施资产支持证券持有基础设施项目公司全部股权和对项目公司的全部股东债权，通过资产支持证券和项目公司等载体取得基础设施项目完全所有权或经营权利。

9.3.4 治理结构

中金普洛斯REIT的整体治理结构主要分为基金层面、专项计划层面和基础设施项目运营管理机构层面，其中基金份额持有人大会可理解为“最高权力机构”。当出现基金合同约定的基金份额持有人大会召集事由时，基金管理人、基金托管人、代表基金份额10%以上的基金份额持有人以及基金合同约定的其他主体（如有），可以向基金份额持有人大会提出议案。基金份额持有人大会由基金管理人召集，基金托管人及代表基金份额10%以上（含10%）的基金份额持有人可书面提议召开（见表9-15）。

表 9-15　　中金普洛斯 REIT 基金份额持有人大会主要事项

决议类型	通过决议的票数要求	决议事项
一般决议	1/2 以上（含 1/2）通过	除法律法规规定或基金合同约定需要特别决议通过的事项外，下述事项以一般决议通过方为有效。 （1）解聘（除法定解聘情形外）、更换外部管理机构； （2）提高基金管理人、基金托管人的报酬标准； （3）变更基金类别； （4）变更范围或对投资目标、投资策略做出非重大调整； （5）变更基金份额持有人大会程序； （6）终止基金上市（但因基金不再具备上市条件而被上海证券交易所终止上市的则无须提交基金份额持有人大会审议）； （7）连续 12 个月内累计发生的金额超过基金净资产 20% 且低于基金净资产 50% 的基础设施项目购入或出售； （8）连续 12 个月内累计发生的金额低于基金净资产 50% 的基础设施基金扩募； （9）基金成立后连续 12 个月内累计发生金额超过基金净资产 5% 且低于基金净资产 20% 的关联交易； （10）由基金管理人以及基金托管人要求召开基金份额持有人大会的其他事项； （11）由单独或合计持有基金总份额 10% 以上（含 10%）基金份额的基金份额持有人（以基金管理人收到提议当日的基金份额计算，下同）就同一事项书面要求召开基金份额持有人大会的其他事项； （12）对基金合同当事人权利和义务产生重大影响的其他事项
特别决议	2/3 以上（含 2/3）通过	下述事项以特别决议通过方为有效。 （1）转换基金运作方式； （2）更换基金管理人或者基金托管人； （3）提前终止基金合同或延长基金合同期限； （4）本基金与其他基金合并；对基金的投资目标、投资策略等作出重大调整； （5）连续 12 个月内累计发生的金额占基金净资产 50% 及以上的基础设施项目购入或出售； （6）连续 12 个月内累计发生的金额占基金净资产 50% 及以上的扩募； （7）基金成立后连续 12 个月内累计发生金额占基金净资产 20% 及以上的关联交易

资料来源：中金普洛斯 REIT 招募说明书。

9.3.5　基金费率

中金普洛斯 REIT 的费用组成主要为管理费与托管费，管理费分为固定管理费与浮动管理费两个部分。

1. 管理费

（1）固定管理费：基金的固定管理费用每日计算，经基金托管人与基金管理人核对一致，按照约定的支付频率及账户路径支付。

（2）浮动管理费：由于基础设施项目购入或出售等因素引起仓储租赁收入变化的，基金管理人有权在履行适当程序后调整浮动管理费用计提标准。对于浮动管理费用计提费率调整情况及调整当年浮动管理费用计算方式，以基金管理人届时公告为准。

基金的浮动管理费用按月计算，经基金托管人与基金管理人核对一致，按照约定的支付频率及账户路径支付。

2. 托管费

基金的托管费用每日计算，经基金托管人与基金管理人核对一致，按照约定的账户路径进行资金支付（见表 9－16）。

表 9－16　　中金普洛斯 REIT 各项费用具体费率及计算标准

主体	项目		费率（%）	计算标准
基金管理人	管理费	固定管理费	0.70	$H = \sum (P_i \times N_i) \times 0.70\% \div$ 当年天数； H 为当日应计提的固定管理费用； P_i 为截至该日，基金第 i 次募集的认购价格； N_i 为截至该日，基金第 i 次募集的认购份额
		浮动管理费 1（首年）	5	基金当年经审计的仓储租赁收入（以基金年度审计报告为准）的 5%
		浮动管理费 2（第二个自然年度开始）	4.8	基金当年经审计的仓储租赁收入（以基金年度审计报告为准）<3.2 亿元，浮动管理费为基金当年经审计的仓储租赁收入（以基金年度审计报告为准）的 4.8%
		浮动管理费 3（第二个自然年度开始）	5.0	3.2 亿元≤基金当年经审计的仓储租赁收入（以基金年度审计报告为准）≤3.8 亿元，浮动管理费为基金当年经审计的仓储租赁收入（以基金年度审计报告为准）的 5.0%
		浮动管理费 4（第二个自然年度开始）	5.2	3.8 亿元<基金当年经审计的仓储租赁收入（以基金年度审计报告为准），浮动管理费为基金当年经审计的仓储租赁收入（以基金年度审计报告为准）的 5.2%

续表

主体	项目	费率（%）	计算标准
基金托管人	托管费	0.01	$H=\sum(P_i\times N_i)\times 0.01\%\div$当年天数； H 为当日应计提的托管费用； P_i 为截至该日，基金第 i 次募集的认购价格； N_i 为截至该日，基金第 i 次募集的认购份额

资料来源：中金普洛斯 REIT 招募说明书。

9.3.6 发售与上市交易情况

1. 发售规模

中金普洛斯 REIT 发售份额总额为 15 亿份。初始战略配售发售份额为 10.8 亿份，为基金份额发售总量的 72.00%，最终战略配售份额与初始战略配售份额的差额（如有）将根据“回拨机制”的原则进行回拨；网下初始发售份额为 3.36 亿份，占扣除初始战略配售份额数量后发售份额的 80.00%；公众初始发售份额为 0.84 亿份，占扣除初始战略配售份额数量后发售份额的 20.00%。

最终网下发售、公众发售合计份额为发售总份额扣除最终战略配售发售份额，最终网下发售份额、公众发售份额将根据回拨情况确定。

2. 认购价格

基金管理人及财务顾问协商确定基金认购价格为 3.890 元/份。

3. 认购费用

（1）认购费率。所有投资者（包括战略投资者、网下投资者和公众投资者）认购基金份额的认购费率按其认购金额的增加而递减。投资者在募集期内可以多次认购基金份额，基金份额的认购费按每笔基金份额认购申请单独计算。

公众投资者的认购费率如表 9－17 所示。

表 9 - 17　　中金普洛斯 REIT 公共投资者认购费率

认购金额（M）	认购费率
M < 100 万元	0.60%
100 万元≤M < 300 万元	0.40%
300 万元≤M < 500 万元	0.20%
M≥500 万元	1000 元/笔

注：以上费用在投资者认购基金过程中收取。
资料来源：中金普洛斯 REIT 发售公告说明书。

该基金份额的场内认购费率由基金销售机构参照场外认购费率执行。

根据认购价格 3.890 元/份计算，战略投资者及网下投资者认购费率如表 9 - 18 所示。

表 9 - 18　　中金普洛斯 REIT 战略投资者及网下投资者认购费率

认购份额（N）	认购费率
N < 255537 份	0.60%
255537 份≤N < 768136 份	0.40%
768136 份≤N < 1282782 份	0.20%
N≥1282782 份	1000 元/笔

注：以上费用在投资者认购基金过程中收取。
资料来源：中金普洛斯 REIT 发售公告说明书。

（2）认购份额/金额的计算。同本章 9.1.6 中认购份额/金额的计算。

4. 基金交易情况

截至 2022 年 3 月 25 日，中金普洛斯 REIT 收盘价格为 4.899 元，从上市日 2021 年 6 月 21 日到 2022 年 3 月 25 日为止，涨跌幅为 24.97%，平均换手率为 1.92%，成交量为 1454.86 万，走势情况如图 9 - 6 所示。

5. 基金分红情况

该基金于 2021 年 11 月 12 日公告，以现金形式发放红利。本次分红为 2021 年度第一次分红，共计分配人民币 78300000.00 元，约占可供分配金额的 95%，基金收益为 0.5220 元/10 份基金份额。

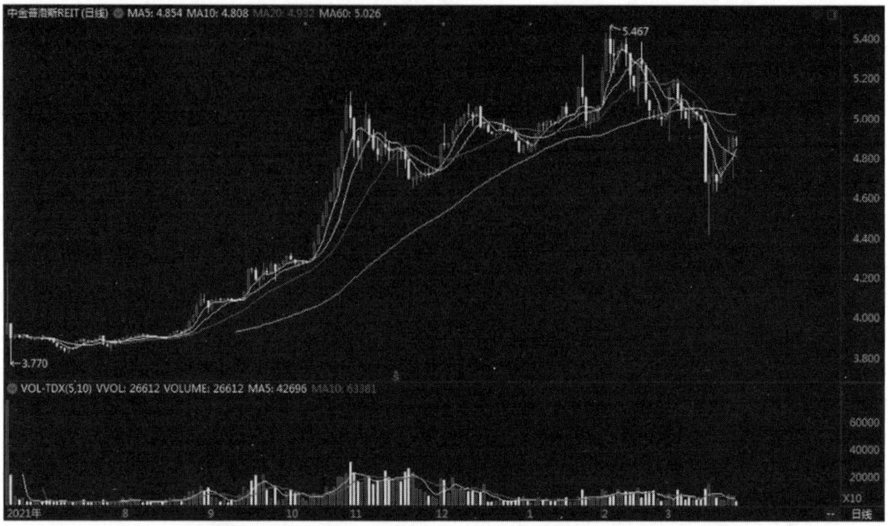

图 9-6 中金普洛斯 REIT 基金 K 线

资料来源：中信证券行情报告。

6. 综合年化收益率

按照本书 8.4 节关于综合年化收益率的计算公式，截至 2022 年 3 月 25 日，该基金的综合年化收益率为 35.95 %。

表 9-19 为中金普洛斯 REIT 的主要交易统计数据。

表 9-19 中金普洛斯 REIT 主要交易统计数据

发行价（元）	开盘价（元）	统计日收盘价（元）	涨跌幅（%）	振幅（%）	平均换手率（%）	累计成交量（份）	累计成交额（亿元）	分红情况	综合年化收益率（%）
3.89	3.920	4.899	24.97	45.01	1.92	14548570	67.6	已分红	35.95

9.4 东吴苏园产业 REIT

东吴—苏州工业园区产业园封闭式基础设施证券投资基金（以下简称“东吴苏园产业 REIT”）于 2021 年 6 月 21 日在上海证券交易所正式发行上市，是首批获准发行上市的基础设施公募 REITs 试点项目之一，属于“产业园类”基础设施公募 REITs 项目。

9.4.1 基础资产

东吴苏园产业 REIT 的基础设施项目为国际科技园五期 B 区和 2.5 产业园一期、二期项目，均位于苏州市苏州工业园区。苏州工业园区地处长江三角洲中心腹地，位于中国沿海经济开放区与长江经济发展带的交汇处，拥有便捷发达的立体交通网络，包括上海港、张家港、常熟港、太仓港以及京杭大运河等水上运输通道、沪宁高速、苏嘉杭高速、312 国道等多条高速公路以及国道和建设中的京沪高速铁路、沪宁城际铁路。园区距离上海虹桥机场 80 千米。苏州工业园区作为全国第一个中外中央政府级合作的开发区，品牌效应显著，受到中新两国、江苏省和苏州市各级政府的特别支持，被授予许多特殊优惠政策。园区现已逐步形成了以“电子信息、机械制造”为 2 大主导产业，“生物医药、人工智能、纳米技术应用”为 3 大战略新兴产业的“2 +3”特色产业体系，并将产业作为经济发展与区域建设的内生部分与特色优势。

原始权益人于2020 年完成资产的重组，经营向好，资产产权清晰，期限较长，于 2055 ~2060 年到期。其中，国际科技园五期 B 区位于苏州工业园区独墅湖科教创新区版块，为园区转型发展的核心项目。其用地性质为科研设计用地，总建设面积约 33 万平方米，总可出租面积约 27 万平方米，包括 21 幢研发物业和 2 幢配套物业，2020 年底资产评估值为 18.3 亿元；2.5 产业园项目属于中新生态科技城板块，将建设成国际领先的低碳经济区、生态示范区和科技创新区。其用地性质为工业用地，总建设面积约 23 万平方米，总可出租面积约 15 万平方米，包括 19 幢研发物业，2020 年底资产评估值为 15.2 亿元。

9.4.2 交易要素

东吴苏园产业 REIT 由东吴基金管理有限公司负责公开募集。该基金为契约型封闭式，拟在成立后在上海证券交易所上市交易，存续期限为 40 年，首次发售采用向战略投资者定向配售、向网下投资者询价配售和向公众投资者定价发售相结合的方式进行，该基金已交易上市，其交易要素如表 9 – 20 所示。

表 9-20　　东吴苏园产业 REIT 交易要素

基金名称	东吴苏州工业园产业园封闭式基础设施证券投资基金			
基金类型	基础设施证券投资基金			
上市场所	上海证券交易所			
基金代码	508027			
投资目标	本基金主要投资于基础设施资产支持专项计划全部资产支持证券份额，穿透取得基础设施项目完全所有权。通过积极的投资管理和运营管理，力争提升基础设施项目的运营收益水平，并获取稳定的收益分配及长期可持续的收益分配增长			
初始投资标的	东吴苏州工业园区产业园封闭式基础设施证券投资基金			
基金初始总规模	9 亿份			
产品期限	基金存续期限为自 2021 年 6 月 7 日生效起 40 年			
募集方式	公开募集			
运作方式	契约型封闭式			
投资人分类	原始权益人	其他战略投资者	网下投资者	公众投资者
投资人份额占比(%)	30	30	30	10
发售方式	首次发售将通过向战略投资者定向配售、向网下投资者询价发售及向公众投资者定价发售相结合的方式进行			
项目进展	已交易上市			

资料来源：东吴苏园产业 REIT 招募说明书。

从交易主体来看，如表 9-21 所示，东吴苏园产业 REIT 涉及的主要交易主体有基金管理人（东吴基金管理有限公司）、基金托管人（招商银行股份有限公司）、原始权益人及基础设施项目运营方（苏州工业园区科技发展有限公司）。

表 9-21　　东吴苏园产业 REIT 交易主体

公募基金层面	
基金管理人	东吴基金管理有限公司
基金托管人	招商银行股份有限公司
发起人、原始权益人	苏州工业园区科技发展有限公司
基础设施项目运营方	苏州工业园区科技发展有限公司 苏州工业园区建屋产业园开发有限公司
专项计划（ABS）层面	
资产支持证券管理人	东吴证券股份有限公司
托管银行	招商银行股份有限公司苏州银行
项目公司	苏州工业园区科智商业管理有限公司 苏州工业园区艾派科项目管理有限公司

续表

中介机构	
律师事务所	北京市金杜律师事务所
会计师事务所	普华永道中天会计师事务所（特殊普通合伙）
评估机构	深圳市戴德梁行土地房地产评估有限公司

资料来源：东吴苏园产业 REIT 招募说明书。

9.4.3 项目框架结构

东吴苏园产业 REIT 的资产支持证券管理人为东吴基金管理有限公司，托管人为招商银行股份有限公司，基金管理人为东吴基金管理有限公司。苏州工业园区科技发展有限公司和苏州工业园区建屋产业园开发有限公司为运营管理机构提供运营管理服务。上述基础设施基金的整体架构符合《基金指引》的规定。具体产品结构如图 9－7 所示。

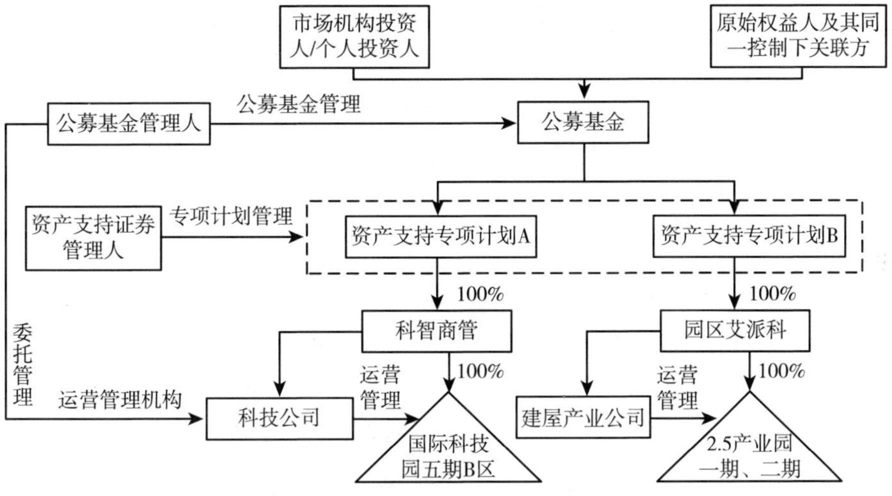

图 9－7 东吴苏园产业 REIT 产品结构

资料来源：东吴苏园产业 REIT 招募说明书。

东吴苏园产业 REIT 的整体产品架构概述如下：

（1）基础设施基金拟以募集资金认购东吴—苏州国际科技园五期资产支持专项计划和东吴—苏州新建元 2.5 产业园资产支持专项计划全部资产支持证券份额，基金合同的成立、生效与基金投资。

（2）基金管理人通过与资产支持证券管理人签订《东吴—苏州国际科技园五期资产支持专项计划资产支持证券认购协议》和《东吴—苏州新建元2.5产业园资产支持专项计划资产支持证券认购协议》，将基础设施基金认购资金以专项资产管理方式委托资产支持证券管理人管理，资产支持证券管理人分别设立并管理东吴—苏州国际科技园五期资产支持专项计划和东吴—苏州新建元2.5产业园资产支持专项计划，基金管理人取得资产支持证券，成为资产支持证券持有人。

（3）资产支持证券管理人分别代表东吴—苏州国际科技园五期资产支持专项计划和东吴—苏州新建元2.5产业园资产支持专项计划，按照《股权转让协议》的相关约定分别受让科技公司、建屋产业公司持有的科智商管、园区艾派科100%的股权。根据《股权转让协议》，自专项计划设立日起（含该日），科智商管、园区艾派科100%股权的全部权利和义务由资产支持证券管理人持有，该日为目标股权交割日。

（4）专项计划设立后，资产支持证券管理人（代表专项计划）将按照与项目公司签署的《借款合同》的约定，向项目公司提供借款。

（5）基金存续期间，基金管理人、运营管理机构将根据运营管理协议的约定负责基础设施项目的各项运营管理事宜。

（6）项目公司应根据与基金管理人、资产支持证券管理人、监管银行签署的《资金监管协议》的约定将项目运营过程中产生的项目公司运营收入划付至监管账户。

（7）项目公司应按照其与资产支持证券管理人（代表专项计划）签署的相关《借款合同》的约定，向资产支持证券管理人（代表专项计划）偿还相应借款的本金和/或利息，并分配股息、红利等股权投资收益（如有）。

（8）专项计划收到项目公司偿还的借款本息和分配的股息、红利等股权投资收益（如有）后，资产支持证券管理人应向资产支持证券持有人分配资产支持证券当期收益，基金管理人在取得资产支持证券当期收益后按照基金合同的约定进行基金份额收益分配。

9.4.4 治理结构

东吴苏园产业REIT的整体治理结构主要分为基金层面、专项计划层面和基础设施项目运营管理机构层面，其中基金份额持有人大会可理解为“最高权力机构”。当出现基金合同约定的基金份额持有人大会召集事由时，基金管理人、基金托管人、代表基金份额10%以上的基金份额持有人以及基金合同约定的其他主体（如有），可以向基金份额持有人大会提出议案。基金份额持有人大会由基金管理人召集，基金托管人及代表基金份额10%以上（含10%）的基金份额持有人可书面提议召开（见表9－22）。

表9－22　　东吴苏园产业REIT基金份额持有人大会主要事项

决议类型	通过决议的票数要求	决议事项
一般决议	1/2以上（含1/2）通过	除“特别决议”及《证券投资基金法》所规定的须以特别决议通过事项以外的其他事项均以一般决议的方式通过。 （1）发生金额超过基金净资产20%且低于基金净资产50%的基础设施项目或基础设施资产支持证券购入或出售（金额是指连续12个月内累计发生金额）； （2）发生金额低于基金净资产50%的基础设施基金扩募（金额是指连续12个月内累计发生金额）； （3）基础设施基金成立后发生的金额超过基金净资产5%且低于基金净资产20%的关联交易（金额是指连续12个月内累计发生金额）； （4）除基金合同约定解聘运营管理机构的法定情形外，基金管理人解聘运营管理机构； （5）根据本基金核算及估值方法的约定，在最大限度保护基金份额持有人利益的前提下，调整基金的核算及/或估值方式
特别决议	2/3以上（含2/3）通过	除法律法规、监管机构另有规定或基金合同另有约定外，以下事项以特别决议的方式通过。 （1）转换基金运作方式； （2）本基金与其他基金合并； （3）更换基金管理人或者基金托管人、资产支持证券管理人和资产支持证券托管人； （4）终止基金合同； （5）对基础设施投资基金的投资目标、范围、投资策略等作出重大调整； （6）发生金额占基金净资产50%及以上的扩募（金额是指连续12个月内累计发生金额）； （7）发生金额占基金净资产50%及以上的基础设施项目或基础设施资产支持证券购入或出售（金额是指连续12个月内累计发生金额）； （8）发生金额占基金净资产20%及以上关联交易（金额是指连续12个月内累计发生金额）； （9）对基金份额持有人利益有重大影响的其他事项

资料来源：东吴苏园产业REIT招募说明书。

9.4.5 基金费率

东吴苏园产业 REIT 的费用组成主要为管理费与托管费，管理费分为固定管理费与浮动管理费两个部分，具体计算规则如下。

1. 管理费

（1）固定管理费：基金的固定管理费含固定管理费 1 及固定管理费 2。基金成立当年，如无定期报告，固定管理费 1 按前一估值日基金合并报表中基金净资产的费率按日计提，如无前一估值日，以基金募集规模作为计费基础。基金固定管理费 1 每日计提，按年支付，基金管理人与基金托管人双方核对无误后，基金托管人按照与基金管理人协商一致的方式从基金财产中一次性支取。若遇法定节假日、公休假等，支付日期顺延；固定管理费 2 基金管理人按年一次性收取。基金管理人与基金托管人双方核对无误后，基金托管人按照与基金管理人协商一致的方式从基金财产中一次性支取。若遇法定节假日、公休假等，支付日期顺延。

（2）浮动管理费：浮动管理费为浮动管理费 1 及浮动管理费 2。为避免歧义，基础设施项目运营收入回收期内实际收到的净收入含回收期内实际收到的归属于当年及归属于以往年度的净收入。

2. 托管费

基金托管费每日计提，按年支付，基金管理人与基金托管人双方核对无误后，基金托管人按照与基金管理人协商一致的方式从基金财产中一次性支取。若遇法定节假日、公休假等，支付日期顺延（见表 9－23）。

表 9－23　东吴苏园产业 REIT 各项费用具体费率及计算标准

主体	项目		费率（%）	计算标准
基金管理人	管理费	固定管理费 1	0.15	最新一期定期报告披露的基金合并报表中基金净资产 ×0.15% ÷ 当年天数
		固定管理费 2	1.05	基金当年度可供分配金额（扣除基金管理费及基金托管费之前）×1.05%
		固定管理费 = 固定管理费 1 + 固定管理费 2		

续表

主体	项目		费率（%）	计算标准
基金管理人	管理费	浮动管理费 1	40	（科智商管于每一基础设施项目运营收入回收期内实际收到的净收入－该基础设施项目运营收入回收期对应的国际科技园五期 B 区项目净收入目标金额）×40%
		浮动管理费 2	40	（园区艾派科于每一基础设施项目运营收入回收期内实际收到的净收入－该基础设施项目运营收入回收期对应的 2.5 产业园一期、二期项目净收入目标金额）×40%
		浮动管理费＝浮动管理费 1＋浮动管理费 2		
基金托管人	托管费		0.01	最新一期定期报告披露的基金合并报表中基金净资产×0.01%÷当年天数

资料来源：东吴苏园产业 REIT 招募说明书。

9.4.6　发售与上市交易情况

1. 发售规模

东吴苏园产业 REIT 发售份额总额为 9.00 亿份。初始战略配售发售份额为 5.40 亿份，为基金份额发售总量的 60.00%，最终战略配售份额与初始战略配售份额的差额（如有）将根据“发售回拨机制”的原则进行回拨；网下初始发售份额为 2.88 亿份，占扣除初始战略配售份额数量后发售份额的 80.00%；公众初始发售份额为 0.72 亿份，占扣除初始战略配售数量后发售份额的 20.00%。

最终网下发售、公众发售合计份额为发售总份额扣除最终战略配售发售份额，最终网下发售份额、公众发售份额将根据回拨情况确定。

2. 认购价格

基金管理人确定本基金认购价格为 3.880 元/份。

3. 认购费用

同本章 9.1.6 中认购费用。

4. 基金交易情况

截至2022年3月25日，东吴苏园产业REIT收盘价格为4.540元，从上市日2021年6月21日到2022年3月25日为止，涨跌幅为16.41%，平均换手率为1.27%，成交量为836.19万份，走势情况如图9-8所示。

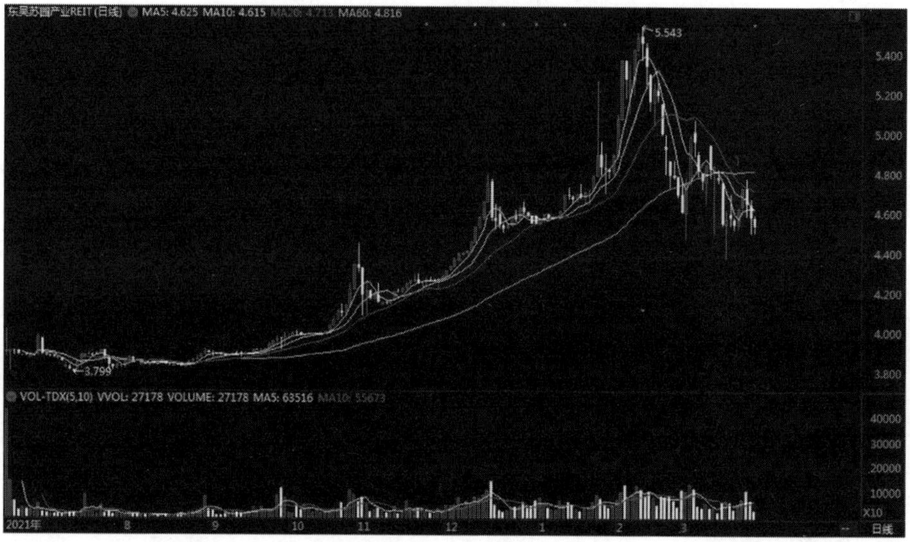

图9-8　东吴苏园产业REIT基金K线

资料来源：中信证券行情报告。

5. 基金分红情况

截至2022年3月25日，该基金尚未分红。

6. 综合年化收益率

按照本书8.4节关于综合年化收益率的计算公式，截至2022年3月25日，该基金的综合年化收益率为22.41%。

表9-24为东吴苏园产业REIT的主要交易统计数据。

表9-24　东吴苏园产业REIT主要交易统计数据

发行价（元）	开盘价（元）	统计日收盘价（元）	涨跌幅（%）	振幅（%）	平均换手率（%）	累计成交量(份)	累计成交额(亿元)	分红情况	综合年化收益率(%)
3.88	3.900	4.540	16.41	45.91	1.27	8361906	37.3	未分红	22.41

9.5 华安张江光大REIT

华安张江光大园封闭式基础设施证券投资基金（以下简称“华安张江光大REIT”）于2021年6月21日在上海证券交易所正式发行上市，是首批获准发行上市的基础设施公募REITs试点项目之一，属于“产业园类”基础设施公募REITs项目。

9.5.1 基础资产

华安张江光大REIT的基础设施项目为张江光大园地处中国（上海）自由贸易试验区盛夏路500弄，位于国家级高科技产业园区张江高科技园区核心地带。园区总建筑面积50947.31平方米。截至2020年末，张江光大园共有267个可用车位，其中地库机械车位100个，非机械车位99个，地面非机械停车位68个。根据张江光大园项目的建设用地规划许可，项目用地性质为工业－M1。张江光大园分为1～6号项目工程及7号项目工程，合同开工时间分别为2011年1月28日和2015年8月1日，并于2014年2月14日及2016年12月23日分别取得1～6号项目工程及7号项目工程的竣工验证备案证明文件。

张江光大园凭借良好的区域优势、产业配套及交通便利，吸引了包括集成电路、先进制造业、在线经济、金融科技及产业服务配套等符合国家重大战略、宏观调控及产业政策、发展规划的行业内优质企业入驻。截至2020年末，张江光大园出租率稳定在99.51%左右。张江光大园的历史出租情况如下：张江光大园2017年末平均出租率为96.29%，2018年末平均出租率为74.13%，2019年末平均出租率为97.39%。其中2018年因主动调整租户结构，导致出租率略有下降。

9.5.2 交易要素

华安张江光大REIT由华安基金管理有限公司负责公开募集。该基金为契约型封闭式，拟在成立后在上海证券交易所上市交易，存续期限为20年，首次发售采用向战略投资者定向配售、向网下投资者询价配售和向公众投资者定价发售相结合的方式进行，该基金已交易上市，其交易要素如表 9－25 所示。

表 9－25 华安张江光大 REIT 交易要素

基金名称	华安张江光大园封闭式基础设施证券投资基金			
基金类型	基础设施证券投资基金			
上市场所	上海证券交易所			
基金代码	508000			
投资目标	本基金主要投资于基础设施资产支持证券并持有其全部份额，通过资产支持证券等特殊目的载体取得基础设施项目公司全部股权，最终取得相关基础设施项目完全所有权。基金在严格控制风险的前提下，通过积极主动的投资管理和运营管理，努力提升基础设施项目的运营收益水平及基础设施项目价值，力争为基金份额持有人提供相对稳定的回报			
初始投资标的	国君资管张江光大园资产支持专项计划资产全部份额			
基金初始总规模	5 亿份			
产品期限	基金存续期限为自 2021 年 6 月 7 日生效起 20 年			
募集方式	公开募集			
运作方式	契约型封闭式			
投资人分类	原始权益人	其他战略投资者	网下投资者	公众投资者
投资人份额占比（%）	20	35.33	31.27	13.40
发售方式	首次发售将通过向战略投资者定向配售、向网下投资者询价发售及向公众投资者定价发售相结合的方式进行			
项目进展	已交易上市			

资料来源：华安张江光大 REIT 招募说明书。

从交易主体来看，如表 9－26 所示，华安张江光大 REIT 涉及的主要交易主体有基金管理人（华安基金管理有限公司）、基金托管人（招商银行股份有限公司）、原始权益人［上海安恬投资有限公司的股东上海光全投资中心（有限合伙）、光控安石（北京）投资管理有限公司］。

表 9－26 华安张江光大 REIT 交易主体

公募基金层面	
基金管理人	华安基金管理有限公司
基金托管人	招商银行股份有限公司

续表

公募基金层面	
发起人、原始权益人	上海安恬投资有限公司的股东上海光全投资中心（有限合伙） 光控安石（北京）投资管理有限公司
基础设施项目运营方	上海集挚咨询管理有限公司
专项计划（ABS）层面	
资产支持证券管理人	上海国泰君安证券资产管理有限公司
托管银行	招商银行股份有限公司上海分行
项目公司	上海安恬投资有限公司的股东上海光全投资中心（有限合伙） 光控安石（北京）投资管理有限公司
中介机构	
律师事务所	北京市汉坤律师事务所
会计师事务所	德勤华永会计师事务所（特殊普通合伙）
评估机构	仲量联行（北京）土地房地产评估顾问有限公司

资料来源：华安张江光大 REIT 招募说明书。

9.5.3 项目框架结构

华安张江光大 REIT 的资产支持证券管理人为上海国泰君安证券资产管理有限公司，托管人为招商银行股份有限公司，基金管理人为华安基金管理有限公司。上海集挚咨询管理有限公司为运营管理机构提供运营管理服务。上述基础设施基金的整体架构符合《基金指引》的规定。具体产品结构如图 9－9 所示。

华安张江光大 REIT 的整体产品架构概述如下。

（1）基金募集结束并达到基金备案条件后，基金管理人向中国证监会办理基金备案手续，自取得中国证监会书面确认之日起，《基金合同》正式生效。

（2）基金合同生效后，基金管理人将按照与目标基础设施资产支持证券计划管理人签署的《认购协议》，以基金资产认购目标基础设施资产支持证券全部份额，即国君资管张江光大园资产支持专项计划全部份额。认购完成后，专项计划管理人按照相关程序完成专项计划的设立及备案。

（3）专项计划管理人将按照与光全投资等签署的《上海安恬投资有限公司股权转让协议》在专项计划设立日后通知专项计划托管人将专项计划募集

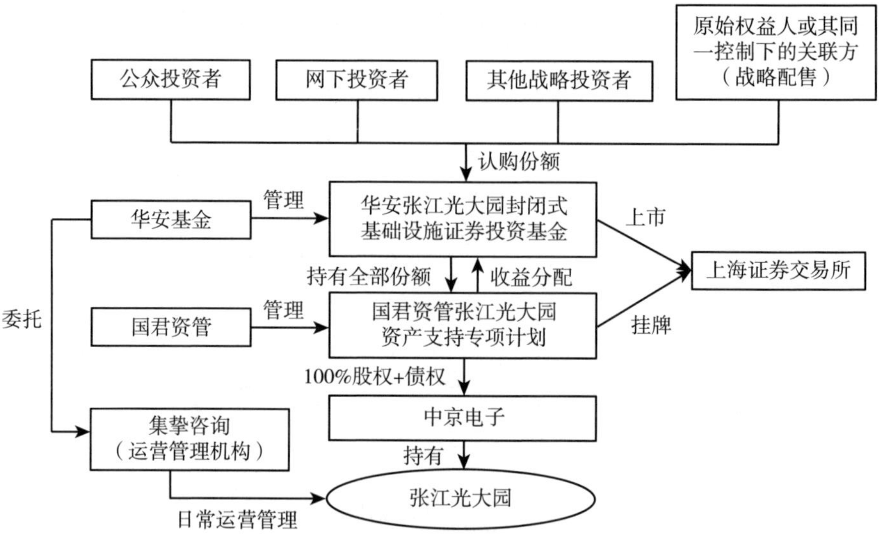

图 9－9　华安张江光大 REIT 产品结构

资料来源：华安张江光大 REIT 招募说明书。

资金作为安恬投资第一笔股权转让价款支付至光全投资的账户，用于购买安恬投资 100% 股权；待《股权转让协议》约定的交割审计完成后，根据交割审计的结果支付第二笔股权转让价款（如需），并在专项计划设立日后 15 个工作日内在工商局完成安恬投资章程备案。专项计划托管人应根据《股权转让协议》及《国君资管张江光大园资产支持专项计划托管协议》（以下简称《专项计划托管协议》）的约定对付款指令中资金的用途及金额进行核对，核对无误后予以付款。

（4）专项计划设立后，专项计划管理人分别向安恬投资及中京电子发放借款，安恬投资和中京电子将分别以其获得的借款用于偿还存量负债及专项计划管理人认可的其他用途。

（5）基金存续期间，基金管理人、运营管理机构将根据《华安张江光大园封闭式基础设施证券投资基金关于张江光大园项目之运营管理协议》的约定负责基础设施项目的各项运营管理事宜。

（6）中京电子应根据与基金管理人、监管银行签署的《资金监管协议》的约定将项目运营过程中产生的中京电子运营收入归集至监管账户。

（7）安恬投资、中京电子应按照其与专项计划管理人（代表专项计划）签署的相关《借款合同》约定，向专项计划管理人（代表专项计划）偿还相应借款的本金和/或利息。

(8) 专项计划管理人向资产支持证券持有人分配款项后，基金管理人按照《基金合同》的约定进行收益分配。

9.5.4 治理结构

华安张江光大 REIT 的整体治理结构主要分为基金层面、专项计划层面和基础设施项目运营管理机构层面，其中基金份额持有人大会可理解为“最高权力机构”。当出现基金合同约定的基金份额持有人大会召集事由时，基金管理人、基金托管人、代表基金份额 10% 以上的基金份额持有人以及基金合同约定的其他主体（如有），可以向基金份额持有人大会提出议案。基金份额持有人大会由基金管理人召集，基金托管人及代表基金份额 10% 以上（含 10%）的基金份额持有人可书面提议召开（见表 9 – 27）。

表 9 – 27　华安张江光大 REIT 基金份额持有人大会主要事项

决议类型	通过决议的票数要求	决议事项
一般决议	1/2 以上（含 1/2）通过	除“特别决议”所规定的须以特别决议通过事项以外的其他事项均以一般决议的方式通过
特别决议	2/3 以上（含 2/3）通过	(1) 除法律法规另有规定或基金合同另有约定外，转换基金运作方式、更换基金管理人或者基金托管人、终止《基金合同》、本基金与其他基金合并； (2) 对基础设施基金的投资目标、投资策略等作出重大调整； (3) 基金以首次发售募集资金收购基础设施项目后，金额占基金净资产 50% 以上的扩募（金额是指连续 12 个月内累计发生金额）； (4) 基金以首次发售募集资金收购基础设施项目后，金额占基金净资产 50% 及以上的基础设施项目或基础设施资产支持证券购入或出售（金额是指连续 12 个月内累计发生金额）； (5) 基金成立并以首次发售募集资金收购基础设施项目后，金额占基金净资产 20% 及以上关联交易（金额是指连续 12 个月内累计发生金额）； (6) 对基金份额持有人利益有重大影响的其他事项

资料来源：华安张江光大 REIT 招募说明书。

9.5.5 基金费率

华安张江光大 REIT 的费用组成主要为管理费与托管费，管理费分为固定管理费与浮动管理费两个部分，具体计算规则如表 9 – 28 所示。

表 9 – 28　　华安张江光大 REIT 各项费用具体费率及计算标准

主体	项目		费率（%）	计算标准
基金管理人	管理费	固定管理费	0.55	基金的固定管理费按最近一期经审计年度报告中披露的基金净资产［产品成立日后至第一次披露年末经审计的基金净资产前为基金募集资金金额（含募集期利息）］×0.55% ÷当年天数
		浮动管理费 1	10	（上一自然年度物业资产运营净收入 – 物业资产运营净收入目标）×10%
		浮动管理费 2	4 0.2	上一自然年度物业资产运营收入总额 ×4% – 最近一期经审计年度报告中披露的基金净资产［产品成立日后至第一次披露年末经审计的基金净资产前为基金募集资金金额（含募集期利息）］×0.2%
		浮动管理费 = 浮动管理费 1 + 浮动管理费 2		
基金托管人	托管费		0.01	最近一期经审计年度报告中披露的基金净资产［产品成立日后至第一次披露年末经审计的基金净资产前为基金募集资金金额（含募集期利息）］×0.01% ÷当年天数

资料来源：华安张江光大 REIT 招募说明书。

9.5.6　发售与上市交易情况

1. 发售规模

华安张江光大 REIT 发售份额总额为 5 亿份。初始战略配售发售份额为 27665 万份，为基金份额发售总量的 55.33%，最终战略配售份额与初始战略配售份额的差额（如有）将根据“回拨机制”的原则进行回拨；网下初始发售份额为 15635 万份，占扣除初始战略配售份额数量后发售份额的 70%；公众初始发售份额为 6700 万份，占扣除初始战略配售数量后发售份额的 30%。

最终网下发售、公众发售合计份额为发售总份额扣除最终战略配售发售份额，最终网下发售份额、公众发售份额将根据回拨情况确定。

2. 认购价格

基金管理人及财务顾问协商确定基金认购价格为 2.990 元/份。

3. 认购费用

（1）认购费率。

① 对于战略投资者，无认购费用。

② 对于网下投资者，认购费用由投资者承担，认购费用为每笔 1000 元。

③ 对于公众投资者，认购费用由投资者承担，认购费率不高于 0.50%，且随认购金额的增加而递减，认购费率如表 9-29 所示。

表 9-29　　华安张江光大 REIT 认购费率

份额类别	认购费用（M）	认购费率
场外份额	$M<1000$ 万元	0.50%
	$M\geq 1000$ 万元	1000 元/笔
场内份额	由基金销售机构参照场外认购费率执行	

注：以上费用在投资者认购基金过程中收取。
资料来源：华安张江光大 REIT 发售公告说明书。

当发生比例确认时，基金管理人将及时公告比例确认情况与结果。未确认部分的认购款项将在募集期结束后退还给投资者，由此产生的损失由投资人自行承担。发生比例配售及份额取整时，公众投资者认购所适用的认购费率可能低于该笔申请实际确认金额所对应的认购费率。

基金管理人及其他基金销售机构可以在不违背法律法规规定及《基金合同》约定的情形下，对基金认购费用实行一定的优惠，费率优惠的相关规则和流程详见基金管理人或其他基金销售机构届时发布的相关公告或通知。

（2）认购份额/金额的计算。同本章 9.1.6 中认购份额/金额的计算。

4. 基金交易情况

截至 2022 年 3 月 25 日，华安张江光大 REIT 收盘价格为 3.753 元，从上市日 2021 年 6 月 21 日到 2022 年 3 月 25 日为止，涨跌幅为 17.28%，平均换手率为 1.92%，成交量为 793.29 万份，走势情况如图 9-10 所示。

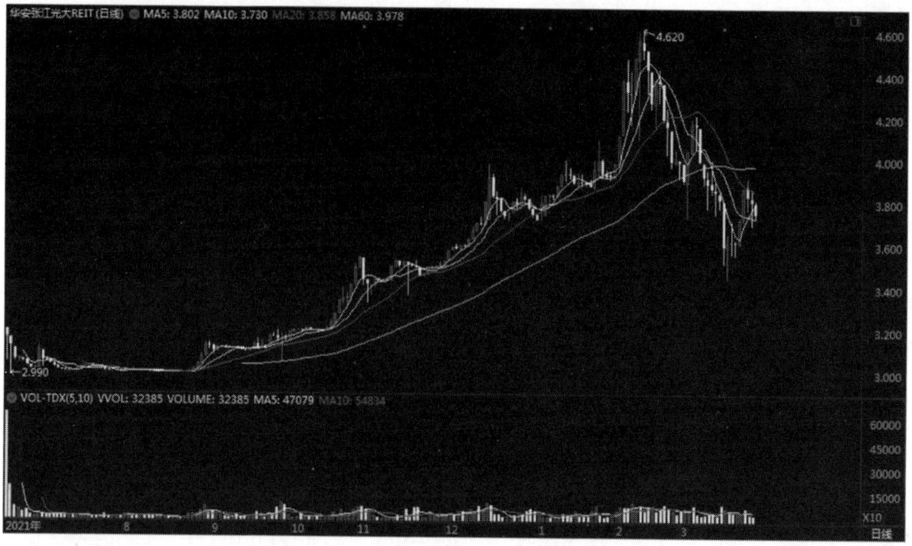

图 9－10　华安张江光大 REIT 基金 K 线

资料来源：中信证券行情报告。

5. 基金分红情况

截至 2022 年 3 月 25 日，该基金尚未分红。

6. 综合年化收益率

按照本书 8.4 节关于综合年化收益率的计算公式，截至 2022 年 3 月 25 日，该基金的综合年化收益率为 33.63 %。

表 9－30 为华安张江光大 REIT 的主要交易统计数据。

表 9－30　华安张江光大 REIT 主要交易统计数据

发行价（元）	开盘价（元）	统计日收盘价（元）	涨跌幅（%）	振幅（%）	平均换手率（%）	累计成交量(份)	累计成交额(亿元)	分红情况	综合年化收益率(%)
2.99	3.200	3.753	17.28	54.52	1.92	7932901	28.5	未分红	33.63

9.6　红土盐田港 REIT

红土创新盐田港仓储物流封闭式基础设施证券投资基金（以下简称“红

土盐田港 REIT"）于 2021 年 6 月 21 日在深圳证券交易所正式发行上市，是首批获准发行上市的基础设施公募 REITs 试点项目之一，属于"仓储物流类"基础设施公募 REITs 项目。

9.6.1 基础资产

红土盐田港 REIT 的基础设施项目为现代物流中心项目，位于深圳市盐田区盐田综合保税区北片区，邻近盐田港码头。项目包括 4 座仓库、1 栋综合办公楼及 1 座气瓶站，各仓库通过连廊和行车道相互连通，均为高标准多层坡道库。

项目所在区域东临惠深沿海高速、南临盐排高速、西临盐田路、北临明珠大道，毗邻香港国际航运中心，深水岸线资源丰富，拥有海铁、水水、公水等多式联运，区位优势明显。项目距离深圳地铁 8 号线盐田路站 1.5 公里，距离盐田港约 1 公里，距离惠深沿海高速入口约 2.5 公里，距离盐排高速入口约 3 公里，距深圳宝安国际机场约 60 公里，距深圳市区约 28 公里，便捷的交通为项目的高效物流能力提供了良好的基础。

9.6.2 交易要素

红土盐田港 REIT 由红土创新基金管理有限公司负责公开募集。该基金为契约型封闭式，拟在成立后在深圳证券交易所上市交易，存续期限为 36 年，首次发售采用向战略投资者定向配售、向网下投资者询价配售和向公众投资者定价发售相结合的方式进行，该基金已交易上市，其交易要素如表 9-31 所示。

表 9-31　红土盐田港 REIT 交易要素

基金名称	红土创新盐田港仓储物流封闭式基础设施证券投资基金
基金类型	基础设施证券投资基金
上市场所	深圳证券交易所
基金代码	180301
投资目标	本基金将主要通过投资专项计划穿透取得基础设施项目完全所有权，基金管理人主动履行基础设施项目运营管理职责，以获取基础设施项目运营收入等稳定现金流及基础设施资产增值为主要目的

续表

初始投资标的	深创投—盐田港仓储物流资产支持专项计划的全部份额			
基金初始总规模	8 亿元			
产品期限	2021 年 6 月 7 日至 2057 年 6 月 29 日			
募集方式	公开募集			
运作方式	契约型封闭式			
投资人分类	原始权益人	其他战略投资者	网下投资者	公众投资者
投资人份额占比（%）	20	40	21	19
发售方式	首次发售将通过向战略投资者定向配售、向网下投资者询价发售及向公众投资者定价发售相结合的方式进行			
项目进展	已交易上市			

资料来源：红土盐田港 REIT 招募说明书。

从交易主体来看，如表 9－32 所示，红土盐田港 REIT 涉及的主要交易主体有基金管理人（红土创新基金管理有限公司）、基金托管人（招商银行股份有限公司）、原始权益人（深圳市盐田港集团有限公司）。

表 9－32　　红土盐田港 REIT 交易主体

公募基金层面	
基金管理人	红土创新基金管理有限公司
基金托管人	招商银行股份有限公司
发起人、原始权益人	深圳市盐田港集团有限公司
基础设施项目运营方	深圳市盐田港物流有限公司
专项计划（ABS）层面	
资产支持证券管理人	深创投红土资产管理（深圳）有限公司
托管银行	招商银行股份有限公司深圳分行
项目公司	深圳市盐港现代物流发展有限公司
中介机构	
律师事务所	北京市海问律师事务所
会计师事务所	普华永道中天会计师事务所（普通合伙人）
评估机构	深圳市戴德梁行土地房地产评估有限公司

资料来源：红土盐田港 REIT 招募说明书。

9.6.3 项目框架结构

红土盐田港 REIT 的资产支持证券管理人为深创投红土资产管理（深圳）有限公司，托管人为招商银行股份有限公司，基金管理人为红土创新基金管理有限公司。深圳市盐田港物流有限公司为运营管理机构提供运营管理服务。上述基础设施基金的整体架构符合《基金指引》的规定。具体产品结构如图 9－11 所示。

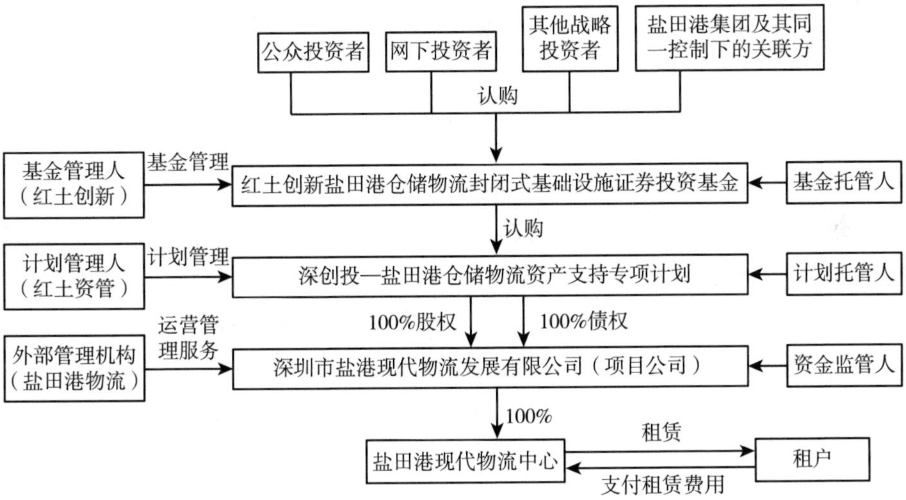

图 9－11　红土盐田港 REIT 产品结构

资料来源：红土盐田港 REIT 招募说明书。

红土盐田港 REIT 的整体产品架构概述如下。

（1）基金募集达到基金备案条件，自基金管理人办理完毕基金备案手续并取得中国证监会书面确认之日起，《基金合同》正式生效。

（2）基金管理人通过与专项计划管理人签订《专项计划认购协议》，将认购资金以专项资产管理方式委托专项计划管理人管理，专项计划管理人设立并管理专项计划，基金管理人取得资产支持证券，成为资产支持证券 100% 的持有人。

（3）首次发行时，专项计划将以公募基金认购资产支持证券的认购款项：①向原始权益人购买 SPV 目标股权；②向原始权益人购买其对于 SPV 的目标债权。

（4）专项计划管理人依据《SPV 股权转让协议》相关约定于专项计划设立之日起，即成为 SPV 的股东，并于工商变更登记手续及其他条件满足后向原始权益人支付股权转让价款。

（5）在上述收购完成后的 6 个月内，SPV 和项目公司依据《吸收合并协议》，项目公司将反向吸收合并 SPV。反向吸收合并完成后，SPV 注销，专项计划管理人成为项目公司 100% 股东。

（6）根据《监管协议》，监管银行应根据本协议约定对 SPV 监管账户和项目公司监管账户的资金接收、存放及支付进行监督和管理。项目公司应将项目运营过程中产生的项目公司运营收入归集至项目公司监管账户。

（7）在借款偿还日，项目公司应按照《债权债务确认及还款协议》的约定或专项计划管理人（代表专项计划）作出的还款指令，向专项计划管理人（代表专项计划）偿还应当偿还的本金（如有）及/或利息。

（8）在项目公司股利分配日，项目公司应根据中国法律以及公司章程规定或项目公司股东作出的分红决定而向股东分配与其所持有项目公司股权所对应的股息、红利等股权投资收益，在《吸收合并协议》约定的吸收合并完成前，项目公司股东为相应 SPV；在《吸收合并协议》约定的吸收合并完成后，项目公司股东为专项计划管理人（代表专项计划）。

（9）在项目公司借款还款日，借款人应根据计划管理人发出的《还本付息通知书》偿还借款利息。借款人应当于每一个借款偿还日 17:00 前将当期应偿还的本金（如有）及利息划付至专项计划账户。

（10）专项计划管理人根据专项计划文件的约定，实施专项计划的分配流程，向基金管理人分配相应款项。

9.6.4 治理结构

红土盐田港 REIT 的整体治理结构主要分为基金层面、专项计划层面和基础设施项目运营管理机构层面，其中基金份额持有人大会可理解为“最高权力机构”。当出现基金合同约定的基金份额持有人大会召集事由时，基金管理人、基金托管人、代表基金份额 10% 以上的基金份额持有人以及基金合同约定的其他主体（如有），可以向基金份额持有人大会提出议案。基金份额持有人大会由基金管理人召集，基金托管人及代表基金份额 10% 以上（含 10%）的基金份额持有人可书面提议召开（见表 9 - 33）。

表 9-33 红土盐田港 REIT 基金份额持有人大会主要事项

决议类型	通过决议的票数要求	决议事项
一般决议	1/2 以上（含 1/2）通过	（1）解聘、更换外部管理机构，但根据《基础设施基金指引》的法定情形解聘外部管理机构的除外； （2）变更基金类别； （3）对基金的投资目标、投资策略等作出非重大调整； （4）变更基金份额持有人大会程序； （5）连续 12 个月内累计发生的金额超过基金净资产 20% 且低于基金净资产 50% 的基础设施项目购入或出售； （6）连续 12 个月内累计发生的金额低于基金净资产 50% 的基金扩募； （7）基金成立后发生的连续 12 个月内金额累计超过基金净资产 5% 且低于基金净资产 20% 的关联交易； （8）由基金管理人以及基金托管人要求召开基金份额持有人大会的其他事项； （9）由单独或合计持有基金总份额 10% 以上（含 10%）基金份额的基金份额持有人（以基金管理人收到提议当日的基金份额计算，下同）就同一事项书面要求召开基金份额持有人大会的其他事项
特别决议	2/3 以上（含 2/3）通过	（1）对基金的投资目标、投资策略等作出重大调整； （2）连续 12 个月内累计发生的金额占基金净资产 50% 及以上的基础设施项目购入或出售； （3）连续 12 个月内累计发生的金额占基金净资产 50% 及以上的扩募； （4）基金成立后发生的连续 12 个月内金额累计占基金净资产 20% 及以上的关联交易； （5）转换基金的运作方式； （6）更换基金管理人或基金托管人； （7）提前终止或延长《基金合同》期限（但《基金合同》中已经明确约定的终止或延长事项除外）； （8）与其他基金合并

资料来源：红土盐田港 REIT 招募说明书。

9.6.5 基金费率

红土盐田港 REIT 的费用组成主要为管理费与托管费，管理费分为固定管理费与浮动管理费两个部分，具体计算规则如下。

1. 管理费

（1）固定管理费：按照上一自然年度基金年度报告披露的基金净值 0.3%

的年费率按日计提，逐日累计至每年年末，按年支付。

（2）浮动管理费：浮动管理费系指以每一项目公司该自然年度的基础设施项目运营收入为基数并结合该项目公司基础设施项目运营业绩指标计算的费用。浮动管理费总额为针对每一项目公司计算的浮动管理费相加之和，浮动管理费分为两个部分第一部分浮动管理费的计算标准为：$M = N \times K \times L$。其中，N 为该项目公司该自然年度的基础设施项目运营收入（不含税、不含物业费），具体按基金在该年度内间接持有该项目公司股权的天数计算；K 为该项目公司对应的费率；L = 该项目公司该自然年度的基础设施项目运营收入（不含税、不含物业费）/该项目公司该自然年度的运营业绩指标，若最终计算的结果大于100%，则 L 为100%。第二部分浮动管理费累计计算。区间项目公司基础设施项目年度运营收入（不含税、不含物业费）为 A，对应年度运营业绩指标为 X。

2. 托管费

基金托管人的托管费按最近一期年度报告披露的合并报表层面基金净资产的0.01%的年费率计提（见表9－34）。

表9－34　红土盐田港 REIT 各项费用具体费率及计算标准

主体	项目		费率（%）	计算标准
基金管理人	管理费	固定管理费	0.3	按上年度经审计的年度报告披露的合并报表层面基金净资产×0.3%÷当年天数
		浮动管理费（第一部分）	4	初始值；如任一项目公司某一自然年度的基础设施项目运营收入（不含税、不含物业费）未能达到该自然年度对应运营业绩指标的90%，则自下一个自然年度起该项目公司适用
			5	如任一项目公司基础设施项目运营收入（不含税、不含物业费）连续两个自然年度均大于运营业绩指标的110%，则自下一个自然年度起该项目公司适用
			6	如任一项目公司基础设施项目运营收入（不含税、不含物业费）连续两个自然年度均大于运营业绩指标的120%，则自下一个自然年度起该项目公司适用
			7	如任一项目公司基础设施项目运营收入（不含税、不含物业费）连续两个自然年度均大于运营业绩指标的130%，则自下一个自然年度起该项目公司适用

续表

主体	项目		费率（%）	计算标准
基金管理人	管理费	浮动管理费（第二部分累进计算）	0	$A \leqslant X$
			13	$100\%X < A \leqslant 125\%X$
			25	$125\%X < A \leqslant 150\%X$
			45	$A > 150\%X$
		浮动管理费 = 浮动管理费（第一部分）+ 浮动管理费（第二部分）		
基金托管人	托管费		0.01	最新一期定期报告披露的基金合并报表中基金净资产 ×0.01% ÷ 当年天数

资料来源：红土盐田港REIT招募说明书。

9.6.6 发售与上市交易情况

1. 发售规模

红土盐田港REIT份额的发售总量为8亿份。战略配售份额4.8亿份，占基金份额发售总量的比例为60%，其中原始权益人同一控制下的关联方深圳市盐田港资本有限公司参与战略配售的份额占基金份额发售总量的比例为20%，其他战略投资者参与战略配售的份额占基金份额发售总量的比例合计40%。

2. 认购价格

根据询价确定每份基金份额认购价格为2.300元人民币。

3. 认购费用

同本章9.1.6中认购费用。

4. 基金交易情况

截至2022年3月25日，红土盐田港REIT收盘价格为3.322元，从上市日2021年6月21日到2022年3月25日为止，涨跌幅为31.30%，平均换手率为1.62%，成交量为961.58万份，走势情况如图9-12所示。

图 9-12　红土盐田港 REIT 基金 K 线

资料来源：中信证券行情报告。

5. 基金分红情况

截至 2022 年 3 月 25 日，该基金尚未分红。

6. 综合年化收益率

按照本书 8.4 节关于综合年化收益率的计算公式，截至 2022 年 3 月 25 日，该基金的综合年化收益率为 58.55%。

表 9-35 为红土盐田港 REIT 的主要交易统计数据。

表 9-35　红土盐田港 REIT 主要交易统计数据

发行价（元）	开盘价（元）	统计日收盘价（元）	涨跌幅（%）	振幅（%）	平均换手率（%）	累计成交量（份）	累计成交额（亿元）	分红情况	综合年化收益率（%）
2.30	2.530	3.322	31.30	98.12	1.62	9615821	29.9	未分红	58.55

9.7　博时蛇口产园 REIT

博时招商蛇口产业园封闭式基础设施证券投资基金（以下简称“博时蛇

口产园 REIT”）于 2021 年 6 月 21 日在深圳证券交易所正式发行上市，是首批获准发行上市的基础设施公募 REITs 试点项目之一，属于“产业园类”基础设施公募 REITs 项目。

9.7.1 基础资产

博时蛇口产园 REIT 的基础设施项目为万融大厦和万海大厦，位于深圳蛇口网谷产业园，合计可租赁面积 8.47 万平方米，2020 年底估值达 25.28 亿元，不动产权证于 2062 年到期。其中万融大厦土地使用权面积为 1.72 万平方米、建筑面积为 4.17 万平方米、可租赁面积 3.5 万平方米，2020 年底估值 10.35 亿元。万海大厦土地使用权面积为 1.82 万平方米、建筑面积为 5.36 万平方米、可租赁面积 4.97 万平方米，2020 年底估值 14.93 亿元。资产产权清晰，期限较长，原始权益人招商蛇口的全资子公司深圳市万融大厦管理有限公司、深圳市万海大厦管理有限公司分别获取万融大厦和万海大厦的产权，不动产权证期限分别为 2012 年 7 月 17 日至 2062 年 7 月 16 日和 2012 年 9 月 30 日至 2062 年 9 月 29 日，项目权属清晰，不存在纠纷或潜在纠纷。

项目基础资产所在地的深圳前海蛇口片区的蛇口网谷园区，占据了粤港澳大湾区核心位置，是首批国家双创示范基地项目、招商蛇口产业园板块旗舰产品、深圳市最具代表性和最具活力的科创类产业园区之一，通过提供基础设施、生产空间及综合配套服务，吸引新一代信息技术（互联网、人工智能及智能制造）、物联网、电子商务、文化创意四大核心产业集群的内外资企业入驻。园区总建设面积 42 万平方米、可出租面积 31 万平方米，每平方米产值 10 万元、年总产值 400 亿元、引进客户约 450 家、吸纳就业人口超过 3 万人、培育了 17 家上市公司及新三板企业。

9.7.2 交易要素

博时蛇口产园 REIT 由博时基金管理有限公司负责公开募集。该基金为契约型封闭式，拟在成立后在深圳证券交易所上市交易，存续期限为 50 年，首次发售采用向战略投资者定向配售、向网下投资者询价配售和向公众投资者定价发售相结合的方式进行，该基金已交易上市，其交易要素如表 9-36 所示。

表 9 – 36 博时蛇口产园 REIT 交易要素

基金名称	博时招商蛇口产业园封闭式基础设施证券投资基金			
基金类型	基础设施证券投资基金			
上市场所	深圳证券交易所			
基金代码	180101			
投资目标	本基金主要投资于基础设施资产支持证券，并持有其全部份额；基金通过资产支持证券等特殊目的载体取得基础设施项目公司全部股权，最终取得相关基础设施项目完全所有权。基金通过主动的投资管理和运营管理，提升基础设施项目的运营收益水平，力争为基金份额持有人提供稳定的收益分配及长期可持续的收益分配增长，并争取提升基础设施项目价值			
初始投资标的	招商蛇口博时产业园基础设施 1 期资产支持专项计划的全部份额			
基金初始总规模	9 亿份			
产品期限	基金存续期限为自 2021 年 6 月 7 日生效起 50 年			
募集方式	公开募集			
运作方式	契约型封闭式			
投资人分类	原始权益人	其他战略投资者	网下投资者	公众投资者
投资人份额占比（%）	32	33	25	10
发售方式	首次发售将通过向战略投资者定向配售、向网下投资者询价发售及向公众投资者定价发售相结合的方式进行			
项目进展	已交易上市			

资料来源：博时蛇口产园 REIT 招募说明书。

从交易主体来看，如表 9 – 37 所示，博时蛇口产园 REIT 涉及的主要交易主体有基金管理人（博时基金管理有限公司）、基金托管人（招商银行股份有限公司）、原始权益人（博时资本管理有限公司）。

表 9 – 37 博时蛇口产园 REIT 交易主体

公募基金层面	
基金管理人	博时基金管理有限公司
基金托管人	招商银行股份有限公司
发起人、原始权益人	博时资本管理有限公司
基础设施项目运营方	深圳市招商创业有限公司

续表

专项计划（ABS）层面	
资产支持证券管理人	博时资本管理有限公司
托管银行	招商银行股份有限公司深圳分行
项目公司	深圳市万融大厦管理有限公司 深圳市万海大厦管理有限公司
中介机构	
律师事务所	北京市中伦律师事务所
会计师事务所	德勤华永会计师事务所（特殊普通合伙）
评估机构	戴德梁行土地房地产评估有限公司

资料来源：博时蛇口产园 REIT 招募说明书。

9.7.3 项目框架结构

博时蛇口产园 REIT 的资产支持证券管理人为博时资本管理有限公司，基金托管人为招商银行股份有限公司，基金管理人为博时基金管理有限公司。深圳市招商创业有限公司为运营管理机构提供运营管理服务。上述基础设施基金的整体架构符合《基金指引》的规定。具体产品结构如图 9－13 所示。

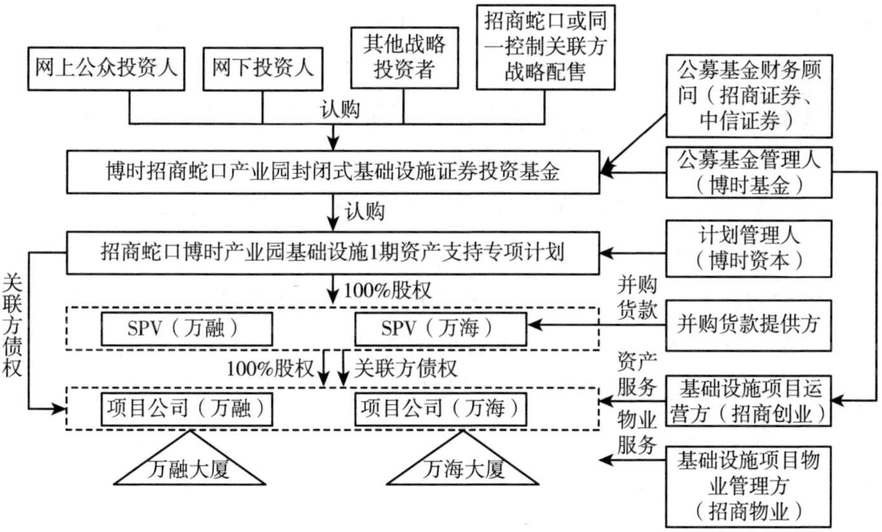

图 9－13 博时蛇口产园 REIT 产品结构

资料来源：博时蛇口产园 REIT 招募说明书。

博时蛇口产园 REIT 的整体产品架构概述如下。

（1）基金募集达到基金备案条件，自基金管理人办理完毕基金备案手续并取得中国证监会书面确认之日起，《基金合同》正式生效。

（2）基金管理人通过与资产支持证券管理人签订《招商蛇口产业园 1 期专项计划认购协议》，将扣除基金预留费用后的全部募集资金（不含募集期利息）以专项资产管理方式委托资产支持证券管理人管理，资产支持证券管理人设立并管理专项计划，基金管理人取得资产支持证券，成为资产支持证券 100% 的持有人。

（3）资产支持证券管理人根据《招商蛇口产业园 1 期专项计划标准条款》《SPV 股权转让协议》约定的付款安排，向专项计划托管银行发出划款指令，指示专项计划托管银行根据《SPV 股权转让协议》付款条款内容将 SPV 公司股权转让价款划拨至博时资本指定账户。

（4）资产支持证券管理人依据《SPV 股权转让协议》相关约定向博时资本支付完毕股权转让价款之日起，即成为 SPV 公司的股东。根据资产支持证券管理人与 SPV 公司签署的《SPV 公司投资协议》，资产支持证券管理人（代表专项计划）向 SPV 公司进行投资。

（5）SPV（万海）拟与招商银行深圳分行签署《借款合同》，由招商银行深圳分行向 SPV（万海）提供 30000 万元的借款，用于 SPV（万海）向招商蛇口支付相应项目公司股权转让价款，并拟由 SPV（万海）持有的对应项目公司股权、对应项目公司持有的基础设施项目为上述借款提供股权质押、不动产抵押。上述股权质押、不动产抵押应在招商银行深圳分行向 SPV（万海）发放贷款之日起 3 个月内办理完成。

（6）SPV（万融）及 SPV（万海）按照项目公司股权转让协议的相关约定分别受让原始权益人招商蛇口持有的项目公司 100% 的股权。股权转让的总对价为博时招商蛇口产业园封闭式基础设施证券投资基金的最终募集规模以及 SPV（万海）根据贷款合同的约定从贷款银行取得的项目贷款扣减募集费用和需要预留的全部费用和税费后的金额减去项目公司于交割日前一日经审计的（负债总额 - 递延所得税负债 - 流动资产）。其中“交割日”系指 SPV 公司向转让方（即原始权益人招商蛇口）支付完毕第一期转让价款之日。

《项目公司股权转让协议》约定受让方 SPV（万融）、SPV（万海）不迟于交割日取得项目公司股权变更公司章程、新股东名册和出资证明书；按照

《项目公司股权转让协议》，在转让价款支付条件成就且满足的前提下，SPV公司根据股权转让协议约定分两期向转让方支付转让价款，以取得项目公司目标股权及其全部权益，成为项目公司100%股东。转让方确保项目公司在不晚于交割日后5个工作日内，向工商局提交股权变更登记所需全部申请资料，并于交割日后60个工作日内完成项目公司工商股权变更登记。

（7）根据SPV公司与相应项目公司分别签署的投资协议（如需），SPV公司对相应项目公司进行投资，投资金额根据《项目公司投资协议》的约定执行。

（8）基金间接受让项目公司股权后，项目公司（万融）和项目公司（万海）的投资性房地产由成本法计量转为公允价值计量，公允价值与账面价值的差额调整期初留存收益。项目公司依据相应股东届时作出的利润分配决定以会计政策变更形成的未分配利润向SPV进行分配，分别形成对SPV（万融）和SPV（万海）的应付股利；SPV依据相应股东届时作出的利润分配决定向基础设施资产支持专项计划进行分配，形成对基础设施资产支持专项计划的应付股利。资产支持证券管理人（代表专项计划）和/或相应SPV和/或相应项目公司签署相应债权确认及重组协议，对各方之间的债权债务关系进行确认及重组，最终分别形成专项计划对项目公司的债权债务关系、SPV（万融）对项目公司（万融）的债权债务关系、SPV（万海）对项目公司（万海）的债权债务关系。

（9）项目公司应将项目运营过程中产生的项目公司运营收入归集至监管账户。

（10）在每个标的债权还款日，项目公司应按照相应债权确认及重组协议的约定或项目公司股东作出的股东决定或资产支持证券管理人（代表专项计划）作出的还款指令，向SPV（如有）和资产支持证券管理人（代表专项计划）偿还相应标的债权本金和/或利息。

（11）在每个项目公司股利分配日，项目公司应根据中国法律以及公司章程规定或项目。公司股东作出的分红决定而向股东分配与其所持有项目公司股权所对应的股息、红利等股权投资收益，在吸收合并协议约定的吸收合并完成前，项目公司股东为相应SPV；在吸收合并协议约定的吸收合并完成后，项目公司股东为资产支持证券管理人（代表专项计划）。

（12）在每个SPV公司股利分配日，SPV公司应根据中国法律以及公司章程规定或资产支持证券管理人（代表专项计划）作出的分红决定而向资产支持证券管理人（代表专项计划）分配与其所持有 SPV 公司股权所对应的股息、红利等股权投资收益。

（13）SPV（万海）根据贷款合同的约定，按照计划分期归还贷款本金和/或利息。在吸收合并协议约定的吸收合并完成后，前述贷款合同项下的贷款债务由吸收合并 SPV（万海）的项目公司（万海）承继，项目公司（万海）按照计划分期归还贷款本金和/或利息。

（14）在每个项目公司还款日 12：00 前，资产支持证券管理人应根据债权债务重组协议约定的还本付息安排，向监管银行发出划款指令，监管银行应按照资产支持证券管理人发出的划款指令于当日内，将项目公司拟支付的债务本息转入专项计划托管账户。

（15）在每个 SPV 公司分红日 12：00 前，资产支持证券管理人应根据其作为 SPV 公司股东作出的分红决定，向监管银行发出划款指令，监管银行应按照资产支持证券管理人发出的划款指令于当日内，将 SPV 公司拟向股东支付的利润分配款转入专项计划托管账户。

（16）资产支持证券管理人根据专项计划文件的约定，实施专项计划的分配流程，向基金管理人分配相应款项。

（17）吸收合并基本安排本基金成立后，在符合法律法规和相关政府部门的操作要求的前提下，项目公司将吸收合并其股东（即相应 SPV），SPV 将注销，资产支持证券管理人（代表专项计划）将直接持有项目公司的全部股权。吸收合并安排受限于法律法规的规定和相关政府部门的操作要求，预计不晚于基金上市后六个月完成。如不能完成吸收合并，现金流保持原有流转层级，但对该基金不产生实质影响。

9.7.4 治理结构

参见本章 9.5.4。

9.7.5 基金费率

博时蛇口产园 REIT 的费用组成主要为管理费与托管费，具体计算规则如表 9－38 所示。

表 9-38　　博时蛇口产园 REIT 各项费用具体费率及计算标准

<table>
<tr><th>主体</th><th colspan="2">项目</th><th>费率（%）</th><th>计算标准</th></tr>
<tr><td rowspan="3">基金管理人</td><td rowspan="3">管理费</td><td>管理费 1</td><td>0.15</td><td>最近一期年度报告披露的基金净资产，首次年度报告披露之前为募集规模（若涉及基金扩募等原因导致基金规模变化时，需按照实际规模变化期间进行调整）×0.15% ÷当年天数</td></tr>
<tr><td>管理费 2</td><td>0.35</td><td>基金当年可供分配金额（基金管理费前）×0.35%</td></tr>
<tr><td colspan="3">管理费 = 管理费 1 + 管理费 2</td></tr>
<tr><td>基金托管人</td><td colspan="2">托管费</td><td>0.15</td><td>最近一期年度报告披露的基金净资产，首次年度报告披露之前为募集规模（若涉及基金扩募等原因导致基金规模变化时，需按照实际规模变化期间进行调整）×0.015% ÷当年天数</td></tr>
</table>

资料来源：博时蛇口产园 REIT 招募说明书。

9.7.6　发售与上市交易情况

1. 发售规模

博时蛇口产园 REIT 发售的基金份额总额为 9.00 亿份，发售由战略配售、网下发售、公众投资者发售三个部分组成。战略配售基金份额数量为 5.85 亿份，占发售份额总数的比例为 65%。其中，原始权益人或其同一控制下的关联方认购数量为 2.88 亿份，占发售份额总数的比例为 32%；其他战略投资者认购数量为 2.97 亿份，占发售份额总数的比例为 33%；网下发售的基金份额数量为 2.25 亿份，占发售份额总数的比例为 25%；公众投资者认购的基金份额数量为 0.90 亿份，占发售份额总数的比例为 10%。

最终战略配售、网下发售及公众投资者发售的基金份额数量由回拨机制确定（如有）。

2. 认购价格

基金的份额认购价格为 2.310 元/份。

3. 认购费用

（1）认购费率。投资人在募集期内可以多次认购基金份额，基金份额的认购费按每笔基金份额认购申请单独计算。对于公众投资者，基金的认购费率如表 9－39 所示。

表 9－39　博时蛇口产园 REIT 认购费率

认购金额（M）	认购费率
$M<500$ 万元	0.50%
$M\geq500$ 万元	1000 元/笔

注：以上费用在投资者认购基金过程中收取。

资料来源：博时蛇口产园 REIT 发售公告说明书。

公众投资者基金份额的场内认购费率由基金销售机构参照公众投资者场外认购费率执行。

对于战略投资者及网下投资者，基金按每笔 1000 元收取认购费。

基金份额的认购费用不列入基金财产，主要用于基金的市场推广、销售、登记等募集期间发生的各项费用。

（2）认购份额/金额的计算。同本章 9.1.6 中认购份额/金额的计算。

4. 基金交易情况

截至 2022 年 3 月 25 日，博时蛇口产园 REIT 收盘价格为 3.154 元，从上市日 2021 年 6 月 21 日到 2022 年 3 月 25 日为止，涨跌幅为 24.12%，平均换手率为 2.47%，成交量为 1415.93 万份，走势情况如图 9－14 所示。

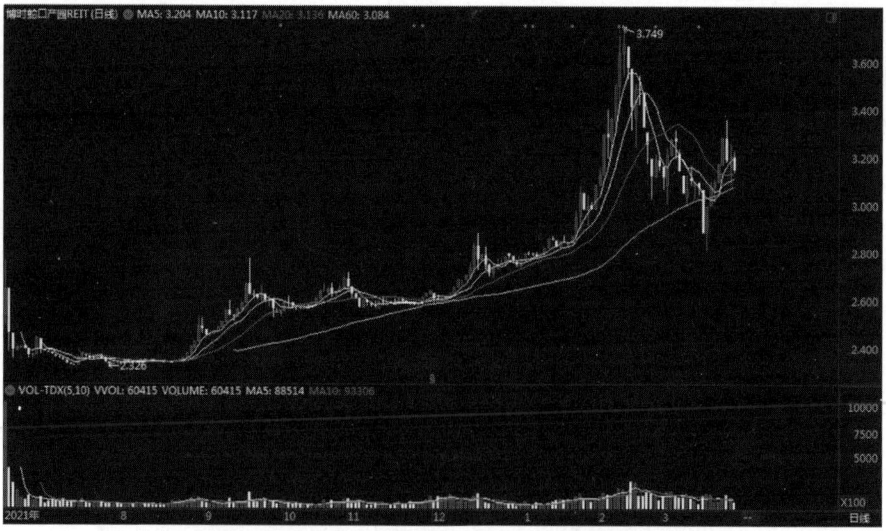

图 9－14　博时蛇口产园 REIT 基金 K 线

资料来源：中信证券行情报告。

5. 基金分红情况

该基金于2021年12月21日公告，以现金形式发放红利。本次分红为2021年度第一次分红，共计分配人民币24689678.79元，约占可供分配金额的90%，基金收益为0.2740元/10份基金份额。

6. 综合年化收益率

按照本书8.4节关于综合年化收益率的计算公式，截至2022年3月25日，该基金的综合年化收益率为49.71%。

表9-40为博时蛇口产园 REIT 的主要交易统计数据。

表9-40　　博时蛇口产园 REIT 主要交易统计数据

发行价（元）	开盘价（元）	统计日收盘价（元）	涨跌幅（%）	振幅（%）	平均换手率（%）	累计成交量（份）	累计成交额（亿元）	分红情况	综合年化收益率（%）
2.31	2.541	3.154	24.12	61.18	2.47	14159334	39.7	已分红	49.71

9.8 中航首钢绿能 REIT

中航首钢生物质封闭式基础设施证券投资基金（以下简称“中航首钢绿能 REIT”）于2021年6月21日在深圳证券交易所正式发行上市，是首批获准发行上市的基础设施公募 REITs 试点项目之一，属于“环保类”基础设施公募 REITs 项目。

9.8.1 基础资产

中航首钢绿能 REIT 的基础设施项目包括项目公司首钢生物质能源科技有限公司旗下生物质能源、残渣暂存场、餐厨3个项目，日焚烧生活垃圾3000吨，年处理量超100万吨，设计年均发电量和上网电量为3.2亿度、2.4亿度，系北京最大的垃圾焚烧发电厂之一。其中，生物质能源项目包括焚烧厂房、汽机及主控厂房、沼气发电厂房、污泥脱水间等，总建筑面积6.9万平方米，日焚烧生活垃圾3000吨。项目公司已取得项目所处宗地的不动产权证书，土地用地为公共设施用地，只限用于建设生物质能源项目；首钢鲁家山残渣暂存场项目总建筑面积约 160 万平方米，总库容 128 万立方米，设计残渣填埋能力 700 吨、渗沥液处理能力 35 吨，项目公司已取得项目所处宗地的不动产权证书；餐厨垃圾收运一体化项目包括综合水处理车间、餐厨垃圾预处理车间，总建筑面积约 0.6 万平方米，餐厨垃圾设计处理能力为 100 吨，项目公司已取得项目所处宗地的不动产权证书，项目为门头沟区唯一的餐厨垃圾处理项目，具有一定的地域垄断优势。

该项目所在区域内垃圾处理市场需求旺盛，首都北京的主要经济指标处于全国前列，未来随着北京市垃圾分类理念的不断深化，底层资产在维持当前生活垃圾处理量的同时进一步增加发电量，也将进一步增加营收和净利润。此外，相关行业支持政策不断出台，中央也陆续出台了一系列支持和推动垃圾焚烧发电行业发展的规划与政策文件，垃圾处理也是国家产业政策鼓励和支持发展的行业，随着我国城市化进程不断推进，生活垃圾无害化处理市场仍有望维持较高的景气度。

9.8.2 交易要素

中航首钢绿能 REIT 由中航基金管理有限公司负责公开募集。该基金为契约型封闭式，拟成立后在深圳证券交易所上市交易，存续期限为 21 年，首次发售采用向战略投资者定向配售、向网下投资者询价配售和向公众投资者定价发售相结合的方式进行，该基金已交易上市，其交易要素如表 9-41 所示。

表 9-41　　中航首钢绿能 REIT 交易要素

基金名称	中航首钢生物质封闭式基础设施证券投资基金
基金类型	基础设施证券投资基金
上市场所	深圳证券交易所
基金代码	180801
投资目标	本基金全部募集资金在扣除“基础设施基金需预留的全部资金和费用”后，剩余基金资产全部用于购买资产支持证券份额，存续期 80% 以上的基金资产投资于基础设施资产支持证券，并持有其全部份额，通过基础设施资产支持证券持有项目公司全部股权，并通过项目公司取得基础设施项目完全所有权或经营权利。基金管理人通过主动的投资管理和运营管理，力争为基金份额持有人提供稳定的收益分配及长期可持续的收益分配增长，并争取提升基础设施项目价值

续表

初始投资标的	中航—华泰—首钢生物质资产支持专项计划资产支持证券全部份额			
基金初始总规模	1亿份			
产品期限	基金存续期限为自2021年6月7日生效起21年			
募集方式	公开募集			
运作方式	契约型封闭式			
投资人分类	原始权益人	其他战略投资者	网下投资者	公众投资者
投资人份额占比（%）	40	20	30	10
发售方式	首次发售将通过向战略投资者定向配售、向网下投资者询价发售及向公众投资者定价发售相结合的方式进行			
项目进展	已交易上市			

资料来源：中航首钢绿能 REIT 招募说明书。

从交易主体来看，如表9－42所示，中航首钢绿能 REIT 涉及的主要交易主体有基金管理人（中航基金管理有限公司）、基金托管人（招商银行股份有限公司）、原始权益人（首钢环境产业有限公司）。

表9－42　中航首钢绿能 REIT 交易主体

公募基金层面	
基金管理人	中航基金管理有限公司
基金托管人	招商银行股份有限公司
发起人、原始权益人	首钢环境产业有限公司
基础设施项目运营方	北京首钢生态科技有限公司
专项计划（ABS）层面	
资产支持证券管理人	中航证券有限公司
托管银行	招商银行股份有限公司北京分行
项目公司	北京首钢生物质能源科技有限公司
中介机构	
律师事务所	北京市汉坤律师事务所
会计师事务所	普华永道中天会计师事务所（特殊普通合伙）
评估机构	北京戴德梁行资产评估有限公司

资料来源：中航首钢绿能 REIT 招募说明书。

9.8.3 项目框架结构

中航首钢绿能 REIT 的资产支持证券管理人为中航证券有限公司，托管人为招商银行股份有限公司，基金管理人为中航基金管理有限公司。北京首钢生态科技有限公司为运营管理机构提供运营管理服务。上述基础设施基金的整体架构符合《基金指引》的规定。具体产品结构如图 9－15 所示。

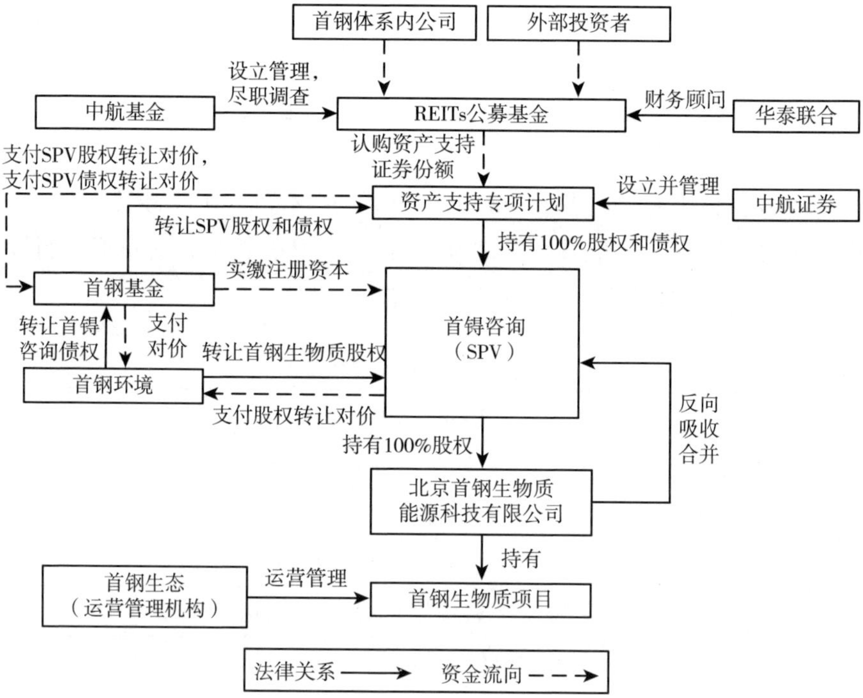

图 9－15　中航首钢绿能 REIT 产品结构

资料来源：中航首钢绿能 REIT 招募说明书。

中航首钢绿能 REIT 的整体产品架构概述如下。

（1）首钢基金设立首锝咨询：首钢基金设立首锝咨询（SPV），公司性质为有限责任公司。

（2）首锝咨询（SPV）受让项目公司股权：首锝咨询取得项目公司 100% 股权，且首锝咨询应向首钢环境支付股权转让对价 A 亿元，支付第一笔股权转让对价 0.001 亿元，剩余（A－0.001）亿元待支付，就未支付部分各方确认为首钢环境对首锝咨询享有的（A－0.001）亿元债权。债权本金金额在基金发行后才能确定，为基金募集规模扣减基金及专项计划层面预留的必要费用和首锝咨询股权转让对价 10 万元后的余额，即债权本金＝基金募集规模－基金及专项计划层面预留的必要费用－首锝咨询股权转让对价 10 万元。基金管理人会在债权本金确定后设定相应的还本计划，并相应确定初始借款利率，确保利率设定合法合规，不超过四倍 LPR。截至 2021 年 5 月 13 日，首锝咨询已取得项目公司 100% 股权，并完成工商变更登记手续。

（3）首钢基金受让首钢环境的债权：首钢基金购买首钢环境持有的对首锝咨询的（A－0.001）亿元债权，转让对价待支付，就未支付部分各方确认为首钢环境对首钢基金享有的债权。

（4）专项计划设立及公募基金募集成立：①中航基金完成公募基金产品的募集 B 亿元；②中航基金将募集资金扣除基金层面预留的必要费用后的 C 亿元认购专项计划全部份额，中航证券完成专项计划的设立；③中航证券代表专项计划扣除专项计划层面预留的必要费用后的 A 亿元购买首钢基金持有的首锝咨询股权和债权，其中，股权转让对价 0.001 亿元，债权转让对价（A－0.001）亿元；④中航证券代表专项计划购买首锝咨询股权将做交割审计，交割审计报告及相关的执行商定程序报告（如有）将按程序公开披露。

（5）首钢基金向首钢环境支付债权转让对价（A－0.001）亿元。

（6）首锝咨询与项目公司之间反向吸收合并：持有物业的项目公司与其股东首锝咨询进行合并，合并后项目公司主体存续，首锝咨询主体注销。

9.8.4 治理结构

参见本章 9.3.4。

9.8.5 基金费率

该基金的费用组成主要为管理费与托管费，管理费分为固定管理费与浮动管理费两个部分，具体计算规则如下。

1. 管理费

（1）固定管理费：基金当年固定管理费为前一估值日基金资产净值的

0.1%年费率与基金当年可供分配金额的7%之和，按年收取。其中，固定管理费与基金资产净值挂钩部分按日计提、按年收取。如无前一估值日，以基金募集净金额作为计费基础。

（2）浮动管理费：浮动管理费基金管理人按年一次性收取。基金管理人与基金托管人双方核对无误后，基金托管人按照与基金管理人协商一致的方式从基金财产中一次性支付给基金管理人。若遇法定节假日、公休假等，支付日期顺延。

2. 托管费

基金托管费按日计提，按年支付。基金管理人与基金托管人双方核对无误后，基金托管人按照与基金管理人协商一致的方式从基金财产中一次性支取。若遇法定节假日、公休假等，支付日期顺延（见表9－43）。

表9－43　中航首钢绿能 REIT 各项费用具体费率及计算标准

主体	项目		费率（%）	计算标准
基金管理人	管理费	固定管理费	0.1	前一估值日基金资产净值（或基金募集净金额）×0.1%÷当年天数
		浮动管理费	10 20	年度基金可供分配金额超出1.4亿元部分×10%＋项目公司年度运营收入超过395153982.54元部分×20%
基金托管人	托管费		0.05	前一估值日基金资产净值（或基金募集净金额）如无前一估值日的，以基金募集净金额作为计费基础×0.05%÷当年天数

资料来源：中航首钢绿能 REIT 招募说明书。

9.8.6 发售与上市交易情况

1. 发售规模

中航首钢绿能 REIT 发售基金募集的基金份额总数量为1亿份。其中，向战略投资者配售的初始基金份额数量为6000万份，占基金发售数量的比例为60%。回拨机制启动前，发售网下初始发售份额数量为3000万份，占扣除向战略投资者配售份额数量后发售数量的比例为75%；公众初始发售份额数量为1000万份，占扣除向战略投资者配售份额数量后发售数量的比例为25%。

最终战略配售份额与初始战略配售份额的差额（如有）将回拨至网下发售部分。网下、公众发售合计数量为发售总数量扣除最终向战略投资者配售数量，公众及网下最终发售数量将根据回拨情况确定。

2. 认购价格

综合考虑基金的发售数量、所处行业、基础设施项目价值、市场情况等因素，协商确定发售价格为 13. 380 元/份。

3. 认购费用

同本章 9. 1. 6 中认购费用。

4. 基金交易情况

截至 2022 年 3 月 25 日，中航首钢绿能 REIT 收盘价格为 17. 761 元，从上市日 2021 年 6 月 21 日到 2022 年 3 月 25 日为止，涨跌幅为 10. 62%，平均换手率为 2. 08%，成交量为 152. 82 万份，走势情况如图 9 – 16 所示。

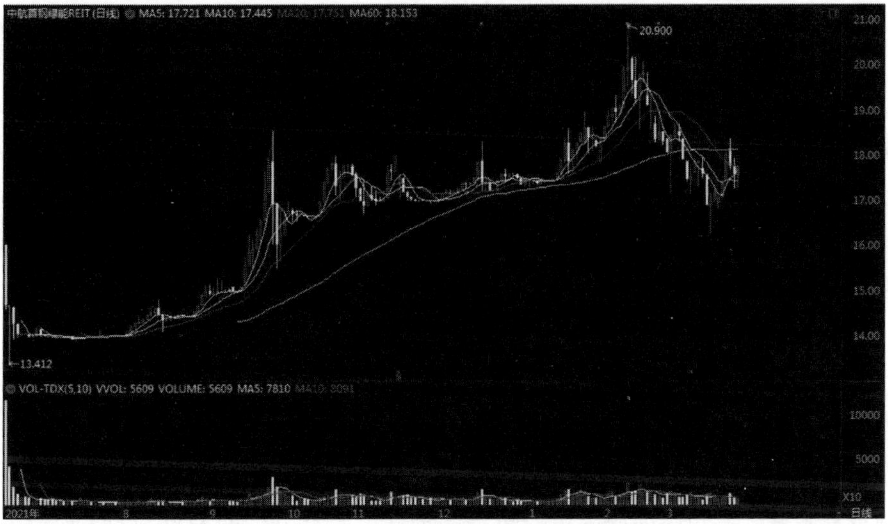

图 9 – 16　中航首钢绿能 REIT 基金 K 线

资料来源：中信证券行情报告。

5. 基金分红情况

该基金于 2021 年 11 月 12 日公告，以现金形式发放红利。本次分红为

2021 年度第一次分红，共计分配人民币 51541064.40 元，约占可供分配金额的 42%，基金收益为 5.1541 元/10 份基金份额。

6. 综合年化收益率

按照本书 8.4 节关于综合年化收益率的计算公式，截至 2022 年 3 月 25 日，该基金的综合年化收益率为 48.22%。

表 9-44 为中航首钢绿能 REIT 的主要交易统计数据。

表 9-44 中航首钢绿能 REIT 主要交易统计数据

发行价（元）	开盘价（元）	统计日收盘价（元）	涨跌幅（%）	振幅（%）	平均换手率（%）	累计成交量(份)	累计成交额(亿元)	分红情况	综合年化收益率(%)
13.38	16.056	17.761	10.62	55.83	2.08	1528199	25.8	已分红	48.22

9.9 平安广州广河 REIT

平安广州交投广河高速公路封闭式基础设施证券投资基金（以下简称"平安广州广河 REIT"）于 2021 年 6 月 21 日在深圳证券交易所正式发行上市，是首批获准发行上市的基础设施公募 REITs 试点项目之一，属于"高速公路类"基础设施公募 REITs 项目。

9.9.1 基础资产

平安广州广河 REIT 的基础设施项目为广河高速（广州段）是广东省境内连接广州市、惠州市与河源市的广州至河源高速公路的广州段，属于基础设施补短板行业中的收费公路基础设施；位于粤港澳大湾区，属于优先支持的重点区域。广州至河源高速公路是广东省"十一五"重点建设项目，是广州市城市空间发展规划中"北优"战略和沟通广佛都市圈与粤东北之间的重要交通枢纽。该项目将经济发达的珠江三角洲核心区与经济欠发达山区（增城东北部、惠州龙门县、河源）连接起来，对推进珠江三角洲产业向山区及东西两翼转移、开发山区资源、促进产业布局优化、实现区域经济协调发展和完善广东省高速公路网具有十分重要的意义。广河项目的规划建设符合

《国家高速公路网规划》《广东省高速公路网规划（2020—2035）》和《粤港澳大湾区发展规划纲要》。

广河高速（广州段）全长 70.754 千米，投资批准概算 69.81 亿元，于 2011 年 12 月 30 日开通，由项目公司 100% 持有。广河项目位于广州市东北部，路线呈东北走向，起于春岗立交与华南快速相交，终于九龙江大桥与广河高速（惠州段）相接。项目穿越广州市天河区、白云区、黄埔区、增城区，与广州市华南快速干线二期、三期，北二环高速公路，省道 S116、S118 及北三环高速，增从高速等多条干道相交，从增城区梳脑林场进入惠州市龙门县境内接广河高速（惠州段）。

9.9.2 交易要素

平安广州广河 REIT 由平安基金管理有限公司负责公开募集。该基金为契约型封闭式，拟在成立后在深圳证券交易所上市交易，存续期限为 99 年，首次发售采用向战略投资者定向配售、向网下投资者询价配售和向公众投资者定价发售相结合的方式进行，该基金已交易上市，其交易要素如表 9-45 所示。

表 9-45 平安广州广河 REIT 交易要素

基金名称	平安广州交投广河高速公路封闭式基础设施证券投资基金
基金类型	基础设施证券投资基金
上市场所	深圳证券交易所
基金代码	180201
投资目标	本基金主要投资于基础设施资产支持证券全部份额，以取得基础设施项目完全所有权或经营权利。通过主动的投资管理和运营管理，力争为基金份额持有人提供稳定的收益分配
初始投资标的	平安广州交投广河高速公路基础设施资产支持专项计划的全部资产支持证券份额
基金初始总规模	7 亿份
产品期限	基金存续期限为自 2021 年 6 月 7 日生效起 99 年
募集方式	公开募集
运作方式	契约型封闭式

续表

投资人分类	原始权益人	其他战略投资者	网下投资者	公众投资者
投资人份额占比（%）	51	27.97	16.03	5
发售方式	首次发售将通过向战略投资者定向配售、向网下投资者询价发售及向公众投资者定价发售相结合的方式进行			
项目进展	已交易上市			

资料来源：平安广州广河 REIT 招募说明书。

从交易主体来看，如表9－46 所示，平安广州广河 REIT 涉及的主要交易主体有基金管理人（平安基金管理有限公司）、基金托管人（中国工商银行股份有限公司）、原始权益人（广州交通投资集团有限公司）。

表9－46　　平安广州广河 REIT 交易主体

公募基金层面	
基金管理人	平安基金管理有限公司
基金托管人	中国工商银行股份有限公司
发起人、原始权益人	广州交通投资集团有限公司
基础设施项目运营方	广州交投广河高速公路有限公司
专项计划（ABS）层面	
资产支持证券管理人	平安证券股份有限公司
托管银行	中国工商银行股份有限公司广州分行
项目公司	广河高速项目 广河项目公司
中介机构	
律师事务所	北京市汉坤律师事务所
会计师事务所	普华永道中天会计师事务所（特殊普通合伙）
评估机构	深圳市世联资产房地产土地评估有限公司

资料来源：平安广州广河 REIT 招募说明书。

9.9.3　项目框架结构

平安广州广河 REIT 的资产支持证券管理人为平安证券股份有限公司，托管人为中国工商银行股份有限公司，基金管理人为平安基金管理有限公司。广州交投广河高速公路有限公司为运营管理机构提供运营管理服务。上述基础设施基金的整体架构符合《基金指引》的规定。具体产品结构如图 9 - 17 所示。

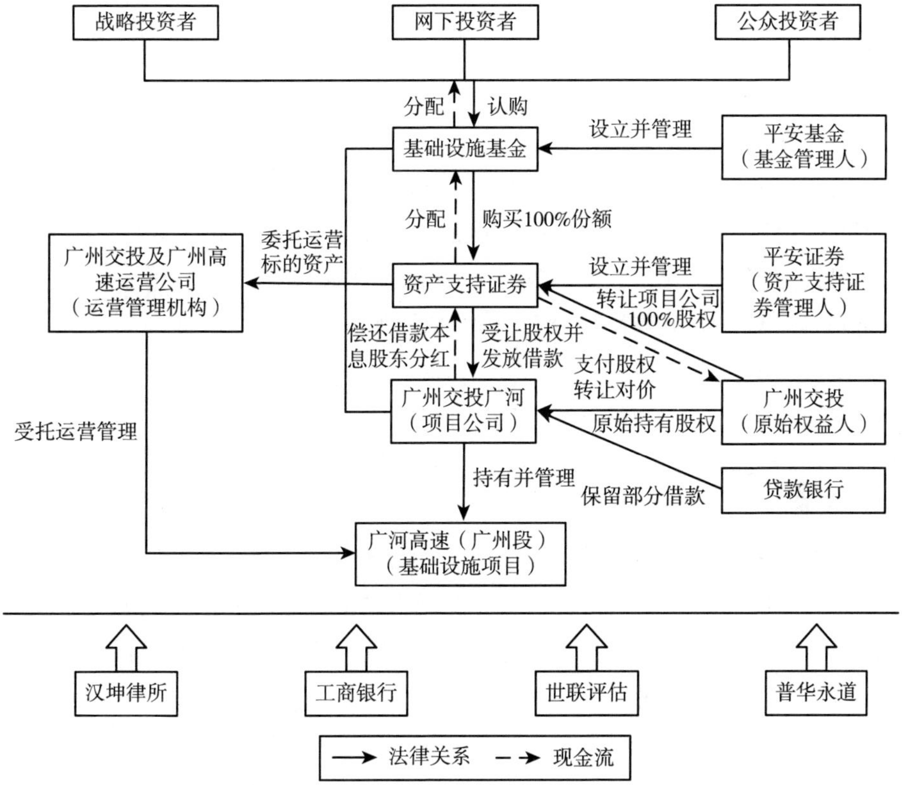

图 9 - 17　平安广州广河 REIT 产品结构

资料来源：平安广州广河 REIT 招募说明书。

平安广州广河 REIT 的整体产品架构概述如下。

（1）投资者交纳认购资金：战略投资者与平安基金签署战略投资者配售协议，战略投资者、网下投资者、公众投资者交纳认购款项，认购人取得基础设施证券投资基金份额，成为基础设施证券投资基金份额持有人。基础设施基金拟以首次募集资金认购平安广州交投广河高速公路基础设施资产支持专项计划资产支持证券的全部份额。

（2）基金进行初始投资：平安基金与平安证券签订资产支持证券认购协议，将资产支持证券认购资金委托平安证券管理，平安证券设立并管理专项计划，平安基金（代表基础设施基金）取得全部资产支持证券，成为资产支持证券持有人。

（3）专项计划进行初始投资：平安证券根据资产支持专项计划文件约定的付款安排，并根据《股权转让协议》的约定，向资产支持证券托管人发出划款指令，指示资产支持证券托管人将专项计划资金中付款指令载明金额作为项目公司的股权受让价款划拨至原始权益人指定的账户，购买项目公司的100%股权。同时，平安证券根据《借款合同》的约定向资产支持证券托管人发出付款指令，指示资产支持证券托管人将付款指令载明金额作为股东借款划拨至项目公司账户，用于偿还项目公司的存量负债及项目公司日常经营。偿还部分存量负债后，项目公司留存的工行债务本金余额拟为人民币 10 亿元。根据《股权转让协议》的约定，支付首期股权转让价款之日为目标股权交割日。转让方应当确保项目公司在交割日后 5 个工作日内向市场监管局提交股权变更登记所需的全部申请资料。专项计划受让取得项目公司的100%股权后，为搭建和重组专项计划对项目公司的投资结构，项目公司将视情况进行资本公积转增注册资本、减资等安排，具体以实际签署的相关协议为准。

（4）委托运营管理：平安基金（代表基础设施基金）、平安证券（代表资产支持专项计划）及项目公司联合委托广州交投及广州高速运营公司担任基础设施运营管理机构并签署《运营管理服务协议》，运营管理机构对基础设施项目提供运营管理服务。

（5）收益分配：项目公司应将基础设施资产收入归集至监管账户，并按一定频率向保留外部借款的银行及平安证券（代表专项计划的利益）偿还相应借款的本金和/或利息，并向平安证券（代表专项计划的利益）分配利润（如有）和/或支付往来款（如需）。平安证券根据专项计划文件的约定，实施专项计划的分配流程。平安基金（代表基础设施基金的利益）获得分配款项后，根据基础设施证券投资基金文件的约定，实施基础设施基金的分配流程，基础设施基金份额持有人获得相应分配收益。

9.9.4 治理结构

平安广州广河 REIT 的整体治理结构主要分为基金层面、专项计划层面和基础设施项目运营管理机构层面，其中基金份额持有人大会可理解为“最高权力机构”。当出现基金合同约定的基金份额持有人大会召集事由时，基金管理人、基金托管人、代表基金份额 10% 以上的基金份额持有人以及基金合同约定的其他主体（如有），可以向基金份额持有人大会提出议案。基金份额持有人大会由基金管理人召集，基金托管人及代表基金份额 10% 以上（含 10%）的基金份额持有人可书面提议召开（见表 9－47）。

表 9－47　　平安广州广河 REIT 基金份额持有人大会主要事项

决议类型	通过决议的票数要求	决议事项
一般决议	1/2 以上（含 1/2）通过	除“特别决议”所规定的须以特别决议通过事项以外的其他事项均以一般决议的方式通过
特别决议	2/3 以上（含 2/3）通过	（1）转换基金运作方式； （2）本基金与其他基金合并； （3）更换基金管理人或者基金托管人； （4）提前终止基金合同； （5）对基金的投资目标和投资策略等作出重大调整； （6）金额占基金净资产 50% 及以上的基础设施项目购入或出售（金额是指连续 12 个月内累计发生金额）； （7）金额占基金净资产 50% 及以上的扩募（金额是指连续 12 个月内累计发生金额）； （8）基金成立后发生的金额占基金净资产 20% 及以上的关联交易（金额是指连续 12 个月内累计发生金额）

资料来源：平安广州广河 REIT 招募说明书。

9.9.5　基金费率

平安广州广河 REIT 的费用组成主要为管理费与托管费，管理费分为固定管理费与浮动管理费两个部分，具体计算规则如下。

1. 管理费

（1）固定管理费：①以基金资产净值为基数计提的固定管理费按已披露的前一个估值日的基金资产净值为基数（首个估值日及首个估值日之前，以基金募集资金规模为基数），依据相应费率按季度计提。基金管理人与基金托管人双方核对无误后，以协商确定的日期及方式从基金财产中支付，若遇法定节假日、公休假等，支付日期顺延。②以项目公司营业收入为基数计提的固定管理费以项目公司已实现营业收入为基数，依据相应费率按月度计提应根据项目公司年度审计报告记载的全年营业收入金额核算审计报告对应年度的应付固定管理费（如首年不满一整个自然年度，则以项目公司股权交割日起至当年最后一日的实际天数所实现的营业收入金额核算)，如对应的应付固定管理费金额大于该年度已支付的固定管理费，应支付差额部分的固定管理费。如对应的应付的固定管理费金额小于该年度已支付的固定管理费，则以该等差额部分用抵扣或扣减下一年度的应付固定管理费。基金管理人与基金托管人双方核对无误后，以协商确定的日期及方式从基金财产中支付，若遇法定节假日、公休假等，支付日期顺延。

（2）浮动管理费：以项目公司累计实现营业收入及预计累计实现营业收入等基数计算，按年度计提。

2. 托管费

基金托管费按已披露的前一个估值日的基金资产净值为基数（首个估值日及首个估值日之前，以基金募集资金规模为基数）按0.03%的年费率以季度计提。基金管理人与基金托管人双方核对无误后，以协商确定的日期及方式从基金财产中支付，若遇法定节假日、公休假等，支付日期顺延（见表9-48）。

表9-48　平安广州广河REIT各项费用具体费率及计算标准

主体	项目		费率（%）	计算标准
基金管理人	管理费	固定管理费1	0.115	已披露的前一个估值日的基金资产净值（首个估值日及首个估值日之前，以基金募集资金规模为准）×0.115%÷当年天数×基金在当前季度存续的天数
		固定管理费2	1.37	项目公司当前月度财务报表已实现营业收入（首次计提时不满一个月的，为当前月度财务报表已实现营业收入×项目公司股权交割日起至当月最后一日的实际天数÷当月实际天数）×1.37%
		浮动管理费	30	max[（自项目公司股权交割日起至当前年度最后一日期间内，项目公司经审计财务报表累计已实现的营业收入-自项目公司股权交割日起至当前年度最后一日期间内，《基础设施项目初始评估报告》载明的项目公司预计累计实现的营业收入）×30%-自基金合同生效之日起已累计支付的浮动管理费，0]
基金托管人	托管费		0.03	已披露的前一个估值日的基金资产净值（首个估值日及首个估值日之前，以基金募集资金规模为基数）×0.03%÷当年天数×基金在当前季度存续的天数

资料来源：平安广州广河REIT招募说明书。

9.9.6 发售与上市交易情况

1. 发售规模

平安广州广河REIT发售规模总计70000万份，其中向战略投资者初始配售55280.90万份，占发售规模的78.97%，若最终战略配售份额与初始战略配售份额产生差异，将重新调整网下、公众投资者发售合计数量。网下投资者初始配售11219.10万份，占公开发售数量扣除向战略投资者配售部分后的76.22%；向公众投资者初始配售3500.00万份，占公开发售数量扣除向战略投资者配售部分后的23.78%。

最终网下、公众投资者发售合计数量为发售总数量扣除最终战略配售数量，网下及公众投资者最终发售数量将根据回拨情况确定。

2. 认购价格

原始权益人、基金管理人及财务顾问协商确定基金认购价格为13.020元/份。

3. 认购费用

同本章9.1.6中认购费用。

4. 基金交易情况

截至2022年3月25日，平安广州广河REIT收盘价格为13.081元，从上市日2021年6月21日到2022年3月25日为止，涨跌幅为-5.14%，平均换手率为1.52%，成交量为409.31万份，走势情况如图9-18所示。

5. 基金分红情况

该基金于2021年12月21日，以现金形式发放红利。本次分红为2021年度第一次分红，共计分配人民币369035479.16元，占可供分配金额的100%，基金收益为5.271元/10份基金份额。

6. 综合年化收益率

按照本书8.4节关于综合年化收益率的计算公式，截至2022年3月25日，该基金的综合年化收益率为5.95%。

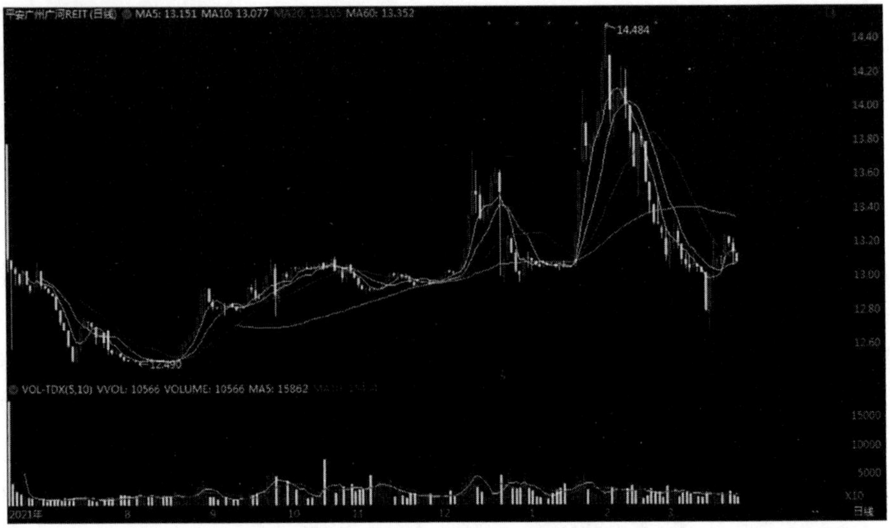

图 9－18　平安广州广河 REIT 基金 K 线

资料来源：中信证券行情报告。

表 9－49 为平安广州广河 REIT 的主要交易统计数据。

表 9－49　　平安广州广河 REIT 主要交易统计数据

发行价（元）	开盘价（元）	统计日收盘价（元）	涨跌幅（%）	振幅（%）	平均换手率（%）	累计成交量(份)	累计成交额(亿元)	分红情况	综合年化收益率(%)
13.02	13.790	13.081	－5.14	15.96	1.52	4093121	53.6	已分红	5.95

9.10　建信中关村 REIT

建信中关村产业园封闭式基础设施证券投资基金（以下简称“建信中关村 REIT”）于 2021 年 12 月 17 日在上海证券交易所正式发行上市，是第二批获准发行上市的基础设施公募 REITs 试点项目之一，属于“产业园类”基础设施公募 REITs 项目。

9.10.1　基础资产

建信中关村 REIT 的底层资产包括三个项目，即互联网创新中心 5 号楼项目、协同中心 4 号楼项目和孵化加速器项目。其中，互联网创新中心 5 号楼建筑面积达 8.22 万平方米，可租赁面积 6.63 万平方米；协同中心 4 号楼建筑面积达 3.18 万平方米，租赁面积 2.45 万平方米；孵化加速器项目建筑面积 5.28 万平方米，租赁面积 4.22 万平方米。

项目资产位于北京中关村软件园内，是北京建设世界级软件名城核心区，园区目前已集聚百度、腾讯、新浪、滴滴等领军龙头企业 400 多家，是中国软件产业的龙头，有着“中国硅谷”之称。周边高校包含清华、北大、中科院等，众多高校为其提供强大的科技区位支撑及技术依托，是中关村国家自主创新示范区中的新一代信息技术产业高端专业化园区，是北京建设世界级软件名城核心区。由于所处位置具备产业优势，周边发达的科技产业和国内顶尖的教育资源对其租户的优质程度提供了一定保障。

9.10.2 交易要素

建信中关村 REIT 由建信基金管理有限责任公司负责公开募集。该基金为契约型封闭式，拟在成立后在上海证券交易所上市交易，存续期限为 45 年，首次发售采用向战略投资者定向配售、向网下投资者询价配售和向公众投资者定价发售相结合的方式进行，该基金已交易上市，其交易要素如表 9-50 所示。

表 9-50 建信中关村 REIT 交易要素

基金名称	建信中关村产业园封闭式基础设施证券投资基金
基金类型	基础设施证券投资基金
上市场所	上海证券交易所
基金代码	508099
投资策略	本基金主要资产投资于基础设施资产支持证券并持有其全部份额，通过基础设施资产支持证券、项目公司等特殊目的载体穿透取得基础设施项目完全所有权或经营权利。基金管理人通过主动运营管理基础设施项目，提高基础设施项目运营管理质量，以获取基础设施项目租金、收费等稳定现金流为主要目的，力求提升基础设施项目的运营收益水平，追求稳定的收益分配及长期可持续的收益分配增长，并争取提升基础设施项目价值
初始投资标的	建信中关村产业园资产支持专项计划资产支持证券全部份额
基金初始总规模	9 亿份

续表

产品期限	基金存续期限为自 2021 年 12 月 3 日生效起 45 年			
募集方式	公开募集			
运作方式	契约型封闭式			
投资人分类	原始权益人	其他战略投资者	网下投资者	公众投资者
投资人份额占比（%）	33.34	36.75	20.937	8.973
发售方式	首次发售将通过向战略投资者定向配售、向网下投资者询价发售及向公众投资者定价发售相结合的方式进行			
项目进展	已交易上市			

资料来源：建信中关村 REIT 招募说明书。

从交易主体来看，如表 9－51 所示，建信中关村 REIT 涉及的主要交易主体有基金管理人（建信基金管理有限责任公司）、基金托管人（交通银行股份有限公司）、原始权益人（北京中关村软件园发展有限公司）。

表 9－51　建信中关村 REIT 交易主体

公募基金层面	
基金管理人	建信基金管理有限责任公司
基金托管人	交通银行股份有限公司
发起人、原始权益人	北京中关村软件园发展有限公司
基础设施项目运营方	北京中关村鸿嘉物业服务有限公司
专项计划（ABS）层面	
资产支持证券管理人	建信资本管理有限责任公司
托管银行	交通银行股份有限公司北京市分行
项目公司	北京中发展壹号科技服务有限责任公司
中介机构	
律师事务所	北京市中伦律师事务所
会计师事务所	安永华明会计师事务所（特殊普通合伙）
评估机构	深圳市戴德梁行土地房地产评估有限公司

资料来源：建信中关村 REIT 招募说明书。

9.10.3　项目框架结构

建信中关村 REIT 的交易结构共有两层主要架构，分别为专项计划及基础设施基金。交易完成后，计划管理人（代表专项计划）将持有项目公司

100% 的股权以及享有对项目公司的相应债权，基金管理人（代表基础设施基金）持有专项计划的全部份额。基金的资产支持证券管理人为建信资本管理有限责任公司，托管人为交通银行股份有限公司，基金管理人为建信基金管理有限责任公司。北京中关村鸿嘉物业服务有限公司为运营管理机构提供运营管理服务。上述基础设施基金的整体架构符合《基金指引》的规定。具体产品结构如图 9－19 所示。

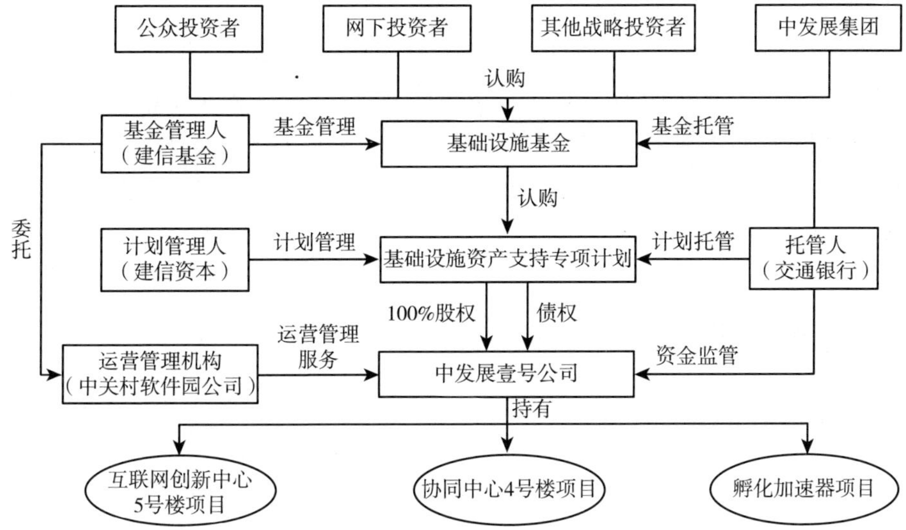

图 9－19　建信中关村 REIT 产品结构

资料来源：建信中关村 REIT 招募说明书。

建信中关村 REIT 的整体产品架构概述如下：

（1）投资人交纳认购的基金份额款项时，《基金合同》成立。基金募集达到基金备案条件，自基金管理人办理完毕基金备案手续并取得中国证监会书面确认之日起，《基金合同》正式生效。

（2）基金管理人通过与计划管理人签订《建信中关村产业园资产支持专项计划资产支持证券认购协议》，将认购资金委托计划管理人管理，当认购资金总额不低于资产支持证券目标发售规模，经会计师事务所进行验资并出具验资报告后，计划管理人宣布专项计划设立，基金管理人取得资产支持证券，成为资产支持证券 100% 的持有人。专项计划设立日起 5 个工作日内，计划管理人应将专项计划的设立情况报基金业协会备案。

（3）计划管理人根据《建信中关村产业园资产支持专项计划标准条款》、

股权转让协议的约定，在自专项计划设立日起（含该日）的约定期限内指示专项计划托管银行将部分专项计划资金划拨至原始权益人指定的账户，用于购买项目公司的 100% 的股权。

（4）计划管理人代表专项计划与项目公司签订借款合同，将剩余专项计划资金用于向项目公司发放借款，并且贷款银行向项目公司发放借款，项目公司将所获得的借款资金用于偿还项目公司对中关村发展集团股份有限公司负有的债务。

（5）在自专项计划设立日起（含该日）的约定期限内，项目公司应注销原始权益人的出资证明书（如有），并向计划管理人签发出资证明书，修改公司章程和股东名册中有关股东的记载。在自专项计划设立日起（含该日）的约定期限内，原始权益人和项目公司应当配合计划管理人办理项目公司的 100% 股权转让的工商变更登记手续。

9.10.4 治理结构

参见本章 9.9.4。

9.10.5 基金费率

该基金的费用组成主要为管理费与托管费，管理费分为固定管理费与浮动管理费两个部分，具体计算规则如下。

1. 管理费

（1）固定管理费：基金的固定管理费采用以基金净资产和项目运营收入为基准的双基准计费模式。

（2）浮动管理费：根据当年相应的标的基础设施项目运营收入净额超过当年相应的标的基础设施项目运营收入净额目标值的具体比例，相应的基金的浮动管理费 = max[（当年相应的标的基础设施项目运营收入净额 - 当年相应的标的基础设施项目运营收入净额目标值）,0] × 相应的超额累进比例。

2. 托管费

基金的托管费按基金最新一期年度报告披露的基金净资产的 0.02% 的年

费率计提（见表9－52）。

表9－52　建信中关村REIT各项费用具体费率及计算标准

主体	项目		费率（%）	计算标准
基金管理人	管理费	固定管理费1	0.24	为计提日所在年度的上一自然年度基金年度报告中披露的基金净资产（基金合同生效日后至第一次披露年末经审计的基金净资产前为基金募集资金金额（含募集期利息）；若涉及基金扩募等原因导致基金规模变化时，需按照实际规模变化期间进行调整，分段计算）×0.24%÷当年天数×基金在当前季度存续的天数
		固定管理费2	10 8.5 10	当个会计期间所对应的互联网创新中心5号楼项目运营收入×10%＋当个会计期间所对应的协同中心4号楼项目运营收入×8.5%＋当个会计期间所对应的孵化加速器项目运营收入×10%（就前述会计期间，如为第一个会计期间，则以基金合同生效日起算；就前述项目运营收入，含所对应的增值税，未经直线法调整）
		固定管理费＝固定管理费1＋固定管理费2		
		浮动管理费2	10	5%以内（含）
			15	5%（不含）至10%以内（含）
			17	10%（不含）至20%以内（含）
			20	20%（不含）以上部分
基金托管人	托管费		0.02	计提日所在年度的上一自然年度基金年度报告中披露的基金净资产［基金合同生效日后至第一次披露年末经审计的基金净资产前为基金募集资金金额（含募集期利息）］×0.02%÷当年天数×基金在当前季度存续的天数

资料来源：建信中关村REIT招募说明书。

9.10.6　发售与上市交易情况

1. 发售规模

建信中关村REIT发售份额总额为9亿份。基金初始战略配售发售份额为63081.00万份，为基金份额发售总量的70.09%，最终战略配售份额与初始战略配售份额的差额（如有）将根据“回拨机制”的原则进行回拨。网下初始发售份额为18843.30万份，占扣除初始战略配售份额数量后发售份额的

70%；公众初始发售份额为 8075.70 万份，占扣除初始战略配售份额数量后发售份额的 30%。

最终网下发售、公众发售合计份额为发售总份额扣除最终战略配售发售份额，最终网下发售份额、公众发售份额将根据回拨情况确定。

2. 认购价格

基金管理人及财务顾问协商确定基金认购价格为 3.200 元/份。

3. 认购费用

同本章 9.1.6 中认购费用。

4. 基金交易情况

截至 2022 年 3 月 25 日，建信中关村 REIT 收盘价格为 4.772 元，从上市日 2021 年 12 月 17 日到 2022 年 3 月 25 日为止，涨跌幅为 14.71%，平均换手率为 3.69%，成交量为 620.16 万份，走势情况如图 9－20 所示。

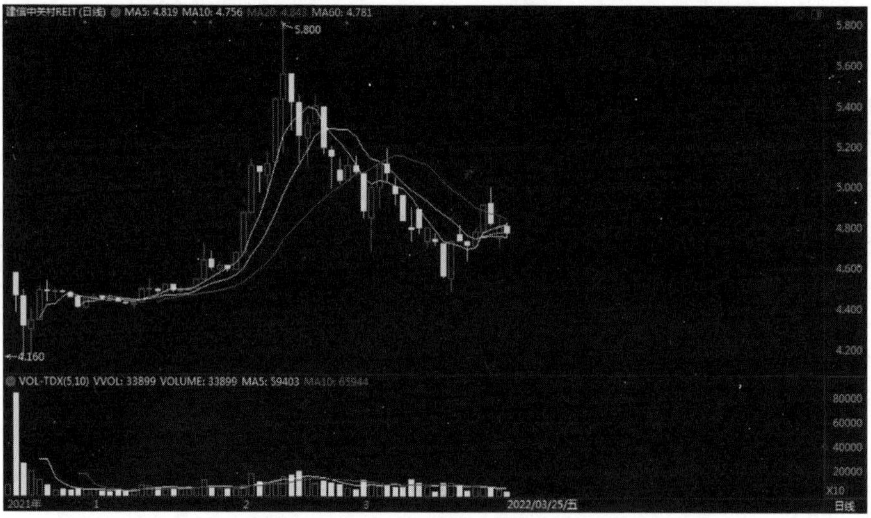

图 9－20　建信中关村 REIT 基金 K 线

资料来源：中信证券行情报告。

5. 基金分红情况

截至 2022 年 3 月 25 日，该基金尚未分红。

6. 综合年化收益率

按照本书 8.4 节关于综合年化收益率的计算公式，截至 2022 年 3 月 25 日，该基金的综合年化收益率为 182.97%，如此高的年化收益率部分原因在于其上市较晚，交易时间还较短。

表 9－53 为建信中关村 REIT 的主要交易统计数据。

表 9－53 建信中关村 REIT 主要交易统计数据

发行价（元）	开盘价（元）	统计日收盘价（元）	涨跌幅（%）	振幅（%）	平均换手率（%）	累计成交量（份）	累计成交额（亿元）	分红情况	综合年化收益率（%）
3.20	4.160	4.772	14.71	39.42	3.69	6201555	29.6	未分红	182.97

9.11 华夏越秀高速 REIT

华夏越秀高速公路封闭式基础设施证券投资基金（以下简称“华夏越秀高速 REIT”）于 2021 年 12 月 14 日在深圳证券交易所正式发行上市，是第二批获准发行上市的基础设施公募 REITs 试点项目之一，属于“高速公路类”基础设施公募 REITs 项目。

9.11.1 基础资产

华夏越秀高速 REIT 的基础资产为汉孝高速公路，是湖北省武汉—十堰高速公路起点段，也是国家规划银川—武汉大通道的重要组成部分，同时也是湖北省高速公路网规划“九纵五横三环”中重要组成部分，由汉孝高速公路主线及汉孝高速公路机场北连接线两部分组成，于 2011 年 10 月 30 日开始运营收费，收费期限 25 年，至 2036 年 12 月 9 日止。

1. 汉孝高速主线

汉孝高速主线为福银高速公路湖北境汉十高速公路的首段，主线全长 33.528 千米，总投资 10.55 亿元，于 2006 年底通车试运营。路线起于黄陂区桃园集，与岱（家山）黄（陂）公路相接，在武汉市黄陂区横店镇晏家湾与武汉绕城高速公路东北段相交，经张家店，止于孝感市孝南区华楚湾，与孝襄高速公路相接。

该公路全线设置5处互通立交，其中桃园集互通，接岱黄高速公路；横店互通跨武汉市绕城高速公路；张家店互通接孝天公路，设计速度120千米/小时。甘夏湾互通接机场北连接线、跃进互通接横天公路。

2. 机场北连接线

机场北连接线是继汉孝高速公路通车运营后，为完善武汉天河机场综合交通枢纽功能而修建的又一重要交通项目，起于汉孝高速甘夏湾附近，止于武汉天河机场规划北门，全长2.468千米（收费里程为4.968千米，其中：主线里程2.468千米，甘夏湾互通、集散车道折算里程2千米，跃进互通折算里程0.5千米）。

表9－54为汉孝高速公路的基本情况。

表9－54　华夏越秀高速 REIT 基础设施项目基本情况

项目（资产）名称	汉孝高速公路主线路	机场北连接线
所在地（明确到县区级）	起于武汉市黄陂区桃园集，在横店镇南部上跨武汉绕城公路，在张家店接孝天公路，在祝家店上跨孝天公路，在京广铁路K1150＋400附近上跨铁路，止于孝感市华楚湾，与孝襄高速公路相接	起于汉孝高速主线路甘夏湾，止于武汉天河机场北门
行业	交通运输、仓储和邮政业—道路运输业	交通运输、仓储和邮政业—道路运输业
产权证书号	鄂直国用（2007）第007号、第008号、第009号的三本《国有土地使用权证》、黄陂国用（2009）第3303号的《国有土地使用权证》	鄂（2017）武汉市黄陂不动产权第0009408号、第0009413号的两份《不动产权证书》
资产四至范围	起于武汉市黄陂区，止于孝感市华楚湾	起于汉孝高速主线路甘夏湾，止于武汉天河机场北门
建设内容和规模	33.528千米高速公路及附属建筑物	2.468千米高速公路及附属建筑物（收费里程为4.968千米，其中：主线里程2.468千米，甘夏湾互通、集散车道折算里程2千米，跃进互通折算里程0.5千米）
开竣工时间	2004年4月至2006年12月	2009年10月至2011年11月
决算总投资	10.55亿元	3.54亿元

续表

运营开始时间	2006 年 12 月 10 日	2011 年 10 月 30 日
特许权到期日	2036 年 12 月 9 日	2036 年 12 月 9 日
公路类型	经营性高速公路	
特许经营年限及剩余年限	项目特许经营权年限 30 年，剩余年限 15 年	

资料来源：华夏越秀高速 REIT 招募说明书。

9.11.2 交易要素

华夏越秀高速 REIT 由华夏基金管理有限公司负责公开募集。该基金为契约型封闭式，拟在成立后在深圳证券交易所上市交易，存续期限为 50 年，首次发售采用向战略投资者定向配售、向网下投资者询价配售和向公众投资者定价发售相结合的方式进行，该基金已交易上市，其交易要素如表 9 - 55 所示。

表 9 - 55　　华夏越秀高速 REIT 交易要素

基金名称	华夏越秀高速公路封闭式基础设施证券投资基金			
基金类型	基础设施证券投资基金			
上市场所	深圳证券交易所			
基金代码	180202			
投资目标	在严格控制风险的前提下，本基金通过基础设施资产支持证券持有基础设施项目公司全部股权，通过资产支持证券和项目公司等载体取得基础设施项目完全所有权或经营权利。基金通过积极主动运营管理基础设施项目，力求实现基础设施项目现金流长期稳健增长			
初始投资标的	中信证券—越秀交通高速公路 1 号资产支持专项计划的全部份额			
基金初始总规模	3 亿份			
产品期限	基金存续期限为自 2021 年 12 月 3 日生效起 50 年			
募集方式	公开募集			
运作方式	契约型封闭式			
投资人分类	原始权益人	其他战略投资者	网下投资者	公众投资者
投资人份额占比（%）	30	40	21	9
发售方式	首次发售将通过向战略投资者定向配售、向网下投资者询价发售及向公众投资者定价发售相结合的方式进行			
项目进展	已交易上市			

资料来源：华夏越秀高速 REIT 招募说明书。

从交易主体来看，如表9－56所示，华夏越秀高速REIT涉及的主要交易主体有基金管理人（华夏基金管理有限公司）、基金托管人（中信银行股份有限公司）、原始权益人［越秀（中国）交通基建投资有限公司］。

表9－56　　华夏越秀高速 REIT 交易主体

公募基金层面	
基金管理人	华夏基金管理有限公司
基金托管人	中信银行股份有限公司
发起人、原始权益人	越秀（中国）交通基建投资有限公司
基础设施项目运营方	广州越通公路运营管理有限公司
专项计划（ABS）层面	
资产支持证券管理人	中信证券股份有限公司
托管银行	中信银行股份有限公司广州分行
项目公司	湖北汉孝高速公路建设经营有限公司
中介机构	
律师事务所	上海市通力律师事务所 北京金诚同达律师事务所及继任律师事务所 北京市中伦律师事务所及继任律师事务所
会计师事务所	普华永道中天会计师事务所
评估机构	深圳市鹏信资产评估土地房地产估价有限公司

资料来源：华夏越秀高速REIT招募说明书。

9.11.3　项目框架结构

华夏越秀高速REIT的资产支持证券管理人为中信证券股份有限公司，托管人为中信银行股份有限公司，基金管理人为华夏基金管理有限公司。广州越通公路运营管理有限公司为运营管理机构提供运营管理服务。上述基础设施基金的整体架构符合《基金指引》的规定。具体产品结构如图9－21所示。

华夏越秀高速REIT整体产品架构概述如下。

（1）基金募集达到基金备案条件，自基金管理人办理完毕基金备案手续并取得中国证监会书面确认之日起，《基金合同》正式生效。

（2）基金管理人通过与专项计划管理人签订《专项计划认购协议》，将认购资金以专项资产管理方式委托专项计划管理人管理，专项计划管理人设

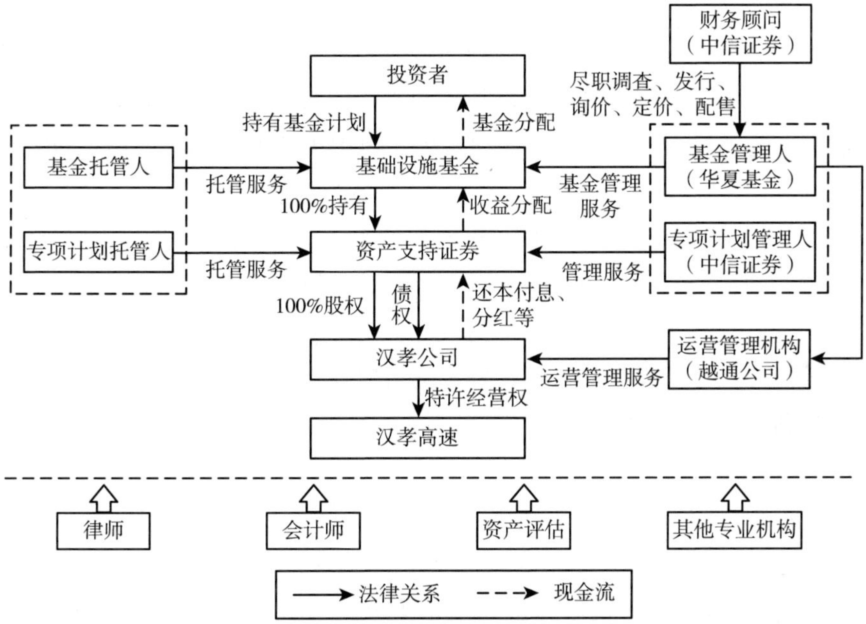

图9－21　华夏越秀高速REIT产品结构

资料来源：华夏越秀高速REIT招募说明书。

立并管理专项计划，基金管理人取得资产支持证券，成为资产支持证券100%的持有人。

（3）越秀（中国）交通基建投资有限公司于2020年11月17日设立湖北越通交通投资有限责任公司（即SPV），SPV成立时注册资本为1000万元。越秀中国持有SPV 100%的股权。基金管理人根据与计划管理人签订的《认购协议》，将认购资金委托给计划管理人管理，计划管理人设立并管理中信证券—越秀交通高速公路1号资产支持专项计划，基金管理人取得资产支持证券的全部份额，成为资产支持证券唯一持有人。

（4）专项计划设立后，计划管理人根据专项计划文件的约定，指示专项计划托管银行将等额于《SPV股权转让协议》项下的SPV股权转让对价划拨至原始权益人指定的账户，用于购买SPV股权，并成为SPV的唯一股东；计划管理人（代表专项计划）成为SPV的唯一股东后，应根据《SPV股权转让协议》的约定，向SPV履行缴纳出资及增资义务。计划管理人应于专项计划设立日向专项计划托管银行发出划款指令，指示专项计划托管银行将专项计划资金根据《SPV股权转让协议》约定的相应SPV缴纳出资及增资部分金额划拨至 SPV 账户。

（5）计划管理人代表专项计划与项目公司签订借款合同，将剩余专项计划资金用于向项目公司发放借款，并且贷款银行向项目公司发放借款，项目公司将所获得的借款资金用于偿还项目公司对中关村发展集团股份有限公司负有的债务。

（6）在自专项计划设立日起（含该日）的约定期限内，项目公司应注销原始权益人的出资证明书（如有），并向计划管理人签发出资证明书，修改公司章程和股东名册中有关股东的记载。在自专项计划设立日起（含该日）的约定期限内，原始权益人和项目公司应当配合计划管理人办理项目公司的100%股权转让的工商变更登记手续。

9.11.4 治理结构

华夏越秀高速 REIT 的整体治理结构主要分为基金层面、专项计划层面和基础设施项目运营管理机构层面，其中基金份额持有人大会可理解为“最高权力机构”。当出现基金合同约定的基金份额持有人大会召集事由时，基金管理人、基金托管人、代表基金份额 10% 以上的基金份额持有人以及基金合同约定的其他主体（如有），可以向基金份额持有人大会提出议案。基金份额持有人大会由基金管理人召集，基金托管人及代表基金份额 10% 以上（含 10%）的基金份额持有人可书面提议召开（见表 9 - 57）。

表 9 - 57　　华夏越秀高速 REIT 基金份额持有人大会主要事项

决议类型	通过决议的票数要求	决议事项
一般决议	1/2 以上 （含 1/2）通过	除“特别决议”所规定的须以特别决议通过事项以外的其他事项均以一般决议的方式通过
特别决议	2/3 以上 （含 2/3）通过	（1）转换基金运作方式； （2）更换基金管理人或者基金托管人； （3）提前终止基金合同；本基金与其他基金合并； （4）对基金的投资目标、投资策略等作出重大调整； （5）连续 12 个月内累计发生的金额占基金净资产 50% 及以上的基础设施项目购入或出售； （6）连续 12 个月内累计发生的金额占基金净资产 50% 及以上的扩募； （7）基金成立后连续 12 个月内累计发生金额占基金净资产 20% 及以上的关联交易

资料来源：华夏越秀高速 REIT 招募说明书。

9.11.5 基金费率

华夏越秀高速 REIT 的费用组成主要为管理费与托管费，管理费分为固定管理费与浮动管理费两个部分。

1. 管理费

基金管理费的管理费分为固定管理费和浮动管理费两个部分，具体核算方式如下：

（1）固定管理费：按上年度经审计的年度报告披露的合并报表层面基金净资产的 0.45% 年费率计提。在首次经审计的年度报告所载的会计年度期末日期之前采用公募基金募集规模。

（2）浮动管理费：基金合同生效后首期浮动管理费的计算标准为：浮动管理费 $= I \times 2.5\%$，首期（不含）之后的浮动管理费计算标准为：浮动管理费 $= I \times R\%$。

2. 托管费

基金托管人的托管费按最近一期年度报告披露的合并报表层面基金净资产的 0.03% 的年费率计提（见表 9－58）。

表 9－58 华夏越秀高速 REIT 各项费用具体费率及计算标准

主体	项目		费率（%）	计算标准
基金管理人	管理费	固定管理费	0.45	按上年度经审计的年度报告披露的合并报表层面基金净资产 ×0.45% ÷ 当年天数
		浮动管理费（首年）	2.5	I =（项目公司通行费收入 + 其他业务现金流入 + 营业外净收支 − 付现的营业成本和管理费用 − 增值税及附加 − 资本性支出）×2.5%
		浮动管理费 1（第二个自然年度开始）	2.4	I =（项目公司通行费收入 + 其他业务现金流入 + 营业外净收支 − 付现的营业成本和管理费用 − 增值税及附加 − 资本性支出）≤2 亿元；I ×2.4%
		浮动管理费 2（第二个自然年度开始）	2.5	2 亿元 < I =（项目公司通行费收入 + 其他业务现金流入 + 营业外净收支 − 付现的营业成本和管理费用 − 增值税及附加 − 资本性支出）≤3 亿元；I ×2.5%

续表

主体	项目		费率（%）	计算标准
基金管理人	管理费	浮动管理费3（第二个自然年度开始）	2.6	I=（项目公司通行费收入+其他业务现金流入+营业外净收支-付现的营业成本和管理费用-增值税及附加-资本性支出）>3亿元；I×2.6%
基金托管人	托管费		0.03	最新一期定期报告披露的基金合并报表中基金净资产×0.03%÷当年天数

资料来源：华夏越秀高速 REIT 招募说明书。

9.11.6 发售与上市交易情况

1. 发售规模

华夏越秀高速 REIT 发售份额总额为3亿份。发售的初始战略配售基金份额数量为2.10亿份，占发售份额总数的比例为70%。其中，原始权益人或其同一控制下的关联方拟认购数量为0.9亿份，占发售份额总数的比例为30%；其他战略投资者拟认购数量为1.20亿份，占发售份额总数的比例为40%；网下发售的初始基金份额数量为0.63亿份，占发售份额总数的比例为21%，占扣除向战略投资者配售部分后发售数量的比例为70%；公众投资者发售的初始基金份额数量为0.27亿份，占发售份额总数的比例为9%，占扣除向战略投资者配售部分后发售数量的比例为30%。

最终战略配售、网下发售及公众投资者发售的基金份额数量由回拨机制确定（如有）。

2. 认购价格

基金管理人确定基金认购价格为7.10元/份。

3. 认购费用

同本章9.1.6中认购费用。

4. 基金交易情况

截至2022年3月25日，华夏越秀高速 REIT 收盘价格为8.856元，从上市日2021年12月14日到2022年3月25日为止，涨跌幅为12.56%，平均换手率为4.41%，成交量为251.79万份，走势情况如图9－22所示。

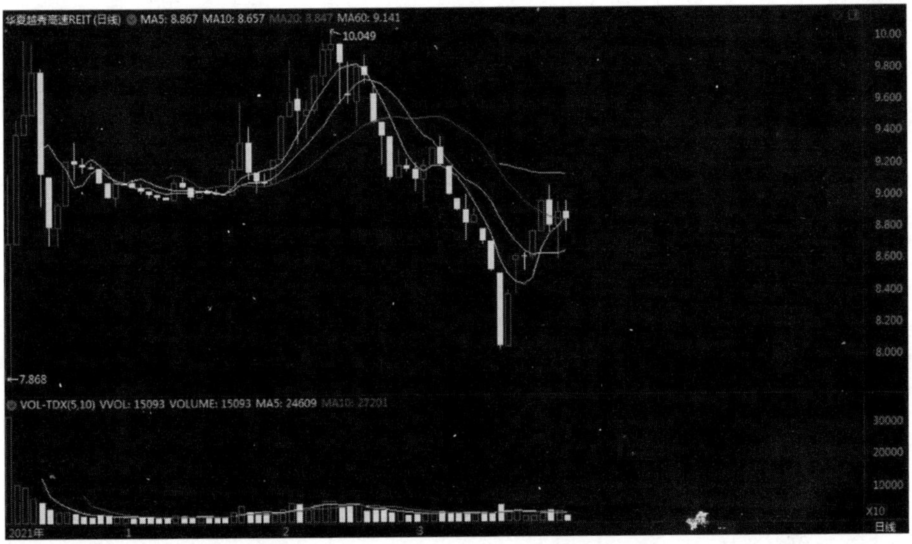

图9－22　华夏越秀高速REIT基金K线

资料来源：中信证券行情报告。

5. 基金分红情况

截至2022年3月25日，该基金尚未分红。

6. 综合年化收益率

按照本书8.4节关于综合年化收益率的计算公式，截至2022年3月25日，该基金的综合年化收益率为89.38%。与建信中关村REIT相似的，如此高的年化收益率部分原因在于其上市较晚，交易时间还较短。

表9－59为华夏越秀高速REIT的主要交易统计数据。

表9－59　华夏越秀高速REIT主要交易统计数据

发行价（元）	开盘价（元）	统计日收盘价（元）	涨跌幅（%）	振幅（%）	平均换手率（%）	累计成交量（份）	累计成交额（亿元）	分红情况	综合年化收益率（%）
7.10	7.868	8.856	12.56	27.72	4.41	2517858	23.0	未分红	89.38

本书对11只已上市基础设施公募REITs的底层资产、管理人、发行、交易情况等进行了汇总，详见表9－60和表9－61。

表 9－60　　试点基础设施公募 REITs 基本信息

证券名称	证券代码	上市时间	交易所	底层资产	资产类型	估值（亿元）	期限（年）	发行价（元）	募集规模（亿元）	募集份额（万份）	战略配售认购份额（万份）	基金管理公司	ABS 管理人	托管银行
富国首创水务 REIT	508006	2021 年 6 月 21 日	上海	生态环保	特许经营权类	29. 82	26	3. 70	18. 50	50000	38000	富国基金	富国资产管理公司	招商银行
浙商沪杭甬 REIT	508001	2021 年 6 月 21 日	上海	交通基础设施	特许经营权类	49. 00	20	8. 72	43. 06	50000	37148	浙商证券	浙商证券	招商银行
中金普洛斯 REIT	508056	2021 年 6 月 21 日	上海	仓储物流	产权类	73. 49	50	3. 89	58. 35	150000	108000	中金基金	中国国际金融	兴业银行
东吴苏园产业 REIT	508027	2021 年 6 月 21 日	上海	园区基础设施	产权类	40. 86	40	3. 88	34. 92	90000	54000	东吴基金	东吴证券	招商银行
华安张江光大 REIT	508000	2021 年 6 月 21 日	上海	园区基础设施	产权类	18. 77	20	2. 99	14. 95	50000	27665	华安基金	国泰君安证券	招商银行
红土盐田港 REIT	180301	2021 年 6 月 21 日	深圳	仓储物流	产权类	26. 58	36	2. 30	18. 40	80000	48000	红土创新基金	深创投红土资产管理公司	招商银行
博时蛇口产园 REIT	180101	2021 年 6 月 21 日	深圳	园区基础设施	产权类	28. 39	50	2. 31	20. 79	90000	58500	博时基金	博时资本	招商银行
中航首钢绿能 REIT	180801	2021 年 6 月 21 日	深圳	生态环保	特许经营权类	17. 76	21	13. 38	13. 38	10000	6000	中航基金	中航证券	招商银行
平安广州广河 REIT	180201	2021 年 6 月 21 日	深圳	交通基础设施	特许经营权类	91. 57	99	13. 02	91. 14	70000	55281	平安基金	平安证券	中国工商银行
建信中关村 REIT	508099	2021 年 12 月 17 日	上海	园区基础设施	产权类	42. 95	45	3. 20	28. 80	90000	63081	建信基金	建信资本	交通银行
华夏越秀高速 REIT	180202	2021 年 12 月 14 日	上海	交通基础设施	特许经营权类	26. 57	50	7. 10	21. 30	30000	21000	华夏基金	中信证券	中信银行

表 9-61　　试点基础设施公募 REITs 交易数据统计（截至 2022 年 3 月 25 日）

REIT 名称	交易代码	发行价（元）	上市首日开盘价（元）	统计日收盘价（元）	累计成交量（份）	累计成交额（亿元）	涨跌幅（%）	最大上涨（%）	最大回撤（%）	振幅（%）	平均换手率（%）	派息收益率（%）	综合年化收益率（%）
富国首创水务 REIT	508006	3.70	3.730	5.963	7131458	39.4	59.87	103.22	-33.50	103.22	3.26	4.55	90.26
浙商沪杭甬 REIT	508001	8.72	8.750	9.799	2564675	25.1	11.99	31.37	-15.01	31.37	1.09	3.45	21.41
中金普洛斯 REIT	508056	3.89	3.920	4.899	14548570	67.6	24.97	45.01	-19.22	45.01	1.92	1.07	35.95
东吴苏园产业 REIT	508027	3.88	3.900	4.540	8361906	37.3	16.41	45.91	-21.16	45.91	1.27	—	22.41
华安张江光大 REIT	508000	2.99	3.200	3.753	7932901	28.5	17.28	54.52	-25.32	54.52	1.92	—	33.63
红土盐田港 REIT	180301	2.30	2.530	3.322	9615821	29.9	31.30	98.12	-32.70	98.12	1.62	—	58.55
博时蛇口产园 REIT	180101	2.31	2.541	3.154	14159334	39.7	24.12	61.18	-24.97	61.18	2.47	0.87	49.71
中航首钢绿能 REIT	180801	13.38	16.056	17.761	1528199	25.8	10.62	55.83	-22.08	55.83	2.08	2.90	48.22
平安广州广河 REIT	180201	13.02	13.790	13.081	4093121	53.6	-5.14	15.96	-12.54	15.96	1.52	4.03	5.95
建信中关村 REIT	508099	3.20	4.160	4.772	6201555	29.6	14.71	39.42	-22.76	39.42	3.69	—	182.97
华夏越秀高速 REIT	180202	7.10	7.868	8.856	2517858	23.0	12.56	27.72	-19.99	27.72	4.41	—	89.38

参考文献

［1］CRF REITs Forum. 最新最全：各省市 REITs 专项支持政策一览［R］. 2021.

［2］PPP 大讲堂. PPP 项目中创新融资应用之 REITs 真的来了——中美 REITs 对比［R］. 2017.

［3］REITs 课题组. 国内首单！中交集团成功发行卖断型 PPP 类 REITs 产品［R］. 2021.

［4］北京大学光华管理学院. 中国基础设施 REITs 创新发展研究［R］. 2021.

［5］北京市发展和改革委员会. 基础设施 REITs 试点政策及申报辅导手册［Z］. 2021.

［6］蔡建春，等. 中国 REITs 市场建设［M］. 北京：中信出版集团，2020.

［7］东北证券研究团队. REITs 深度研究系列一：海外 REITs 市场研究之美日篇［R］. 2020.

［8］窦洪波，李贺. 资产评估基础：理论·实务·案例·实训［M］. 上海：上海财经大学出版社，2016.

［9］顾寅辰. 上市半年后再次飙涨，产业园区 REITs 还能不能投？［R］. 方升研究，2022.

［10］国金 ABS 云. 2020 年发行类 REITs 产品 382 亿［R］. 2021.

［11］国信证券. 公用事业 REITs 报告：公用事业与 REITs［R］. 2021.

［12］国信证券研究团队. REITs 的投资属性与价值［R］. 2021.

［13］韩志峰，张峥，等. REITs：中国道路［M］. 北京：人民出版社，2021.

［14］河马财经研究. 细数国内 REITS 的前世今生——“类 REITs”到“公募 REITs”［R］. 2020.

[15] 华创地产袁豪研究团队．商业地产深度之二：商业地产迎机遇，存量经营估值优 [R]. 2019.

[16] 基投百科．国内首单卖断型 PPP 项目类 REITs 产品 [R]. 2021.

[17] 乐研研究. 2020 年 REITs 的主要类别、投资特性、中国和美国 REITs 的发展情况、典型案例、国内类 REITs 和成熟 REITs 的区别 [R]. 2020.

[18] 李晶莹．境内类 REITs 产品的基本结构及发展现状 [R]. 2019.

[19] 李雪灵，王尧．基础设施投资管理中的 REITs：现状、问题及应对策略 [J]. 山东社会科学，2021 (10)：77-83.

[20] 林华．中国 REITs 操作手册 [M]. 北京：中信出版社，2018.

[21] 刘起霞，黄通斌．资产评估学 [M]. 上海：上海交通大学出版社，2018.

[22] 刘晓婷．首批基础设施公募 REITs "回头看" [EB/OL]. 金融界，2021-09-19.

[23] 鲁筱，叶剑平．我国 REITs 发展的关键路径研究 [J]. 建筑经济，2022，43 (1)：11-18.

[24] 陆乘波．类 REITs 产品设计要点研究 [D]. 杭州：浙江大学，2019.

[25] 平安证券．大众投资新选择：基础设施公募 REITs 详解 [R]. 2021.

[26] 秦岭云端．类 REITs 交易结构与案例分析 [R]. 2019.

[27] 石玮宇．中国私募类 REITs 产品研究及发展思考——基于中信启航专项资产管理计划的案例分析 [R]. 2020.

[28] 世联评估．公募 REITs 背景下——能源基础设施（风电）价值发现 [R]. 2021.

[29] 唐建新，周娟．资产评估 [M]. 武汉：武汉大学出版社，2011.

[30] 天风证券研究团队．REITs 科普二：美国基础设施 REITs 介绍——中国房地产资产证券化研究系列之三 [R]. 2020.

[31] 王彬．万字实操：公募 REITs 估值解析 [R]. 2021.

[32] 未来智库. REITs 深度报告：真 REITs 来临，哪些行业将受益 [R]. 2020.

[33] 吴亚平．基础设施公募 REITs 基金投资者须关注的九大问题 [J]. 中国投资（中英文），2021 (Z0)：58-59.

［34］兴业证券研究团队．基建 REITs 系列深度报告之二：借鉴篇——境外 REITs 实践深度剖析［R］．2020.

［35］邢淑兰，刘雪婷．资产评估［M］．北京：北京理工大学出版社，2016.

［36］徐超．基建 REITs 新纪元［J］．证券市场周刊，2020（19）：32－39.

［37］许亥隆．中国公募 REITs 涉税问题及解决对策［J］．税务研究，2021（8）：129－134.

［38］［新加坡］叶忠英．公募 REITs 投资指南［M］．王刚，高茜，译．北京：中信出版集团，2022.

［39］用益研究．我国 REITs 有哪些特点［R］．2019.

［40］粤开证券研究团队．万字长文详解基础设施 REITs：全球比较与中国实践［R］．2021.

［41］张峥，杨扬，董卉宁，等．基础设施 REITs 试点产品估值分析［R］．2022.

［42］招商证券．2021 年环保与 REITs 行业专题分析报告［R］．2021.

［43］招商证券．产业园公募 REITs 专题研究报告［R］．2021.

［44］赵晓玲．首批基础设施公募 REITs 分析［J］．中国金融，2021（21）：68－70.

［45］中金公司固定收益研究组．创新引领价值——详解公募基础设施 REITs［R］．2020.

［46］中信证券．中国 REITs 市场洞察系列报告之八：公路篇［R］．2021.

图书在版编目（CIP）数据

基础设施公募 REITs 理论与实务／马世昌，黄卫根著．
—北京：经济科学出版社，2022.6（2022.10 重印）
ISBN 978－7－5218－3739－1

Ⅰ.①基…　Ⅱ.①马…②黄…　Ⅲ.①基础设施－投
资基金－研究　Ⅳ.①F830.91

中国版本图书馆 CIP 数据核字（2022）第 103110 号

责任编辑：初少磊　尹雪晶
责任校对：齐　杰
责任印制：范　艳

基础设施公募 REITs 理论与实务
马世昌　黄卫根　著
经济科学出版社出版、发行　新华书店经销
社址：北京市海淀区阜成路甲 28 号　邮编：100142
总编部电话：010－88191217　发行部电话：010－88191522
网址：www.esp.com.cn
电子邮箱：esp@esp.com.cn
天猫网店：经济科学出版社旗舰店
网址：http://jjkxcbs.tmall.com
北京季蜂印刷有限公司印装
710×1000　16 开　19 印张　330000 字
2022 年 9 月第 1 版　2022 年 10 月第 2 次印刷
ISBN 978－7－5218－3739－1　定价：88.00 元
（图书出现印装问题，本社负责调换。电话：010－88191510）